THOMAS
MELLE

DIE WELT
IM RÜCKEN

ROWOHLT BERLIN

2. Auflage September 2016
Copyright © 2016 by
Rowohlt · Berlin Verlag GmbH, Berlin
Zitat S. 248 f.: Kante, «Ich hab's gesehen»
Satz aus der Caslon 540,
PostScript, InDesign
Gesamtherstellung CPI books GmbH,
Leck, Germany
ISBN 978 3 87134 170 0

PRO LOG

1

Ich möchte Ihnen von einem Verlust berichten. Es geht um meine Bibliothek. Es gibt diese Bibliothek nicht mehr. Ich habe sie verloren.

Das Thema kam bei einem Essen zur Sprache, das zu meinen Ehren ausgerichtet wurde, denn ich hatte einen kleinen Erfolg zu verzeichnen. Es war mir unangenehm, an diesem Essen teilzunehmen, aber ich wollte den anderen nicht die Freude verderben, die sie mir zu machen meinten. Alles in allem war es dann auch eine gelungene Veranstaltung.

Neben mir saß Henry, die in Wirklichkeit einen viel schöneren Namen hat. Seit Längerem hatte ich eine gewisse Schwäche für sie. Wir redeten fast schon vertraut miteinander, wobei ich vermutete, dass diese Vertrautheit eher von ihrer sanften, bedächtigen Art herrührte als von einer tatsächlichen Nähe. Wir redeten, wie wir es schon öfter getan hatten, über Literatur, und anstatt mich von meiner besten und also auch leicht verlogenen Seite zu zeigen, offenbarte ich ihr, dass ich keine Bibliothek mehr besaß.

Es war ein Impuls, dem ich einfach folgte; seit einiger Zeit ging ich mit meinen Verlusten und Mankos offener um als zuvor, obwohl diese Bekenntnisse immer auch schambesetzt und anstrengend waren. Die eigene Katastrophe auszustellen, hat etwas Aufdringliches; es aber nicht auszusprechen, ist noch verquerer, wenn man ohnehin schon einmal bei den Konsequenzen angelangt ist. Bertram, der Gastgeber, bekam das Detail auf der anderen Seite des Tisches mit, und wir redeten über das langsame, aber stetige Anwachsen von Bibliotheken im Laufe des Lebens, überhaupt über die Anhäufung von Zeug und Material, das für manche über die Jahre zu einem nicht unwesentlichen Teil der Identität wird. Wir kamen überein, dass ein solcher Verlust ziemlich unerträglich sein muss. Dann zerstreute sich das Gespräch, und ich wandte mich wieder Henry zu, der ich den Grund für das Verschwinden meiner Bibliothek noch verraten musste, wenn unser Dialog nicht eine auffällige Leerstelle aufweisen sollte. Also sagte ich ihr wie beiläufig und leise, so leise, wie ich sonst selten sprach, aber sie selbst sprach leise, war kaum zu verstehen, zumal sie zu meiner linken und also tinnitusgeschädigten Seite saß: dass ich bipolar sei. Ich schätze, sie wusste das eh. Oder sie wusste *irgendwas*. Jeder wusste irgendwas.

Im Englischen gibt es die bekannte Wendung «the Elephant in the Room». Sie bezeichnet ein offensichtliches Problem, das ignoriert wird. Da steht also ein Elefant im Zimmer, nicht zu übersehen, und dennoch redet keiner über ihn. Vielleicht ist der Elefant peinlich, vielleicht ist seine Präsenz allzu offensichtlich, vielleicht denkt man, der Elefant werde schon wieder gehen, obwohl er die Leute fast gegen die Zimmerwände drückt. Meine Krankheit ist ein solcher Elefant. Das Porzellan (um ihn gleich durch sein zweites Bild stampfen zu lassen), das er zertreten hat, knirscht noch unter den Sohlen. Was rede ich von Porzellan. Ich selbst liege drunter.

Früher bin ich ein Sammler gewesen. Süchtig nach Kultur, hatte ich mir über die Jahrzehnte eine imposante Bibliothek aufgebaut, die ich mit großer Liebe zum Detail ständig ergänzte und erweiterte. Mein Herz hing an diesen Büchern, und ich liebte es, im Rücken all die Schriftsteller zu wissen, die mich früher geprägt und begeistert hatten, dazu die Kollegen, deren Neuerscheinungen mir immer wieder vor Augen führten, dass die Zeit voranschritt und die Dinge sich änderten. Ich hatte die Bücher nicht alle gelesen, aber ich brauchte sie alle, und ich konnte jederzeit nachlesen, was ich wollte, und mich in einem Buch erneut oder erstmals verlieren. Meine Musiksammlung war ebenfalls beachtlich gewesen, Indie, Elektro, Klassik. Die Sammlung und die Bibliothek waren auch bei mir zu einem Bestandteil meiner Persönlichkeit geworden. Seltsam, sein Ich in die Dinge um einen herum zu projizieren. Seltsamer allerdings, diese Dinge zu verschleudern, ohne es eigentlich zu wollen.

2006 hatte ich den größten Teil meiner Bibliothek verkauft, vor allem die Klassiker. Plötzlich waren mir, dem Maniker, die vorher geliebten Bücher ein Ballast, den ich so schnell wie möglich loswerden wollte. 2007, in der Depression, betrauerte ich diesen Verlust dann sehr. Ein Sammler hatte die Objekte seiner Leidenschaft in alle Winde verstreut, und eine Rückholaktion war nicht möglich. Drei Jahre harrte ich zwischen den dezimierten Beständen aus, dann wurde ich wieder manisch und verkaufte, 2010 war das, den größten Teil der übriggebliebenen Rumpfbibliothek, dazu alle CDs und Platten, die die Händler noch annahmen. Den Rest warf ich weg, genauso wie einen beträchtlichen Teil meiner Kleider. 2011 erwachte ich wieder aus dem irren Rausch und war bestürzt, alles verloren und verscheuert zu haben, was mir vorher lieb gewesen war.

Ich vermisse diese Bücher noch heute. Meist rede ich mir ein, dass auch bei normaler psychischer Konstitution eine Verschlankung der Bibliothek nicht die schlechteste Idee gewesen wäre (aber eine Verschlankung bloß!) oder dass ich irgendwann eh genug gehabt hätte vom ständigen Archivieren und Horten, um einem neuen, befreienden Minimalismus zu frönen, weiße Wände, ein Sofa, ein Tisch mit Gerhard-Richter-Kerze drauf, mehr nicht. Doch die Entscheidungen sind krankheitsbedingt gewesen. Kein freier

Wille stand dahinter, und die leeren Wände, der Hall in der Wohnung verhöhnen mich noch heute und illustrieren, radikal gesprochen, das Scheitern eines Lebensversuchs.

Henry wusste nicht recht, was sie sagen sollte. Sie sah mich nickend an und versicherte dann, sie kenne selbst solche Zustände, auch wenn es ihr fern läge, meine und ihre Disposition auch nur im Ansatz miteinander vergleichen zu wollen. Wir redeten noch weiter über diese Zustände, diese massiven Hoch- und Tiefdruckgebiete der Psyche, ohne dass ich beschreiben wollte oder konnte, was meine Krankheit für mein Leben wirklich bedeutete. Kein weiteres der verheerenden Details kam über meine Lippen. Die Erwähnung der Bibliothek musste fürs Erste reichen. Es hatte dennoch nichts Peinliches, mit ihr zu reden, das Vertrauen war spürbar, genauso aber die sich einschleichende Distanz. Die Erkrankung stand, jetzt ausgesprochen, noch manifester zwischen uns, und dennoch bereute ich nicht, es ihr gesagt zu haben. Drei, vier Wochen später verliebten wir uns ineinander. Zusammen kamen wir jedoch nicht. Meine Krankheit machte ihr Angst, mir ihre altadelige, in aller Weltläufigkeit fast engstirnige Familie, und nach einer Woche, die wir wie im Traum verlebten, wussten wir, dass es keinen Platz für uns in der Wirklichkeit gab, auch wenn wir es gegen alle fremden und eigenen Einwände noch einige Monate lang störrisch versuchten. Ich habe ihr seitdem nur wenige Details meiner Geschichte erzählt, wiewohl sie eine der Personen wäre, denen ich alles erzählen könnte und müsste. Dieses Buch ist solchen Unmöglichkeiten gewidmet – und einer Liebe, die sich sofort zurücknahm.

2

Als ich Sex mit Madonna hatte, ging es mir kurz gut. Madonna war noch immer erstaunlich fit, was mich allerdings kaum verwunderte. Man hatte ja verfolgen können, wie sie um 2006 zur Fitnessmaschine mutiert war und sich im Video «Hung Up» abplackte, zwischen Splits und Squats, immer härter, immer extremer, als Gummimensch mit weichgezeichneten Kurven, der seinen Körper nach starkem Willen formt und der Vergänglichkeit so in den labbrigen Arsch tritt. Und jetzt wurde ich Nutznießer dieser Bemühungen; jetzt wurde ich endlich mit den Früchten ihrer schweißtreibenden Körperarbeit belohnt – ich, der ich ebenfalls in den letzten Monaten beachtlich abgemagert war und diesen Prozess auch mehr oder weniger lückenlos dokumentiert hatte, auf meinem Blog, den ich täglich zerstörte und erneuerte. Also war es jetzt so weit, und ich konnte sie mit der größten Selbstverständlichkeit von der Oranienstraße wegpflücken. Wieso sollte ich auch überrascht sein? Sie hatte ihr Leben lang über mich gesungen.

Wie auch Björk. Die allerdings ging mir inzwischen gehörig auf die Nerven. Verloren wuselte sie in Cafés und Bars um mich herum und versuchte, mein Herz mit ihrem brüchigen Elfengesang zur Räson zu rufen. Denn war sie nicht immer meine wahre Popliebe gewesen? Wieso denn jetzt plötzlich Madonna? So schien es aus ihr zu wimmern. Im Gegensatz zu Madonna aber hatte Björk nicht konsequent an sich gearbeitet, sich nicht ständig neu erfunden und gehäutet. Björk schien zu glauben, durch Aufsetzen ihrer Selma-Brille aus «Dancer in the Dark» und ihre schlampige, fertige, mitleidheischende Erscheinung könnte sie meine Jugendliebe zu ihr umstandslos neu entfachen. In ordinär verhangenen Cafés näherte sie sich mir, Laub in den Haaren, gurrte Unverständliches und machte sich dann unverrichteter Dinge davon. Ähnlich Courtney.

An den eigentlichen Geschlechtsakt mit Madonna kann ich mich kaum erinnern. Es wird weder besonders wild noch besonders langweilig gewesen sein. Madonna ist nämlich gar keine Sexbombe, genauso wenig wie Elvis eine war, von dem eine Liebhaberin bekanntlich meinte, er sei ihr im Bett wie ein kleines, unbeholfenes Baby vorgekommen, samt Schnappreflex zur Mutterbrust. Madonna war ähnlich inzestuös unterwegs, schien in mir noch immer ihren Sohn zu sehen, den gefallenen Jesus, dem sie Oralsex verpassen will: *I'm down on my knees, I'm gonna take you there*, und so dünstete unser Sex den Ruch des Verbotenen aus, ohne dass dieses Ketzertum mich auch nur im Geringsten kickte. Bald erkannte ich auch die alte Frau unter mir, das Fleisch nun doch weicher und labbriger unterm Zugriff, die Masken alle gefallen, die Krähenfüße vom vielen Lachen tief in die Haut gezogen. Die Masken alle gefallen, ja: bis auf dieses wölfische Grinsen, das mir schon in der Fensterreflexion des Buchladens entgegengestrahlt hatte. Madonna bleckte ihre langen Zähne. Wir hatten die Bücher in der Auslage betrachtet, unsere Blicke hatten sich getroffen, ein Erkennen auf meiner, ein Schmunzeln auf ihrer Seite, und ohne ein weiteres Zeichen waren wir in meine zerschossene Wohnung am Kottbusser Tor geeilt, der nasse Teer ein dunkler Spiegel unter unseren Füßen. Sie kam einfach mit. Ich weiß noch, dass ich anfangs staunte, wie gut in Schuss sie war, fast so wie auf den Aktbildern aus den frühen Achtzigern, muss aber auch eingestehen, dass mir ihre Brüste bald viel übersichtlicher vorkamen als angenommen, als von den Medien oder von ihr selbst regelrecht vorgetäuscht. Mindestens zwei Körbchengrößen musste man abziehen, dann stimmte es in etwa. Doch wer war ich, jetzt kleinlich zu urteilen, auch wenn Madonna sozusagen unter meinem Blick zerfiel? Oder vielmehr: Wer war ich, sie zu enttäuschen? Beide hatten wir seit Jahrzehnten auf diesen Moment gewartet. Weitere Gedanken und Bewertungen ließ ich also sein und gab ihr, was sie sich nahm. Am nächsten Morgen war sie standesgemäß verschwunden, ohne ihre Telefonnummer hinterlassen zu haben. Madonna halt. Ich hatte sie nicht anders eingeschätzt.

Dass die Stars plötzlich aus allen Löchern gekrochen kamen, kannte ich schon. Es war immer dasselbe. Kaum war ich mir wieder meiner unaussprechlichen Funktion bewusst, kaum begann ich, die richtigen Signale auszusenden, umschwärmten sie mich wie Sterne ihr schwarzes Loch. Und ich fraß sie alle. Bevor ich mit Madonna abstürzte, war MCA um mich herumgestromert, der gute, inzwischen leider tote MC der Beastie Boys, um abzuchecken, was ich so tat in dieser gottverlassenen Nacht. Im Gegensatz zum ständig und überall lauernden Werner Herzog war MCA eine reine, integre Seele. Er bedeutete mir kurz mit gerecktem Daumen, dass alles okay sei, und so konnten Madonna und ich reinen Gewissens loslegen. Denn MCA war selbst das personifizierte Gewissen des Pop, und was er abnickte, war politisch wie moralisch korrekt, egal, was die Dragqueens vor dem *Roses* uns hinterherzischten oder die jungen Türken vor dem *Oregano*, die die Dragqueens skeptisch beäugten und maulfaul dissten. Sollten sie ihre Verachtung intern regeln; mit uns hatte das nichts zu tun. Wiewohl, wer weiß – hatte ich den Dragqueens doch Wochen vorher geholfen, indem ich mich zwischen sie und aggressive, bullige Gangsterrapper gestellt und schließlich, als die Schläger dennoch losprügelten, die Polizei gerufen hatte. Ich, die Polizei! Eine Farce. Aber die Türken verstanden meine Haltung und krümmten mir nicht ein Haar. Schließlich war ich mit ihnen aufgewachsen. Das prägte. Mich, aber vor allem sie. Und die Dragqueens küssten mich in Dankbarkeit.

Als Madonna weg war, war sie weg, und nichts war geschehen. So war es meist zu jener Zeit: Ich hatte ein Erlebnis, das in vorbewussten Phasen für eine Menge Wirbel und Skandal gesorgt hätte – jetzt aber verpuffte jeder mögliche Eklat im Nichts, ob ich nun in Handschellen «sistiert» oder von Madonna verführt wurde. Ich erzählte ja auch niemandem davon, oder höchstens Wochen später, völlig whiskeyzerstört in einem aufs Neue fremdzerwühlten Bett. Die Ereignisse waren intensiv, aber folgenlos. Jeder Tag war wie eine Reinkarnation, und ein neuer, schärferer Reiz musste her, um das Bewusstsein zu befrieden. Und das Gestern war verdrängt wie ein kürzlich verlorener Krieg.

3

Allein das Wort: *bipolar*. Das ist einer jener Begriffe, die andere Begriffe verdrängen, da sie der Sache angeblich gerechter würden, indem sie der Benennung das diskriminierende Element nähmen. Getarnte Euphemismen, die ihrem Gegenstand durch Umtaufung den Stachel ziehen sollen. Letztendlich passt der alte Begriff «manisch-depressiv» aber, jedenfalls in meinem Fall, viel besser. Erst bin ich manisch, dann depressiv: ganz einfach. Erst kommt der manische Schub, der bei den meisten ein paar Tage bis Wochen, bei wenigen bis zu einem Jahr dauert; dann folgt die Minussymptomatik, die Depression, die völlige Verzweiflung, solange sie nicht von fühlloser Leere aufgelöst und ins dumpf Amorphe verformt wird. Auch diese Phase kann, je nach Erkranktem, wenige Tage bis zwei Jahre dauern, vielleicht noch länger. Ich bin einer derer, die die Jahreskarte gezogen haben. Wenn ich abrutsche oder hochfliege, dann für eine lange Zeit. Dann bin ich nicht mehr zu halten, ob nun im Flug oder im Fall.

Dem Wort «bipolar» ist, neben den durchaus vorhandenen positiven Effekten, die die Umbenennung mit sich brachte – etwa die Einbeziehung gemischter und milderer Krankheitsformen –, eine gewisse Technizität mitgegeben, die den wahren, katastrophalen Gehalt des Begriffs abdämpft und ins Aktenkundige rubriziert: das Desaster als verbraucherfreundlicher *terminus technicus*. Das Wort ist so lasch, dass manche noch immer nicht wissen, was es eigentlich bedeutet. Und die Unkenntnis spricht Bände. Der gebildete Bürger kann mit dem Begriff «Bipolarität» wenig anfangen – wie erst mit dem Krankheitsbild. Solche Dinge sind, und das soll kein Vorwurf sein, den Menschen noch immer völlig fremd und zutiefst unheimlich. Das Wort ist billig, der Sachverhalt aber erschütternd. Hier die Normalen, selbst von Neurosen, Phobien und echten Verrücktheiten durchzogen, aber alle liebenswert, alle mit einem Augenzwinkern integrierbar, während dort die Verrückten mit ihren Unverständlichkeiten hadern, schlichtweg nicht mehr einzuordnen sind, nicht zu ironisieren oder durch Humor kommensurabel zu machen. Das ist das Fatum der Irren: ihre Unvergleichbarkeit, der Verlust jeglichen Bezugs zum Leben der restlichen Gesellschaft. Der Kranke ist der Freak und als solcher zu meiden, denn er ist ein Symbol des Nichtsinns, und solche Symbole sind gefährlich, nicht zuletzt für das fragile Sinnkonstrukt namens Alltag. Der Kranke ist, genau wie der Terrorist, aus der Ordnung der Gesellschaft gefallen, gefallen in einen feindlichen Abgrund des Unverständnisses. Und er ist sich sogar selbst nicht verständlich, grausamerweise. Wie soll er sich den anderen verständlich machen? Er kann die eigene Unverständlichkeit nur akzeptieren und versuchen, mit ihr weiterzuleben. Denn nichts ist ihm mehr transparent, nicht sein Innenleben, nicht die äußere Welt. Die medizinischen Erklärungen sind Modelle der ärztlichen Ratio, die einen Sinnzusammenhang stiften wollen, um dem Kranken über den Schock des Selbstverlusts hinwegzuhelfen: Diese Neuronen haben also zu stark gefeuert; jener Stress war demnach kontraproduktiv. Mit der tatsächlichen Erfahrung der Krankheit haben solche Ersatzerklärungen aber in etwa so viel zu tun wie die Funktionsbeschreibungen eines Bremssystems mit der Tatsache einer Mehrfachkarambolage. Man steht mit der Gebrauchsanleitung vor dem Unfall und sucht in den schematischen Zeichnungen die Wrackteile zu finden, die doch so plastisch vor einem liegen. Aber man findet nichts. Die Fakten sprengen die Erklärung. Der Unfall ist in der Konstruktion nicht vorgesehen.

Am besten wäre es wohl, man ließe sich als psychisch Kranker, so man den Schub denn überhaupt überlebt hat, ein für allemal stillstellen und versuchte im Weiteren, ohne große Reflexion und Grübelei bis zum Ende durchzuvegetieren. Verloren ist eh das Meiste. Sich mit der eigenen Erkrankung aktiv und analytisch auseinanderzusetzen, strengt an und schmerzt, und es ist gefährlich.

Ich bin zu einer Gestalt aus Gerüchten und Geschichten geworden. Jeder weiß etwas. Sie haben es mitbekommen, sie geben wahre oder falsche Details weiter, und wer noch nichts gehört hat, dem wird es hinter vorgehaltener Hand kurz nachgereicht. In meine Bücher ist es unauslöslich eingesickert. Sie handeln von nichts anderem und versuchen doch, es dialektisch zu verhüllen. So geht es aber nicht weiter. Die Fiktion muss pausieren (und wirkt hinterrücks natürlich fort). Ich muss mir meine Geschichte zurückerobern, muss die Ursachen, wenn sie schon nicht abbildbar sind, wenn sie sich in den Konstruktionszeichnungen nicht finden, durch exakte Beschreibung der Unfälle emergieren lassen.

Ursachen, Ursachen, Ursachen. Nimm zehn Therapeuten, und du hast hundert Ursachen. Gesetzt ist jedenfalls immer wieder die sogenannte *Vulnerabilität*: eine, wörtlich, Verletzbarkeit, die zwar erst einmal nur die Anfälligkeit für psychische Krankheiten meint, aber durchaus auch als Dünnhäutigkeit zu lesen ist, als eine Art überempfindliche Rezeptivität, welche die Alltagswelt schnell zur Überforderung werden lässt. Zu viele Wahrnehmungen, zu viele Blicke, und die Denke des anderen wird stets miteinberechnet, so dass die Außenperspektive den Innenblick dominiert. Zum Beispiel überfordert das Betreten eines öffentlichen Raumes, eines Theaters oder einer Bar, das Eintauchen in das soziale Spannungsfeld, das dort herrscht, den solchermaßen Vulnerablen sofort. Die Möglichkeiten der Gefahr, die sich in diesem Feld auftun, sind vielfältig. Da wird der Smalltalk zur Falltür, die Blicke der Anwesenden erscheinen wie Attacken, Gesprächsfetzen irritieren die Konzentration, das bloße Rumstehen stößt einen in die größte Verlorenheit. Der Vulnerable muss sich immer wieder überwinden, will er nicht völlig in der eigenen Soziophobie verschwinden. Wenig widerstandsfähig und wirr von all dem Außen, meidet er das Soziale und verlernt es, wenn er es denn je gelernt hat. Oder desensibilisiert sich zwangsweise mit Alkohol und anderen Drogen. Und fängt so an, den Neuronenhaushalt durcheinanderzubringen und langsam kippen zu lassen. Vielleicht. Vielleicht ein Grund, eine Ursache.

So haben, eine Zahl, sechzig Prozent aller Bipolaren eine Vorgeschichte des Substanzenmissbrauchs. Bedingt nun die Krankheit den Missbrauch, der Missbrauch die Krankheit, oder ist das eine Wechselwirkung? Es ist nicht gut zu erkennen. Hält man Ursachen ins Licht, werden sie durchsichtig und fadenscheinig. Einerseits geben Ursachen einem Erklärmodule in die Hand, mithilfe derer man sich und die anderen beruhigen kann, und sei es anhand angeblicher Traumata. Andererseits ist gar nichts gewonnen, es sind Simplifizierungen, Zaubersprüche, mithin Lügen. Die Medizin ist noch immer eine tastende Wissenschaft, *trial and error* seit Jahrhunderten. Die Medikamente verdanken sich meist Zufallsfunden. Die Psychologie ist der Logik von Ursache und Wirkung verhaftet. Und am Ende ist selbst das Gähnen noch nicht erklärt.

Ich kann nur sagen: So und so ist es bei mir gewesen (und so wird es hoffentlich nie wieder sein). Was davon Ursache ist, was Folge und was von der Krankheit nicht betroffener Umstand, ist letztgültig nicht festzustellen. Also muss ich erzählen, um es begreifbarer zu machen.

1999

1

«Etwas stimmt nicht.»

Darauf konnten wir uns einigen. Lukas meinte es zwar anders als ich. Aber er war klug und hielt den Satz so allgemein, dass auch ich ihm zustimmen konnte. Etwas stimmte also nicht. Ich meinte: mit der Welt. Er meinte natürlich: mit mir.

Ein Hahn krähte. Es war ein Spaßobjekt in Form eines Hahns, das, wenn bewegt, blecherne Töne von sich gab. Andreas hielt das Plastiktier in der Hand und ließ es wiederholt aufkrächzen. Wahrscheinlich war das eine Art ratloser Scherz, eine Persiflage auf die Trigger meiner Paranoia: Da ist ein Signal, ein Zeichen, ein Krähen, ja. Es ist für dich. Und es ist nichts. Es ist ein Witz. Wach auf.

Die erste Nacht meines Wahns lag hinter mir. Ich erinnerte mich schon jetzt kaum mehr an sie. Gewiss hatte ich trotz aller Aufgescheuchtheit geschlafen. Ich hatte mich sicher auch mit Bier beruhigt, was die Mediziner tatsächlich als Selbstmedikation bezeichnen. So schnell ändern sich nämlich die Bewertungen: Was eben noch das Besäufnis eines Slackers war, ist einen Tag später die Selbstmedikation eines Kranken.

Ratlos saßen die Freunde um mich herum, morgens, am Küchentisch. So etwas war ihnen noch nicht untergekommen. Man hatte einmal von einer Jurastudentin erzählt, die am Tag vor dem Examen ausgerastet sei und sich am Telefon als ihre Großmutter ausgegeben habe. Das hatte mich natürlich aufhorchen lassen, denn ich war empfänglich für solche Geschichten. Jetzt war ich im Begriff, selbst eine solche Geschichte zu werden. Und die Freunde saßen erst einmal da und wussten nichts zu sagen. Sie blickten mich an, verstohlen bis irritiert.

Knut versuchte in einer Gefühlswallung als Einziger,

den Fluch, die Ratlosigkeit zu durchbrechen. «Aber das stimmt doch alles gar nicht!», rief er mit rotem Kopf ins Schweigen. Ein guter, fast ein großer Versuch, der viel zu selten unternommen wird. Keinem Arzt würde ein solcher Satz über die Lippen kommen, ganz im Gegenteil, in den Patientengesprächen wird nichts bestritten, alles nur notierend wiederholt: «Und alle kennen Sie?» – «Ja, alle kennen mich.» – «Seit wann?» – «Seit, ich weiß nicht.» – «Aha.» – «Aha.» – «Und hören Sie Stimmen?» – «Was?» – «Stimmen? Hören Sie?» – «Ja, Ihre. Ganz deutlich.» – «Das meine ich nicht. Andere Stimmen?»

Ein «Ja» heißt dann automatisch «schizophren», ein «Nein» noch nichts, es lässt alle Optionen offen in diesem Multiple-Choice-Verfahren, das die Antworten des Erkrankten nie in Frage stellt, alles abnickt. Solche Praktiken werden ihren langbewährten Sinn haben, und die meisten Paranoiker sind natürlich kaum von ihren Überzeugungen abzubringen. Doch manchmal frage ich mich, ob ein Zwischenruf von berufener Instanz, ein schlichtes Negieren der Wahnvorstellungen, vielleicht en passant, im Ton der Nebensächlichkeit, nicht doch hilfreich sein könnte: «Was Sie denken, stimmt übrigens nicht, aber ... –»

Knut jedenfalls versuchte es. Oder vielmehr brach der Versuch unkontrolliert aus ihm heraus, denn Knut war bisweilen ein Hitzkopf, der seinen roten Haaren alle Ehre machen zu wollen schien.

«Aber das stimmt doch alles gar nicht!»

Ich weiß noch, wie ich ihn anstarrte, wie sich ein Hiatus öffnete, in dem die Wirklichkeit aufschien, die normale Welt von vorgestern, die einigermaßen gefestigte Ordnung, die ich kannte. Ich weiß noch, wie ich ihm für ein paar Sekunden, während derer die anderen betroffen schwiegen, einfach glaubte, glauben konnte. Vielleicht waren meine Gedanken, die ja vor allem aus Empfindungen bestanden, einfach nicht wahr? Vielleicht stimmten sie tatsächlich nicht. Sie verwandelten sich ja eh minütlich, hatten keinen neuralgischen Punkt, keinen Anker irgendwo, keine Form. Doch was stimmte dann? Und was meinte er genau mit «alles»? Irgendetwas hatte sich doch ereignet, sonst säßen wir nicht hier. Und schon war der Augenblick möglicher Klarheit dahin, und ich verstrickte mich wieder in einen Wust aus wirren Mutmaßungen. Rein innerlich, unausgesprochen allerdings.

Denn die Angst ließ mich verstummen. Nicht nur waren meine Gedanken zu wild und neu, als dass ich sie auf irgendeinen Begriff hätte bringen können, sondern war es mir aus Furcht und Erschrockenheit kaum möglich, überhaupt den Mund zu öffnen. Ich war noch zu durchgerüttelt, zu fertig vom vergangenen Tag. Die Panik steckte dumpf in mir, und ich wusste nicht mehr, wo oben und unten, wo innen und außen war. Ich sah die Freunde nur verständnislos an, dann senkte sich der Blick wieder auf die Tischfläche, wo er haften blieb. Der graue Himmel spiegelte sich matt im Lack. Im Kopf war glühender Matsch. Es waren doch dieselben Freunde von früher, dieselben sofort erkennbaren, vertrauten Gesichter und Gemüter, und doch war alles anders, eine große Fremdheit zwischen uns, eine Grenze aus Unaussprechlichem. Wieder krähte es. Ich war so allein wie nie.

The day the whole world went away. Man muss sich das vorstellen wie eine Pubertät im Zeitraffer, eine prompte Umwertung aller Werte und Ansichten, das Öffnen sofort geblendeter Augen, den Verlust der Unschuld, und das eben nicht über Jahre, sondern innerhalb eines Tages, in Stunden, fast mit einem Wimpernschlag. Die ganze Welt ist plötzlich anders strukturiert als bisher angenommen. Die Prinzipien und Gesetze sind noch nicht durchschaut, aber schmerzlich spürbar, bis in die alarmierten Nerven hinein. Der Novize taumelt, hadert, rast und schweigt. Er versteht nicht und verstummt. Dann brüllt er los, aus Trotz und aus Angst. Das Gewohnte gibt es nicht mehr, alles besteht aus Unbekannten, man selbst ist ein Fremdkörper im Fremdkörper Welt. Das Bewusstsein hat jeden Halt verloren.

«Die Leute verhalten sich so seltsam», stammelte ich.

«Natürlich verhalten sie sich seltsam. Weil *du* dich seltsam verhältst!»

Ja? Wieder dieser kurze Augenblick einer möglichen Umkehr, dieses Aufscheinen der Normalität, Hebelgriff des gesunden Menschenverstands: Stimmt, ich verhalte mich abstrus und seltsam, ich bin durch die Stadt gerannt und habe fremde Leute angesprochen. Bizarr, was ist da los? Doch dann sofort der Gedanke: Sie sind ja nicht fremd. Sie kennen mich. Seit wann?

Als alles nichts half, fing Lukas mich wieder ein: «Etwas stimmt nicht.» Da nickte ich, dem konnte ich zustimmen. Etwas stimmte nicht, und zwar grundlegend, bis in die Basis, bis ins Wesen der Dinge hinein. Dieses Wesen der Dinge musste ins Krankenhaus, nicht ich, wie es meine Freunde vorschlugen. Sie überredeten mich dazu, erst einmal die Wohnung zu verlassen.

2

Die Straßen durchquerte ich wie bekifft. Der Beton schien, wenn ich mich nicht drauf konzentrierte, unter meinen Füßen nachzugeben; wurde ich mir dieser Empfindung aber bewusst, verschwand sie sofort wieder. Alles wirkte künstlich ausgeleuchtet, die Häuserfassaden standen da wie Filmkulissen. Die Atmosphäre war aufgeladen und scharf, ein Rauschen drängte sich aus der Ferne auf, nicht hörbar, aber physisch drängelnd, eher Druck als Geräusch. Selbst die Luft schien zur Oberfläche geworden zu sein. Gestern noch hatte es keine Grenzen mehr zwischen mir und der Welt gegeben, totale Auflösung im Rausch der Zeichen; jetzt war ich völlig isoliert von allem um mich herum. Ich hatte Schwierigkeiten, mich zu orientieren in diesen Straßen, dabei kannte ich mich doch eigentlich sehr gut aus hier. Aber es gab nichts Eigentliches mehr.

In einer türkischen Restaurantkantine namens «Deutsches Haus» aßen wir Linsensuppe und Köfte. Es war das Erste, was ich seit Tagen zu mir nahm. Das Essen fiel mir schwer, weil ich mir beobachtet vorkam, Angst vor den Blicken der anderen Gäste hatte. Als ein Kamerateam die Räume betrat, um den Anwesenden Reaktionen auf das Erdbeben abzunötigen, das die Türkei am Tag zuvor erschüttert hatte, wollte ich fast wieder alles ausspeien. Natürlich bezog ich die laufende Kamera gleich auf mich, auch wenn sie nicht einmal in meine Richtung filmte. Das hieß in meiner Einbildung: Man wollte mich, von oberster Stelle angeordnet, auf meine neue Rolle vorbereiten. Knut musste ob der Absurdität der Situation lachen, denn er merkte sofort, wie das Kamerateam meine Paranoia befeuerte.

Erste Monologe schossen aus mir hervor. Ein Kommilitone von Andreas und Lukas war zu uns gestoßen, und seine Hornbrille sowie die spitzbübische Süffisanz, die er ausstrahlte, machten mich gleich aggressiv. Ich hatte einen neuen Feind gefunden, dabei tat er gar nichts Böses. Er redete lediglich von irgendeiner Gastfamilie, die ihm nach einer Magenverstimmung eine Banane gereicht hätte. Das habe geholfen. Vorher musste ich also selbst berichtet haben, wie oft ich in den letzten Tagen gekotzt hatte, und die Bananengeschichte war wohl als Ratschlag gemeint. Obwohl diese «Banane» immerhin eines der ersten Wörter war, die ich nichtmetaphorisch nehmen konnte, torpedierte ich seine Einlassungen, setzte ein paar schnittige Kommentare ab und nannte die um mich speisenden Türken obendrein noch «Börekzuhälter». Andreas prustete ein «Spasti» hervor, worauf ich breit grinsen musste. Doch kam es mir vor, als würde ich dieses Grinsen nur spielen, als hätte ich jedes Grinsen bisher nur gespielt, mein ganzes Leben lang. Dann hielt ich mich wieder zurück, um den Hornbrillenträger erkennbar zu ignorieren, gleichzeitig das Kamerateam mit Blicken in Schach zu halten und meine kruden Gedanken zu ordnen, die heiß liefen. Das Erdbeben, dessen verheerende Folgen auf einem kleinen Fernseher zu sehen waren, hielt ich für inszeniert. Einen Augenblick lang wollte ich wieder weinen, dann durchfuhr mich ein unverhältnismäßig lautes und völlig untypisches, mir wesensfremdes Gelächter, da ich einen Witz des Hornbrillentypen, der mir plötzlich doch sympathisch war, urkomisch fand. Wieder fühlte ich mich wie bekifft, nur schärfer, konturierter, überbelichteter, ohne die ganze Dumpfheit, die das Kiffen sonst mit sich bringt. Meine Augen sahen alles und doch nichts.

Abends war ich wieder allein in der Wohnung und übergab mich drei-, viermal. Die Zeichen, mit denen ich bis obenhin voll und vergiftet war, mussten aus mir raus. Aber es half nichts. Sie blieben in mir drin. Alles blieb drin.

3
«DRIN ‹das ist ja einfach›

14.32 Uhr: Jeder Tod, den ich sterbe, ist ein weiterer Verrat an der Wahrheit. Die Surpriseparty für Lukas endet also vorerst mit meiner Einweisung in die Geschlossene. Wenn man pinkelt, ist die Klotür in der Regel auf. Ein normaler Platz wie jeder andere, eine *nicht neue* Erfahrung. Unseltsam. Ich würde gerne *draußen* mitschreiben, nicht hier drinnen bei den Ausgeschlossenen. Wer hat diese Leute kaputtgemacht?

Dr. Mabuse: rock on. Gestern ausgetickt. Keine Griffe hier. Ich habe: ‹keinen Ausgang›. Herr Melle (auch ‹Mehle›) hat heute keinen Ausgang, können Sie ihm vielleicht Zigaretten mitbringen, Herr Noeres. Herr Noeres ist nämlich *zuverlässig*.

15.12 Uhr: Die Verschwörung meiner Freunde und Freundesfreunde. Donnerstagabend wurde eine konspirative Versammlung bei Lukas einberufen, Informationen wurden über mich zusammengetragen, was weiß wer von welcher neuerlichen Aktion, wohin soll das führen.

Magda war wohl auch dabei: der Magda-Verrat. Leider ist einem natürlich nicht ganz so ersichtlich, warum für die anderen ein Witz ins Kranke ablappt, wo für einen selbst ja noch der normale alte Witz besteht. So wird eine lässige Flugblattaktion ohne auffordernden Charakter zum Anlass für die automatische Einweisung in die Geschlossene. Die krasse Asymmetrie von Sendung und Empfang. Eine nette Geste wird da zum plötzlichen Würgegriff. Welche Mechanismen sind am Werk?

Don't cry a river for me.

11.30 Uhr: Auch hier bin ich also plötzlich in der Führerrolle, allein durch meine Präsenz. Grotesk. Und so spiele ich Arzt, gebe Ratschläge. Sogar wenn ich schweige, bin ich der Punkt der Vermittlung, ein Freund aller. Gestern kam ein tattriger General alten Schlags, von Gustroff oder so, gleich nach dem Essen zu. mir, wurde vom lächelnden Sympatho-Zivi Schritt für winzigen Schritt an meinen Tisch geleitet und nuschelte dann trotz erkennbar luzider und ordentlicher, syntaktisch einwandfreier Struktur des Satzbaus einen größtenteils unverständlichen Monolog in mein Ohr, redete von der Tischordnung und von möglichen, wenn nicht sogar notwendigen Beratungen über diese, man könnte eine Vollversammlung der Patienten, er entschuldige sich für die Störung beim Dessert, einberufen; dann wieder sonderte er leise, kleinteilig genuschelte Wortkaskaden aus seinem fast starren Mund ab. Ich sagte, ich verstehe seine Vorschläge, heiße sie gut (will ihn dabei auf keinen Fall verarschen), ich sage, über diese Anregungen würde ich nachdenken. ‹Herr Gustroff, wir gehen›, interveniert der Zivi entschieden-freundlich zum dritten Mal, wir bedanken und verabschieden uns, Gustroff versetzt, jetzt eher deutlich, man werde sich bald sicherlich über den Weg laufen.

Ich lese: ‹Lichte Gedichte›, ‹Abfall für alle›, ‹Preacher›, Catull und Horaz, wenig Wittgenstein. Wittgenstein ist mir gerade zu verrückt. Luhmannvervollständigung: *Die Gesellschaft der Gesellschaft das Gesellschaft.*

Zusammenrottung um mich im Raucherzimmer. Ende dieser Notizen.

17.32 Uhr: Gestern die Sehnsucht. Nicht unbedingt, nein, eigentlich gar nicht: nach Sex, sondern nach konkret zwei weiblichen Personen, deren Haut und Nähe. Mehr nicht. Unverständnis. Warum Alleingelassenwerden? Wem soll das nützen?

So traurig.

Wobei, wenn die Sehnsucht ständig erfüllt würde, das Ersehnte plötzlich verschwände. Das Ende der Beziehung: Klammern und Unfreiheit. Gewäsch.

Tee und Kakao in rauen Mengen, und qualmen tu ich, wie der irre Olaf Gemeiner (zu ihm später), Filterzigaretten. Die Romantik der Irren, etwas Besonderes zu sein: Wurzel allen Irrsinns. Ich dagegen immer wieder, in jedem Satz, der Versuch zu sagen: *Ich bin ein normaler Mensch*. Fresst das und lasst mich endlich in Ruhe mit euren Blicken. Aus euren Blicken bau ich mir ein Haus, sage ich, und ihr, baut euch eure Welt doch alleine. Kommt jemand in den Raum, fällt sein Blick zuerst auf mich, instinktiv gewittert. Schlieren vor dem Auge – weshalb ich auch nichts mehr mit F. zu tun haben will. Schon der Sex war bei ihr Voyeurismus. Schauen wir ihm mal zu, unserem Pornostar. ‹Lost Highway› war nichts dagegen. Jetzt ist sie lesbisch, war klar.

Nicht offen: zu.

Ein Zirkelschluss: die ganze Ethik. Die neue Perspektive ist nicht neu.

Und die Gemeinheiten geschehen ungewollt, im Ironischen, Distanzierten, lakonisch Schmunzelnden. Das nehme ich immer als fies wahr. Warum gibt es hier eigentlich keine Pissoirs auf den Toiletten? Es sind doch nur Männer hier. Es ist dies doch die Männer-Geschlossene, oder habe ich das falsch verstanden?

9.02 Uhr: Der Che-Hippie-Goa-Nettie spielt mir Massive Attack und Funny van Dannen vor (ohne es zu sagen). Ein Beau mit Drogenpsychose seit April malt ein Fadenkreuz an die Tafel, ein anderer hat einen skizzierten Penis zur Pflanze verschnörkelt. Ich zum Beispiel denke ja gar nicht daran, auch nur einen Kreidestrich auf die komische Tafel da zu setzen. Nicht meine Bühne.

Der Drogenbeau fragt mich nach einer Urinprobe. Ich verneine.

Ins Auge schießen: Kreide, Tafel, Fadenkreuz (Zeichnung)

11.00 Uhr: SAUNA UND DOCH SO FERN

13.45 Uhr: Nur kurze Nachfrage: Wie soll man da eigentlich noch Vertrauen haben in die engsten Freunde, wenn noch die kleinsten, vielleicht schrägere-als-sonst Aktionen sofort konspirativ kolportiert und letztendlich wirklich gegen einen verwandt werden? Was sagt die Sprache denn da? ‹Verwandt?› Was, bitte, wer und womit?

Dieser Moment der Entfremdung, ein Zeitblitz im Bewusstsein –

22.34 Uhr: Abends Unruhe. Der General ruft alle Leute mit großem Hallo zusammen und spricht von einer Feuerpolice. Er ist auf der Suche nach seiner Hose. Alle sind wieder bekloppt.

Magda war da, schön. Auch die anderen, Konrad, Lukas, Andrea, Isa, Knut, Andreas: kurz. Ein Brettspiel namens *Kuhhandel* wurde gespielt. Der Generaldirektor umarmt mich. Olaf Gemeiner (zu ihm später) sagt: ‹Du hast Schübe von Anal in dir.›

Der Direktor dagegen: ‹Darf ich Sie Herr Direktor nennen?›
Wir machen das militärisch: Nachtruhe
Nachtruhe im Direktoratsbett, so machen wir das
Dichter dicht, laut und flüssig inzwischen:
‹7 Freunde›, beschimpft er mich –
‹Und keiner regt sich auf› (ich beim Kuhhandel)

17.47 Uhr: Ulrich Janetzki kontaktieren, gleich nächsten Monat. Rauchen und Schauen. Warten auf Entlösung, mit -t-. Entschuldigung, ich wollte nix Böses. Ich gut. Gut und krank, in Heilanstalt. Wo ist der Grund? Wo ist der Grund?

18.34 Uhr: MÖGLICHE SEMINARE UND DISSERTATIONSTHEMEN
Wittgensteins Nacktheit
Der Schlaf in der Literatur
Eine analytische Philosophie der Literatur
Geschosse in der Literatur des XX. Jahrhunderts
Paranoia in der Literatur des XX. Jahrhunderts
Pynchon und das älteste Systemprogramm des deutschen Idealismus
Ekel bei Brinkmann und Goetz
Drastik des Dramas – Sarah Kane und Werner Schwab
Kritik der Psychoanalyse
Cyberpunk und Neurobiologie
Bernd Alois Zimmermann – die Zeit als Kugel und Depression
Mind the Surface: Kreatiefes Schreiben
ha, haha, haha
haháhahahá

0.01 Uhr: Wache, automatisch?
im Exil

4.03 Uhr: schlaflos
Ausflug ins Jahr 2008
Leider seh ich Dich nicht, wie Du mich nicht siehst»

(Aus meinen Aufzeichnungen, 17. bis 21. September 1999)

4

Der erste Aufenthalt in einer psychiatrischen Klinik ist meist traumatisch. Die Grenze ist überschritten, die Türen schließen sich. Hier hilft kein Foucault, kein Durchbuchstabieren der diskursiven bis handfesten Machtverhältnisse und Ausschlussmechanismen: Theorie und Geschichte des Wahnsinns gehen keinen mehr etwas an. Hier ist man mit der Praxis konfrontiert, nein, man ist Teil und Objekt einer Praxis, die sich jeglichem subjektiven Einfluss entzieht. Lasse also, der du eintrittst, alle Selbstbilder fahren. Du bist jetzt dort, wo nichts mehr stimmt. Schreie und Schlurfgeräusche begrüßen dich. Und eine aufgeladene Stille, die Art von Stille, die herrscht, wenn schweigende Leute schon zu lange auf etwas warten. Nur warten die Patienten auf nichts Bestimmtes. Auf die nächste Dosis höchstens, auf den ersten Ausgang, eher aber auf die ferne Erlösung. Sie warten ohne Ziel. Es ist eine fremde und durchregulierte, eine bis in die bürokratischen Details unheimliche Welt, gleich neben der normalkranken Welt angesiedelt, ein Haus weiter nur vom Röntgeninstitut gelegen, ein Stockwerk über der Orthopädie.

Mit einem Schlag betritt man das Reich des Wahns, seine Gerüche, Gesichte, Gesichter und Phänotypen. Ich erinnere mich an ein Aufnahmegespräch mit einem kernigen, managerhaften Arzt, der mir in seinem maskulinen Pragmatismus sympathisch war. Ich denke, ich willigte sofort in einen stationären Aufenthalt ein, wohl aus Spaß, Interesse oder zur Beruhigung der Freunde, die neben mir saßen. Sie hatten mich dementsprechend bearbeitet und regelmäßige Besuche versprochen. Ich war nicht bei Sinnen, hatte noch immer nicht begriffen, dass ich den Verstand verloren hatte, was mich gegen die befremdlichen Eindrücke einigermaßen immunisierte. Als Rechercheaufenthalt sah ich es an, fügte mich schmunzelnd, lachte vielleicht heimlich. Teilweise sprach ich in den folgenden Tagen mit meinen Mitpatienten, als wäre ich der behandelnde Arzt. Es hatte also noch nichts Traumatisches; das kam erst später, in der Depression. Ich war einfach zu psychotisch, um zu erkennen, was wirklich Sache war.

Erstmal eine rauchen, dachte ich und ging den langen, mit dunklem Kunstmarmor ausgelegten Gang hinunter. Im Raucherraum spürte man die jahrealte, zeitschwere Routine. Neuankömmlinge wie ich wurden lasch begrüßt oder misstrauisch angestarrt. Ich sagte erst einmal nichts und rauchte mit den anderen, in diesem Taubenschlag aus Nikotin und angespannter Lähmung. Aggression lag in der Luft. Die Leute kamen, rauchten und gingen, Tür auf, Tür zu, ohne viele Worte zu wechseln. Nach zwei Zigaretten stand ich auf und stampfte in mein Zimmer, setzte mich aufs Bett. Mein Zimmernachbar spielte dilettantisch auf seiner Gitarre, nachdem er verkündet hatte, ein Star zu sein. Seine Selbstüberschätzung erkannte ich im Gegensatz zu der meinen sofort. Ich hörte kurz zu, wunderte mich, wie seine verzerrte Eigenwahrnehmung zustande kommen konnte, sprang wieder auf, eilte über den Gang, blickte ins unordentliche Aufenthaltszimmer, checkte die Gesellschaftsspiele und Bücher durch, war sofort gelangweilt und stolzierte zurück in den Raucherraum. Damit hatte ich den Parcours für die nächsten Tage in fünf Minuten abgesteckt.

5

Entgegen der Aussage eines Chefarztes, der ein Jahrzehnt später mein nicht sehr hilfreicher Gutachter werden sollte, nachdem ich mich monatelang in seiner Klinik aufgehalten und ihn dabei nur einmal zu Gesicht bekommen hatte, erinnert der Maniker sich eben nicht an alles. Ganz im Gegenteil: Er erinnert sich an nur wenig. Die Manie sei, was die Erinnerung angeht, eine gnädige Krankheit, schreibt Kay Redfield Jamison, eine Professorin für Psychiatrie, die selbst an einer bipolaren Störung leidet. Die Manie, stellt sie fest, löscht die Erinnerungen größtenteils aus. Mit Abstrichen stimmt das. Jedoch weiß ich nicht, ob ich dies wirklich als Gnade ansehen soll. Der fehlende Zugriff auf die eigenen Taten und Erlebnisse stellt einen weiteren, nachträglichen Kontrollverlust dar, der sich neben all den anderen Kontrollverlusten, die die akute Erkrankung mit sich bringt, zwar sanft ausnimmt, aber gleichzeitig die eh angegriffene Identität des Erkrankten noch weiter in Frage stellt. Ich persönlich wüsste nämlich gerne, was ich während der Schübe alles so gemacht habe, und das möglichst lückenlos. Geht aber nicht. Momentaufnahmen der besonders krassen und einschneidenden Ereignisse sind abrufbar, auch unspektakuläre Augenblicke, einzelne Begegnungen mit Menschen, Fragmente. Vieles, was ich über mein Verhalten währenddessen weiß, weiß ich von anderen.

Vieles wissen andere an meiner Stelle. Und doch sind manche Bilder und Situationen so scharf und grell konturiert da, dass der Versuch, auch die Verbindungsstücke zwischen ihnen zu rekonstruieren, nicht ganz hoffnungslos erscheinen will.

6

1999. Der Sommer war ein wilder und doch bedrückender gewesen. Mit meinen neuen Freunden war ich viel ausgegangen, hatte die Euphorie genossen, die Alkohol und Musik mir manchmal täglich bescherten. Es war die Zeit des *Cookie's*, des *Eimers* und des *Kunst und Technik*. Es war die Zeit von Berlin, eines fast noch größeren Versprechens, als die Universität eines gewesen war, des Versprechens der Großstadt, die uns seit Jahren unüberhörbar rief, mit ihrem Chaos, ihren Clubs, ihrem Beat und dem ganzen Geist, der sich dort versammelt hatte, der Kultur, die uns umtrieb, den Exzessen, die wir wollten. Wir, schreibe ich, als spräche ich für andere und nicht nur für mich; aber ich war ja auch einer von ihnen, einer von uns. Ich war dabei und ließ mich treiben, durchs Nacht- und Tagleben, durch die neuen, heißen Bücher, durch die Zeitungen und Gedanken, durchs noch junge Internet, durch die Seminare, die Stadt. Ich sah mich als Teil von etwas.

Endlich hier, endlich unterwegs – und doch schon von Anfang an eine Bedrückung, die Brust, Atem und Blick verengte. Ich kam mir vor wie ein Slacker, hing manchmal nur herum, soff und war dennoch ein hyperfleißiger Student. Wie konnte das zusammengehen? Es ging. Eine Fernbeziehung, in der anfangs viel Romantik steckte, zerbrach lautlos. Die Tage wurden blasser, die U-Bahn-Fahrten länger. Die

Freie Universität war ein echter, kalter Apparat in einem verwunschenen, weit draußen gelegenen Dahlem. Die Seminare gerieten zur Last, aber ich biss mich durch und las alles, manchmal doch wieder gierig. Gegen die Trägheit, die Verlorenheit arbeitete ich offensiv an, eigentlich schon völlig desorientiert, ob nun in den anonymen Menschenmengen draußen oder in den inneren Kontinenten des Nichtwissens, die desto monströser anwuchsen, je mehr ich lernte und wusste. Eine Hausarbeit über Musil schrieb ich so besessen und genau, als hinge mein Leben davon ab, doch nach der zugegebenermaßen schmeichelnden Frage der Professorin, woher ich das könne, war die Arbeit für immer vergessen. Wieso suppte so etwas einfach weg? Wieso hatte ich mich überhaupt derart angestrengt? Die Anonymität an der Universität tat ihr Übriges, die Kontaktangst der Studenten war geradezu absurd, zumal in dem elitär angehauchten Institut, an dem ich studierte. Und ich, der Ängstlichste, war bald ganz auf mich zurückgeworfen.

Träge hing ich manchmal in den Seilen, wusste nicht ein noch aus, wollte es nicht wahrhaben, sprang dann ziellos auf, geisterte durch die Straßen, die Supermärkte, auf der Suche nach der Punica-Oase, nach irgendeinem *Produkt*, das etwas *bringen* könnte, fand nichts und schlich zurück in die unbelebte, abweisende Wohnung. Dort saß ich dann ratlos am Küchentisch, schmierte mir ein Brot, das ich nur halb aß, und versuchte, zurück in die Lektüre zu finden. Noch gelang es.

Diese Zustände gab es nicht erst seit Berlin. Es hatte sie schon immer gegeben, in der Kindheit, der Jugend, der Adoleszenz: dieses hartnäckige Gefühl, aus der Bahn geworfen zu sein und ständig einen Abstand zwischen der Welt und mir überwinden zu müssen, und zwar nicht nur für ein paar

Stunden oder Tage, sondern grundsätzlich. Und immer, nach irgendeiner Begeisterung, auch ihre verhasste Rückseite: die Nichtigkeit, die Schalheit, die Leere. Hatte mich etwas erfreut und gepackt, wurde es bald tot, faul und ungenießbar. Die Überfülle wich immer einem Vakuum.

So bereits in Tübingen. Dort hatte ich, aufgeheizt und angemacht von einem großen Lernenwollen, 1994 mein Studium mit einem derartigen Elan, einer Energie aufgenommen, dass es manchem wohl befremdlich war. Die Universität ist für den Schulabgänger ja ein Versprechen. Endlich kann der junge Geist seine wahren Interessen vertiefen, unbelästigt von einer teilweise doch recht frustrierten und also einengenden Lehrerschaft, fern von der Familie und den, in meinem Falle, kleinbürgerlichen und zerrütteten Verhältnissen. Sich im Studium neu erfinden, sich weiterfinden, das Wissen mehren, die Fähigkeiten schärfen, das war mein Ziel. Ich wollte ein Streber sein und meinen Bildungsroman leben.

Morgens um acht stapfte ich freiwillig in das Evangelische Seminar, um mit den Theologiestudenten Altgriechisch zu pauken, tatsächlich zu *pauken*, auf die altmodischste Weise. Dann ging es weiter, in die Seminare und in die Bibliothek, Unerschöpflichkeiten taten sich auf, und was ich früher als gewichtige Literatur gelesen hatte, diente mir jetzt, so überspannt war ich tatsächlich, als Relaxans zwischen den Theorieblöcken. So dachte ich es mir jedenfalls und las Enzensberger und Broch in den Pausen. Ich war begeistert von der Lehre und beseelt vom unbewussten Glück, noch unsichtbar, noch nicht festgeschrieben zu sein.

Ein paar Freundschaften mit analytischen Philosophen entstanden, die meine Lernisolation gegen Ende des ersten Jahres auflockerten. Oft gingen wir etwa nach freitäglichen

Videoabenden ins «Depot», einen Houseclub im Industriegelände, und schüttelten uns die Körper frei. Bestimmte Tracks versetzten mich, *everybody be somebody*, in euphorische Zustände, die ich liebte.

Doch die Dinge bekamen schnell einen Graustich. «TEMPO» wurde eingestellt, was mich seltsam berührte, ich wollte dem Zeitschriftenhändler die Nachricht kaum glauben und dachte, meine Jugend sei nun endgültig vorbei. Die Seminare wurden anstrengender und doch auch langweiliger; ich verlor die Motivation und machte trotzdem weiter. Aber ich merkte, dass etwas grundsätzlich falsch lief. Tief im Inneren hatte ich die Gewissheit, eigentlich nicht studieren zu können, ja, lebensunfähig zu sein. Das tägliche Pensum aus Aufstehen, Anziehen, Losgehen, Griechischunterricht, Seminaren, Nahrungsaufnahme, Bibliothek, Rückweg und Nachtruhe langweilte und frustrierte mich. Ich war es aus Internatszeiten gewohnt, mich in einem sozialen Raum voller Ähnlichgesinnter zu bewegen, so fremd sie mir auch waren. Es hatte da eine Dynamik gegeben, die mich mitgetragen und die ich selbst vorangetrieben hatte; und diese Dynamik gab es nun nicht mehr. Das neue Leben, das losgehen sollte, kam nicht recht von der Stelle. Das Abendbrot, das ich an meinem Schreibtisch aß, schmeckte mir nicht. Die Küche auf meinem Stockwerk des Studentenwohnheims mied ich, aus Scheu vor den BWL- und Lehramtsstudenten, die mich misstrauisch ignorierten. Ich hing durch, die Stimmung wurde schal, auch zwei kurze Liebschaften konnten nichts dagegen ausrichten. Im dritten Semester ließ ich den Griechischunterricht schließlich sein, schwänzte manches Seminar, ging stattdessen auf einen Hügel über der Stadt, um mir das dachziegelrote Elend von oben anzusehen, dieses schwäbische, überhitzte Nest des Idealismus, oder gleich ins

Kino, um mich wieder daran zu erinnern, was ich eigentlich machen wollte: Fiktion, nicht Theorie. Wieso war meine Stimmung so schlecht? Wo war ich hier überhaupt gelandet?

Nachts, vor dem Grab Hölderlins, wurde mir bewusst, dass ich mir das alles auf eine perfide, komplizierte Weise nur *vorspielte*. Dann streunte ich weiter zur Nachttanke und kaufte den Billigwein «Le Patron», mit dem ich Lektüre und Schreibversuche trotzig gegen diese lähmende Erkenntnis aufwiegelte. Aber jeder Morgen, jeder Tag begann mit einer Niedergeschlagenheit, die sich erst am Abend zerstreuen sollte. Ein Jahr Vollgas war Tübingen erst gewesen, und dann ein Jahr Zweifel und Tristesse.

Später, in Berlin, wurde mir klar: Auch wenn sie sich nicht namentlich als solche vorgestellt hatte, hatte ich Bekanntschaft mit einer echten Depression gemacht.

7

In den Wochen vor der Einweisung war ich mir und den anderen langsam, aber sicher abhandengekommen. Ich weiß noch, wie die Hitze mir zusetzte, in jenem Berliner Sommer, wie die Leere nach dem Roman, den ich in der ersten Jahreshälfte geschrieben hatte, mich ratlos machte. Er hieß «Samstagnacht» und spielte auch gänzlich in einer solchen. Fünf Personen erlebten eine unglückliche Partynacht, in der sich die falschen Grundlagen ihrer jungen Leben wie unter dem Brennglas offenbarten: Trauerspiele am Rand der Tanzflächen. Es war als Gegenstück zur damals grassierenden Popliteratur gesetzt, derselbe Hintergrund, aber Negation statt Affirmation, Depression und Aufbegehren statt Saturiertheit. Ich stresste die vierhundert oder fünfhundert Seiten in ein paar Monaten auf den nikotingelben

Bildschirm und war danach so fertig wie glücklich. Es war geschafft, und es war, so hoffte ich, gut. Ich schickte das Manuskript an ein paar Verlage und ans Literarische Colloquium Berlin. Die Lawine konnte kommen.

Doch es passierte nichts, der Sommer ging einfach weiter und wurde dünner. Dass es bei der Literatur sehr lange dauern konnte, bis man irgendwelche Reaktionen erhielt, kam meiner angeborenen Ungeduld nicht gerade entgegen. Und das Schreiben des Buches, das nie gedruckt werden sollte, hatte mir einen Kick verpasst, mit dessen Ausläufern ich nun kämpfte. Noch immer war ich aufgescheucht und angespannt von der Anstrengung, die ich unternommen, und der Beglückung, die sich dabei eingestellt hatte. Gleichzeitig fand sich nichts, das meinen erregten Zustand besänftigen oder in eine friedliche Produktivität umleiten konnte. Die Perzeptoren machten zu, die Stimmung ebbte ab.

Ich hatte es ja plötzlich eilig gehabt. Stuckrad-Barre, mein Jahrgang, hatte ein Jahr zuvor sein erstes Buch herausgebracht, dann kam Benjamin Lebert, noch ein Kind, und räumte mit einer Internatsgeschichte ab. Das war mir sympathisch, ich verfolgte und las es alles neidlos, und dennoch setzte es mich unter Druck. War ich nicht der, der diese Zeit mit allen Mitteln der Kunst längst hätte auf den Begriff bringen müssen? Waren es nicht meine Wahrnehmung, meine Sprache, die in dieser ganzen Diskurs-, Text- und Gedankenlandschaft gerade bitter fehlten? Natürlich war das verstiegen und eitel, natürlich war ich mir dessen auch bewusst, aber dennoch nicht imstande, von dieser fixen Idee zu lassen: *den* Roman zu schreiben. Eigentlich hatte ich nur studiert, um genügend lesen und begreifen zu können und dann bald mit den erlernten und verfeinerten Mitteln die Schönheit der Schande dieser Zeit zu fixieren. Und schon überholten mich die ersten Lockertexter, während ich mit Derrida haderte und mir die Nächte zu Aphex Twin um die Ohren schlug.

Man mag heute darüber lachen, sich ironisch über die Selbstüberschätzung des jungen Schräglings auslassen, wie ich es zumindest selbst tue, und es ist mir auch, trotz aller Häutungen, leicht peinlich, so gewesen zu sein, so vielleicht *noch immer* zu sein, peinlich wie manches, das ich hier schreibe. Aber diese Überspanntheit, dieser Ehrgeiz, dieses Alles-oder-Nichts, diese übermäßige und deshalb auch schnell enttäuschte Begeisterungsfähigkeit gehörten wohl zu den Vorläufern dessen, was mich dann ereilen sollte. Und die Getriebenheit, der selbstauferlegte Leistungsdruck, die Größenvorstellungen, die oft schon Tage später vom Wunsch, alles hinzuwerfen, von totaler Trägheit und tiefsten Minderwertigkeitsgefühlen abgelöst wurden: Sie waren bereits typisch für das manisch-depressive Temperament – wenn auch noch nicht für die Krankheit, die denselben Namen trägt.

8

Es beginnt mit einem Gefühlsüberschuss. Nein, es beginnt vorher: mit einer Inkubationszeit, einem dumpfen Vegetieren in watteweichen, amorphen Tagen und Wochen, einem Dümpeln und Dämmern, vergleichbar mit der sprichwörtlichen «Ruhe vor dem Sturm» – eine Zeit, an die ich mich meist nur unscharf erinnere, da sie nun einmal denkbar unscharf ist. Die Konturen des Denkens und Fühlens verschwimmen, die Wahrnehmung ist stumpf, die Reflexionen gelähmt. Auf eine undurchdringliche Weise bin ich dann nur teilexistent, eine geisterhafte, ihrer selbst lediglich halbbewusste Erscheinung, fast schon verschwunden. Dieser Lähmung geht eine rastlose Anstrengung voraus, gefolgt von großer Erschöpfung, ein Verschleudern der Kräfte und des Selbst. Mehr Alkohol, viel Schreiben, wenig Schlaf.

Frage ich Freunde und Bekannte heute, welche ersten Anzeichen sie vor den Ausbrüchen registriert haben, in welchen Situationen sie bereits dachten, *hier stimmt etwas nicht*, dann antworten sie mit Beispielen, die sonst durchaus im Rahmen meines gewohnten Verhaltens liegen, sich nur ein wenig krasser, sturer und radikaler, ein wenig monomaner ausnehmen. Ich versteife mich dann auf ein bestimmtes Projekt, etwa auf ein Theaterstück oder einen glücklosen Blog, und rede nur noch davon, bin völlig von abgelegenen Parallelwelten okkupiert und ansonsten nicht ganz da. Ich sehe den, mit dem ich rede, kaum und reagiere impulsiv, scharf, übertrieben. Und bremse dann doch wieder ab, zügle, zensiere mich.

Anstrengung, Verschwendung, Erschöpfung, Lähmung – und dann die Explosion. Bei vielen Erkrankten schleichen sich die Manien hinterrücks und langsam heran, steigern sich graduell von hypomanen, überreizten und hyperaktiven Phasen in die klassische Raserei. Nicht so bei mir. Abgesehen von den genannten vorgeschalteten Lähmungszuständen (die man freilich auch schon als Teil der Krankheit ansehen sollte – aber was alles dann noch?) passiert es bei mir innerhalb von Sekunden.

Es beginnt also mit einem Gefühlsüberschuss. Ein Schock durchfährt die Nerven, Kaskaden von ungerichteten Emotionen schießen hinab und schwappen wieder hoch. Die Empfindung völliger Haltlosigkeit stellt sich ein. Unter der Haut wird es heiß. Der Rücken brennt, die Stirn ist taub, der Kopf leer und gleichzeitig übervoll: Neuronenschwemme.

Die Denkformen sind von einem Moment auf den anderen abhandengekommen, formieren sich neu und verselbständigen sich, rauschen weg von der bisherigen Mitte. Das Hirn stürzt herrenlos davon. Was ist das? Doch diese Frage blitzt nur auf, kann in der Empfindungshektik nicht weiter behandelt werden. Denn schon verfängt sich der Blick in einem Detail, schon wird der Himmel zur diffusen Bedrohung. Dann kommt der erste Gedanke, dann, auf ihm aufbauend, der zweite, dann der dritte, und so zimmert sich das Denken schnell, Gedanke für falschen Gedanken, ein Gerüst zusammen, das den Gefühlsüberschuss kurzfristig erklärbar macht. Dass dieses Gerüst schon auf völligen Fehlannahmen, auf verrückten Hypothesen beruht, wird nicht mehr erkannt. Es baut sich einfach selbsttätig weiter auf, frickelt besessen ins Haltlose, bastelt wie ein irrer Bricoleur seine brüchigen Gedankenbuden zusammen und sorgt für den Moment dafür, dass das übermäßige Gefühl in einen provisorischen, morgen längst nicht mehr gültigen Erklärungszusammenhang eingebettet wird.

Das System beginnt, von einem winzigen, mutierenden Detail ausgehend, zu wuchern wie ein irres Fantasiegebäude. Es wandelt sich dabei ständig, morpht sich, wie in einer Cunningham'schen Animation, rasant durch vielfältigste Formen. Weitere Details kommen dazu, verfestigen sich, werden zu Scharnieren, zu Tragstützen, werden wieder verworfen und ersetzt. Ein unaufhaltsamer, steter Prozess der Weltenbildung und Weltenvernichtung ist im Gange. Der Wahnsinn ist ein Vorgang, kein Zustand, und er kann Stunden dauern, oder Wochen, oder Monate. Oder auch ein Jahr.

Ein paar unscharfe Grundannahmen überleben zäh alle Metamorphosen. Auf sie greift der Psychotiker immer wieder zurück. Meist sind diese Annahmen paranoider Natur:

Ich bin gemeint, und *sie* sind irgendwo da draußen und haben sich verschworen. Diese Basisthesen bleiben jedoch im Ungefähren, weshalb der Psychotiker sich immer wieder auf Variationen von ihnen berufen kann.

So wird dem Gefühl sein Grund nachgeliefert. Und mit und auf diesem Grund, wurmstichig, giftig und krank, beginnt die Himmel- und Höllenfahrt.

9

Bei mir war das mutierende Detail ein winziger Satz im Internet gewesen. Mein Schulfreund Lukas, der mich in einen lustigen, partysüchtigen Kreis von Jurastudenten eingeführt hatte, mit dem ich an den Wochenenden um die Häuser zog, rief mich eines Tages an: Er habe da etwas, das ein wenig Spaß verspreche. Ach ja, und was? Es war der nur mit einem unzulänglichen Passwort gesicherte Zugang zu dem literarischen Internetprojekt ampool.de, auf das ich einige Tage vorher durch einen kleinen Artikel in der «Zeit» aufmerksam geworden war. Seitdem verfolgte ich das träge Treiben dort. Obwohl doch interessante Leute wie Judith Hermann, Rainald Goetz und Christian Kracht angekündigt waren, tat sich kaum etwas. Das, meinte Lukas, sollten wir doch anhand des Passworts, das er herausgefunden hatte, schleunigst ändern.

Lukas war zu gleichen Teilen Spießer, Schelm und das, was man später *Nerd* nennen sollte. Sein Humor war von Selbstironie und Charme geprägt; gleichzeitig ging er verträumt und etwas tapsig durch die Gegend, mit einer spöttischen Intelligenz gesegnet, die, wie sein Körper, in ihren Bewegungen noch eckig und fahrig, noch nicht ganz ausgewachsen schien. Die Erziehung seiner hochkatholischen, dabei weltoffenen Familie in Bonn, die ein Haus bewohnte, dessen Hintertür nie abgeschlossen wurde, ganz so, als gäbe es keine Einbrecher auf dieser Welt (und natürlich wurde bei ihnen auch nie eingebrochen), hatte ihn mit einem grundsoliden Weltbild voll Urvertrauen in die Menschen ausgestattet. Lukas war bildungsbeflissen, ohne überheblich zu sein, war selbstbewusst und bescheiden, ein Klavierspieler, Dostojewskifan und Computerexperte, der in unserer Schulzeit einen recht chaotischen PC-Reparaturservice betrieben hatte – für die damalige Zeit, Anfang der Neunziger, noch ziemlich ungewöhnlich. Ich profitierte oft von seinen Kenntnissen, etwa, als es darum ging, meinen steinzeitlichen Computer ohne Grafikmodus mit einem Internetanschluss auszustatten.

«Also, was jetzt», fragte er. Er saß vor dem Computer, ich stand hinter ihm. So hatten wir schon oft gestanden, gesessen und digital etwas «ausgeheckt». Auf dieses Lausbuben-Vokabular muss man zurückgreifen, wenn es um den frühen Lukas geht, denn so war er damals: ein altmodischer Schalk, der den «Paukern» gerne eins «auswischte» (auch wenn wir nie so redeten). Gerade eben waren wir noch zwei Gymnasiasten gewesen, die die mündliche Abiturprüfung eines Freundes gestürmt hatten, um Prüfern wie Prüfling einen im Tetrapak erhältlichen Weißweinverschnitt namens «Domkellerstolz» plus Orangensaft als Erfrischung zu kredenzen und dann von der Schulleiterin gerügt zu werden: Es gehe wirklich um Reife bei der Reifeprüfung, ob wir uns dessen bewusst seien? In solchen Aktionen hatte unsere Kernkompetenz bestanden, und ganz konnten wir auch jetzt, vier, fünf Jahre später, noch nicht von ihnen lassen.

«Ja, weiß nicht», sagte ich unsicher.

«Komm, wir schreiben jetzt unter deren Namen.»

«Okay.»
Und das taten wir. Wir ließen Rainald Goetz mit einem erregten «HALLO WELT!» aus dem Urlaub zurückkehren, Judith Hermann eine sinnlose «Silberblick»-Triole als Antwort auf einen «Doppelkinn»-Eintrag Christian Krachts trällern und Moritz von Uslar in seiner lockercoolen Sprechschreibe über das «Beobachterproblem» bei Luhmann delirieren. Dann posteten wir es, lachten kurz, tranken ein weiteres Bier und gingen los, zu den Freunden, in die Clubs.

10

Eine Zeitlang dachte ich, ohne diese Aktion wäre ich nie verrückt geworden, ohne diesen unbedarften Schuljungenstreich, der bald schon ein Hineinsteigern in eine nichtige Parallelwelt zur Folge haben würde, wäre ich nie in den ersten Abgrund hochgeschossen. Aber das stimmt wahrscheinlich nicht. Die Disposition war in mir, ohne dass ich es wusste, und sie lauerte, wartete auf den richtigen Augenblick, dem ich mich arglos und tatkräftig näherte, durch Überforderung, Anstrengung, Verlorenheit, Exzess. Es wäre eh passiert, so wie es später wieder, anders getriggert, passierte. Und dennoch stelle ich mir manchmal die altbekannte Frage: was wäre gewesen, wenn. Oder eben, in diesem Fall: wenn nicht.

11

Es gab einen kleinen Aufruhr im Pool, man ereiferte und empörte sich, lachte, applaudierte oder schwieg pikiert. Lukas und ich hatten zunächst noch einen Dialog zwischen zwei Teilnehmern fingiert, uns dann, als alles aufflog, mit Klarnamen zu erkennen gegeben und entschuldigt, was zu einer Gegenprovokation führte, die mich wiederum zu einer Replik anstachelte, welche die Gemüter erneut erhitzte. Streit und Spaß lagen in der Luft. Einige Teilnehmer, die sich gelegentlich zu Wort gemeldet hatten, gaben betreten bekannt, von nun an und unter diesen Umständen schweigen zu wollen. Das ging mir, der ich die ganze Sache schon jetzt unnötig persönlich nahm, auf die Nerven. Ich begann, den noch immer brachen Pool mit eigenen Ergüssen zu füllen, über das Leben in Berlin, den Sommer, die Slackerstimmung in mir, das leicht Hysterische meines ganzen Daseins. Angelesenes mischte ich mit Erlebtem und hatte eine Menge Spaß dabei.

Doch normal war schon das nicht mehr. Ich steigerte mich in eine Egoerzählung hinein, die bald wie der Monolog eines verwirrten Jetzt-spreche-Ichs wirken musste, und in einer Hinterkammer meines Bewusstseins schwelte ständig ein kleines schlechtes Gewissen. Ich erschöpfte mich trotzig in meinen Einträgen, disste so manche Koryphäe, legte ein frappantes Namedropping hin und wartete auf Reaktionen.

Genau diese Sehnsucht nach Aufmerksamkeit, diese Erwartungshaltung, die schon durch den folgenlosen Roman mächtig aufgeladen war, sollte mir bald wie eine innere Rückkopplung den Kopf zerfetzen. Das ahnte ich freilich noch nicht. Und ich weiß auch nicht, wie lange ich so abtextete, drei, vier Tage vielleicht, dann machte Lukas eine Gegenseite, den «Realpool» auf, wo wir weiterschrieben; inzwischen hatte ich die fixe Idee, ich müsste das Projekt auf irgendeine Weise «retten». Bier und Schlaflosigkeit taten ihr Übriges, zudem hatte ich mich auch noch in eine der Mitschreiberinnen verliebt, wenn das auf diese vermittelte Weise denn überhaupt möglich ist. Es war eine Groteske.

Ich textete weiter, viel zu viel, in unseren Realpool, ins Gästebuch, zeterte, murrte und jubilierte, und langsam trauten sich andere, unbekannte Leute aus ihren Löchern heraus und sprachen, zaghaft bis auftrumpfend, ebenfalls über ihr Leben. Das kam, in meiner bereits überzogenen Wahrnehmung, einer Bewegung gleich: Eine bisher stumme Generation schien sich zu Wort zu melden, wodurch ich weiter befeuert wurde, mein Letztes zu geben. Ich überhitzte und entäußerte mich, schon leicht manisch, dachte nur noch an das Texten, an diesen Wortschwall aus einem steckengebliebenen Leben heraus. Mit einem Abschlusschat wollte Lukas, der eh schon angemahnt hatte, das könne «man auch sympathischer machen», die Aktion zu einem Ende bringen, denn er spürte wohl, dass da etwas kurz vorm Kippen war. Wir tranken, chatteten, laberten, führten die Selbsterhöhungs- und Verarschungsaktion zum Abschluss.

Als es dann wirklich vorbei war, fehlte mir etwas: das Ventil wohl, den inneren Druck abzulassen, dazu die Möglichkeit, mich mit anderen, wie stilisiert und comichaft auch immer, auszutauschen, und nicht zuletzt die selbstsüchtige Performance, an der ich mich berauscht hatte. Ein paar Tage hing ich herum, wie nach einem Faustschlag auf den Kopf, innen dumpf und zugleich schmerzhaft scharfgestellt. Manche vermissten mein Getexte. Ich auch. Nach dem Schreiben des Romans war die Poolaktion der nächste Kick gewesen, der mich leer und aufgerieben zurückließ. Etwas war aufgeplatzt, und das vor aller Augen. Ich fühlte mich unwohl, wollte es wieder rückgängig machen. Scham setzte ein. Ein paar Tage noch sorgte mein kraftmeiernder Auftritt für Gesprächsstoff unter den anonymen wie den bekannten Textern; ich beobachtete das, ziemlich erschöpft, wollte noch eingreifen und den doch recht größenwahnsinnigen

Eindruck, den ich gemacht hatte, korrigieren. Aber es war zu spät. Die Aktion war vorbei, ich musste mich zurückhalten, um mich nicht restlos zu verausgaben und dabei noch zum Gespött der Leute zu werden. Ich lag da wie ein Aschehäuflein und wusste nicht, wohin. Die Sonne stand ungerührt am Himmel. Dann kam jener Donnerstag.

12

Die erschöpften Gehirnzellen dämmern und dümpeln, liegen brach, und doch braut sich etwas zusammen. Ein Ungleichgewicht hat sich eingeschlichen, nein, es war schon immer da, als genetische Mitgift wohl, durch alle Überspanntheiten und Anstrengungen herausgefordert, durch Alkohol und Arbeit verstärkt. Im Thalamus und im vorderen Hirnstamm drängen sich die Nervenzellen dicht aneinander, weitaus dichter als bei gesunden Menschen: Studien sprechen von einem Drittel mehr Neuronen dort. Der Thalamus bündelt die Sinneseindrücke und leitet sie weiter; der Hirnstamm regelt das Aktivitätsniveau des gesamten Denkorgans. Beide Funktionen werden bald außer Rand und Band sein: Die Sinneseindrücke werden prasseln, die Hirnaktivität wird hochschießen und sich jeglicher Kontrolle entziehen. Stück für Stück, Impuls für Impuls kippt alles zur Seite, kippt langsam um, um sich dann aufzulehnen. Nur merkt es noch keiner. Am wenigsten merkt es das Hirn selbst. Dazu scharren die ersten Neurotransmitter mit den Hufen, jene Botenstoffe, die Informationen von Zelle zu Zelle transportieren: Serotonin, Noradrenalin und Dopamin. Sonst tragen sie die Signale weiter und sorgen im Organismus für Aktivität, Belohnung und Gefühlsausschüttungen. Ihrer Kellnerrolle sind sie aber längst überdrüssig. Sie vermehren sich und planen den hysterischen Aufstand. Bald überschwemmen sie das Terrain und werfen das Bestellte quer durch den Raum, an die Wände und in die Gesichter, ziehen das ganze Etablissement auf links.

Dann kocht der Gehirnstoffwechsel über, und der Mensch rastet aus.

13

Ich starrte in den Bildschirm. Die Lettern begannen zu tanzen, ganz sacht, das Flirren der Pixel vielleicht ein Effekt der Hitze. Ich las. Unmöglich, was sich da tat! Da mein Computer altersschwach war, baute sich die Seite nur schleppend und fragmentarisch auf. Doch die einzelnen Sätze, die sich nach und nach zeigten, sendeten auf besondere Weise hier in dieses Gehirn. Schon allein, dass der Seitenaufbau so lange brauchte, weckte eine dumpfe Skepsis in mir, so als habe man mir die Seite gesperrt, als habe Lukas sich mit den Betreibern in Verbindung gesetzt und entschieden, dass man mich mit sabotagehafter Langsamkeit der Technik entwöhnen müsste. Ein erster, unscharfer Anflug von Paranoia war das, ein Glutkern, der jetzt rasant das gesamte Denksystem entzünden würde.

Mein Blick blieb bei einem Satz hängen, der sich vielfach wenden und lesen ließ. Es ging um irgendein Gefährt vor dem Brandenburger Tor, ein Rad oder Auto oder eine Touristenrikscha, ich weiß es nicht mehr; gleichzeitig, so schien es mir, ging es unausgesprochen um mich. Wie war das möglich? Was passierte da? Die Worte trafen sowohl auf das Gefährt wie auf mich zu – ein ironischer Kommentar, eine elaborierte Metapher. Sie stürzte mich sofort in große Verwirrung, und ganz konnte ich meiner Deutung noch nicht glauben. Wieso war ich denn plötzlich angesprochen? Und gab es noch andere solcher Winke und Hinweise? Ich konzentrierte mich, las weitere Sätze. Nun schienen schlagartig auch die anderen Texte mich zu meinen, oder: mich *mitzumeinen*, auf eine perfide, ausgeklügelte Art, die nie explizit war, die immer auch geleugnet hätte werden können. Sprach einer beispielsweise über einen sinistren Gast auf einer Party, überlegte ich, ob nicht ich es war, der dort beschrieben wurde, oder ob der Autor des Textes mir über Bande etwas über mich mitteilen wollte. War von einem enthusiastischen Artikel die Rede, schien mein eigener Enthusiasmus mitthematisiert zu sein, oder der Enthusiasmus, den ich bei manchen Leuten ja tatsächlich ausgelöst hatte. Innerhalb von Minuten machte sich diese paranoide Lesart in mir breit, ich konnte gar nicht anders, als alles Mögliche erst versuchsweise und dann zwanghaft auf mich zu beziehen. Und es passte zu oft. Ob nun ein Waldgang, eine Festplatte, ein Cafébesuch – die ironische Art der Leute, über diese Dinge zu schreiben, transportierte stets ein Sinnvakuum mit, in dem ich mühelos und passgenau Platz hatte, ein Vibrieren der Semantik, das mich selbst erzittern ließ, mit den Erschütterungen der Bedeutungsfelder synchronisiert. Alle Wörter konnten mich meinen, die Adjektive, Substantive, Verben. Wie genau kam dieser Effekt zustande? Wie stellten sie es an, über mich zu reden, ohne über mich zu reden? Ich erschrak und wurde panisch. Was hatte ich angestellt, und was stellten diese Leute mit mir an?

Sicherlich, länger schon hatte ich gehofft, öffentlich in Erscheinung zu treten, meine Stimme hörbar und mit Nachdruck zu erheben – aber doch nicht so! Meine unkontrollierte Intervention, die, wurde mir klar, mit dem Ausmaß einer Naturgewalt über sie gekommen war, zeitigte nun Folgen, die ich nicht mehr überblicken konnte. Sie (sie? Ja, wer eigentlich?) waren überfordert, mussten damit umgehen, es verarbeiten, mich loswerden, indem sie mich indirekt verhandelten. Mancher beschmiss mich mit Dreck, andere lobten mich durch die sprichwörtliche Blume, eine Dritte verliebte sich. Doch auch dieser Bewertungen konnte ich mir nicht sicher sein. Vielleicht deutete ich das alles nur falsch? Reste von Vernunft wurden wach und legten mir nahe, dass ich gerade die Gedanken eines Verrückten hatte. Tatsächlich: eines Verrückten. Die Reaktionen, die mir um die Ohren flogen, waren doch nur eingebildet, oder? Durchatmen, sagte ich mir, Ruhe bewahren. Das ist doch nur dein verdammter Narzissmus, der überschäumt! Aber ich konnte keine Ruhe bewahren, war zu aufgebracht und von Gefühlskatarakten durchschüttelt, die ich so noch nicht kannte. Mein Herz raste.

Ich musste mich bewegen, sprang auf, betrachtete die Wand, in der winzige Farbbläschen zu sehen waren. Diese Bläschen folgten einer Absicht. So hatte ich diese Wand noch nie gesehen. Was verbarg sich dahinter? Äußerungen verschiedenster Menschen aus den letzten Jahren schossen mir durch den Kopf. *Richtmikrofone* hatte einer gesagt, *unterirdische Katakomben* ein anderer. Waren hier Kameras?

Ich warf mich auf das abgewetzte Ledersofa und blickte durchs Fenster in den Himmel. Der war jetzt bewölkt. Und pulsierte? Ich sprang auf, ging auf den klobigen Balkon, starrte in die Höhe. Nichts, nur Grau. Das besetzte Haus gegenüber stand auch unverändert da. Bewegte sich da jemand, im Fenster? Waren die Fenster gerade nicht noch allesamt hell erleuchtet gewesen und jetzt, wie auf ein geheimes Kommando, absichtsvoll verdunkelt? Dabei war es Tag.

Als würde mich jemand beobachten, warf ich mit dramatischen Gesten um mich, die so etwas wie Überforderung darstellen, gleichzeitig noch einen gewissen Humor mitsenden sollten, eine Ironisierung der offensichtlich wahnwitzigen Situation. Aber da war niemand, der mich sah. Oder? Ich gestikulierte weiter, griff mir zehnmal an den Kopf, eilte dann zurück zum Computer. Da stand es doch alles, genau da. Da! Auch tauchte mein Name auf, einmal verklausuliert, dann ganz offen. Doch diese Stellen interessierten mich nicht weiter. Es war das andere Reden, dieses Reden-um-die-Ecke, das mich elektrisierte, das ich nun dekodieren musste, um überhaupt ansatzweise verstehen zu können, was hier in Dreiteufelsnamen vor sich ging. Die länger zurückliegenden Einträge kamen mir nun in den Blick, und ich untersuchte sie flüchtig, klopfte sie auf Spuren und Hinweise ab, die mir bisher entgangen waren. Tatsächlich konnte ich die Sätze in alle Richtungen wenden und drehen und kam zu je verschiedenen Ergebnissen. Wie lange ging das schon so? Stichprobenartig scannte ich auch jene Einträge durch, die bereits vor unserem «Einbruch» gepostet worden waren. Kein Hinweise auf mich, gottseidank. Da schien der geheime Code noch nicht am Werk zu sein. Doch halt – war nicht bereits das lange Schweigen der Teilnehmer am Anfang der Aktion auffällig gewesen? Hatte sich in diesem Schweigen nicht einfach nur eine Genugtuung über die Gewissheit gezeigt, dass ich nun endlich und zweifellos aus den Weiten der Legende auftauchen würde? Welcher Legende denn?

Sieh hin! Sie hatten ja genau die richtigen Leute gecastet, um mein Aufsehen zu erregen. Das waren doch alles bewusste Winkelzüge und Finten! Oder? Oder drückte sich in der Verstockung dieser Popisten doch nur eine große Angst aus, die ich noch nicht verstehen konnte? Was war das für ein Schweigen? Ich spürte und ging ihm nach, las die

Einträge vor meiner Ankunft noch einmal hektisch durch. Auch die alten, von mir noch nicht beeinflussten Worte begannen plötzlich, vieldeutig zu schillern und auf mich zu verweisen. Was war das? Hatten sie etwa auf mich gewartet? War diese Website eine Fangschaltung? Warteten soignierte Dekadenzler da auf ihren Erlöser? Oder Henker? Oder was?

Was feststand: Sprachintern hatte eine Verschiebung stattgefunden, nur wusste ich noch nicht, wie weit dieser Effekt zurückreichte, wann er passiert war, welche Texte schon manipuliert gewesen waren, wer sich da im Stillen vielleicht mokiert, gefreut, gefürchtet hatte. Es war nicht auf einen Nenner zu bringen, so sehr ich auch rechnete und verglich. Ich verstand alles und doch kein Wort, «ein devianter Hermeneutiker», lachte ich gekünstelt, um mich irgendwie noch einzuordnen. Und war doch bis in die Haarspitzen elektrisiert, schon im Orbit, schon verloren für normales Verstehen, von einem diffusen semantischen Wahn gepackt.

Es ist nicht einfach, diese Art von Wahn anschaulich zu beschreiben, denn es gibt da nichts Anschauliches. Es ist eine innere Sprach- und Diskursverschiebung, eine Auflösung der Bedeutungszusammenhänge, und die Vektoren flirren, rotieren und zeigen munter in alle Richtungen, verweisen dazu immer wieder zurück auf den Verrückten. Alle Sprache, und was wäre nicht Sprache, ist verdreht und haltlos, die Zeichen sind aus ihren Verankerungen gerissen. Nichts heißt mehr, was es heißt, und alles heißt trotzdem immer auch «ich».

Alarmiert wie nie, las, dachte und klickte ich weiter. Auch andere Seiten schienen nun von diesem seltsamen Effekt befallen. Die verschiedensten Äußerungen von Politikern und Prominenten bekamen etwas Hektisches, und immer steckten darin auch inhärente Botschaften an mich, genau mich, hier an diesem Schreibtisch. Schröder redete über meine Kohlenkellerkindheit, Fischer mahnte mich zur Mäßigung. Das war ja nicht auszuhalten! Eine weltweite Absprache? Und wenn schon das Internet so redete, wie würde es erst auf den Straßen draußen zugehen? Eine große Angst lähmte mich plötzlich, aber ich musste mich all dem stellen.

Der Gefühlsüberschuss war enorm. Und irgendwoher mussten diese Gefühle ja kommen. Es konnte nicht sein, dass sie mich aus dem Nichts übermannten. Sie waren da und hatten also ihre Gründe. Und diesen Gründen war ich auf der Spur.

14

Ich muss hier kurz einhalten, bevor ich weitererzähle. Denn eigentlich habe ich diesen ruinösen Schicksalstag schon oft erzählt, ob nun in «Raumforderung» oder in «Sickster» – wenn auch verklausuliert, literarisiert, abstrahiert. Manchmal habe ich sogar Absätze und Passagen übernommen und nochmals drucken lassen, da mir das Erzählte so ungeheuerlich vorkam, ich keine andere Form dafür finden wollte und konnte – wie ein Traumatisierter, der immer wieder denselben Satz schreibt, weil sich die dahinterliegende Geschichte (das Ereignis, das Desaster) stets ins Unsagbare entzieht. Doppel- und Wiedergänger meiner selbst durchziehen das, was ich bisher geschrieben und veröffentlicht habe. Wieso also diesen «Donnerstag», diesen Tag der Wirrnis und des ersten Schubs, nochmals beschreiben? Um die Doppelgänger für immer zu verbannen? Vielleicht. Der eigentliche Grund ist aber viel einfacher: Wenn ich über die Jahre und bald Jahrzehnte danach berichten will, ist es nötig, diesen ersten Tag noch einmal in den Blick zu nehmen.

Zudem sind Kontext, Absicht und Stil jetzt und hier gänzlich andere als in den bisherigen Texten. Hier geht es nicht um Abstraktion und Literatur, um Effekt und Drastik. Hier geht es um eine Form von Wahrhaftigkeit, von Konkretion, jedenfalls um den Versuch einer solchen. Es geht um mein Leben, um meine Krankheit in Reinform. Da darf der ursprüngliche Aufbruch nicht fehlen. Nichts soll dabei verklausuliert, überhöht, verfremdet sein. Alles soll offen und sichtbar daliegen, so weit das eben möglich ist.

15

Eine Party! Natürlich! Eine Party sollte gegeben werden. Für mich wohl, oder für uns, für alle. Für Lukas! Für die, die sich anonym verbunden, die so lange geschwiegen und nun zur Sprache zurückgefunden hatten. Wir würden einander in die Arme sinken, reden, trinken, tanzen. Wie Schuppen fiel es mir von den brennenden Augen: Irgendwo in Berlin wurde gerade eine Party vorbereitet, vielleicht war sie sogar schon im Gange, die Kulissen gebaut, die Musikanlage durchgecheckt, die Bierkästen aufgereiht, nur ich fehlte noch und wurde freudig erwartet. Die Übernahme der Zeichen war also freundlich. Eine Schnitzeljagd stand an. Ich durfte die große Auflösung nicht verpassen! Hektisch suchte ich den Stadtplan, schulterte meinen Rucksack und sauste die Beifall klatschende Treppe hinunter. Der Weg würde sich auf dem Weg schon finden.

Ich preschte die Straße hinab, warf die Beine vom Körper, nein, sie warfen sich selbst ins Getöse. Die Autos rauschten an mir vorbei, als wollten sie mich anfeuern und mitziehen. Alles war verschoben, verrückt. Der abgeranzte Vietnamese kam mir so gefühlsbeseelt vor wie nie, und ich dankte ihm mit einer Verneigung für das Essen, das er mir hin und wieder gekocht hatte. Er hob die Augenbrauen, bestätigte so meinen Dank, und ich konnte ohne Bestellung und ungemein glücklich weiterziehen. Den Verwüstungsboulevard hinunterpolternd, wollte ich die Autos überholen, während die Fensterläden linker Hand mir zuzwinkerten, ohne sich zu bewegen. Sie waren auf eine Weise arrangiert, dass es augenfällig war: Diese Häuser waren Gesichter, nur war ich jetzt erst fähig, es zu sehen, sogar im Vorbeirauschen. Die Autos beschleunigten. In welchem dieser an sich unschuldigen Vehikel würde sich wohl ein Hinweis auf die Party finden, und in welcher Form? Wissend sausten sie vorbei. An den Ampeln konnte ich mich nicht halten und stürzte tiefer in den Verkehr, dachte an einen tschechischen Filmregisseur, der auf einer Vorlesung in Prag behauptet hatte, die Deutschen würden sämtlich bei Rot stehenbleiben wie elektrogeschockte Kühe. Wie unrecht er hatte! Elektrogeschockt meinetwegen, aber doch nicht bei Rot! Schau doch, wie ich mich hineinstürze, in dein blödes Rot! An der nächsten Ampel dann traf ich Leute wieder, die ich soeben erst an der letzten Ampel gesehen hatte, was mich ob der Perfektion dieser Inszenierung belustigte. Wie schnell waren sie hinter meinem Rücken, mich überholend, herangekarrt worden? Oder waren es tückische Doppelgänger, Statisten aus einer einschlägigen Zwillingsagentur? Ich musste, als ich sah, dass sie nur auf mein Lachen warteten, um selber zu lachen, lachen, damit wir gemeinsam lachen konnten. Das taten wir.

Da hingen doch glatt Buchstaben über der Stadt. Wer war ihr Urheber, ich? Es preschte mich weiter Richtung Mitte. Eine Aufgabe hatte ich, eine große, auch wenn ich sie nicht hätte benennen können. Wo waren denn nun meine Freunde? Wo die Hinweise? Ach, die Hinweise, sie würden sich schon zeigen – oder waren schon allerseits und überall verstreut, ich musste sie nur zu lesen lernen. Die Plakate sendeten tatsächlich krass, aber die Codes waren zu breit aufgestellt, um präzise Engführungen zuzulassen. Ihr dumpfgekoksten Werbeagenturen! Eure Botschaften brettern folgenlos vorbei. Ich musste zeitlich zurückgehen, während ich räumlich voranschritt, und versuchte also, mich an die Worte meines Mitbewohners am Mittag zu erinnern. Er hatte von bestimmten Adressen in Mitte geredet, die er aufgesucht habe, oder wie war das, und eine war die Novalisstraße gewesen. Novalis? Novalis! *Zahlen und Figuren!*

Panikwellen durchfuhren mich, aber ich konnte sie ins Leere laufen und abebben lassen. Sätze gingen mir durch den Kopf, Werbe- und Sinnsprüche, dazu einschlägige Zitate. Wie fixe Ideen pulsten sie durch mein Hirn, bis sie erst zu kleineren Sinneinheiten, dann zu Silben und schließlich zu bloßen Phonemen zerfielen, die als Störgeräusche in einem hartnäckigen, nicht zu ignorierenden Gabba-Rhythmus das innere Ohr belagerten. Ich stieg in eine S-Bahn, wunderte mich, wie still es war, sagte etwas in die Stille, stieg wieder aus. In der Novalisstraße gelandet, wurden Bücher in einer Fensterauslage plötzlich zu Bedrohungen. Sie vermischten und verhakten sich mit allem, was ich in den letzten Wochen und Monaten geschrieben hatte. Ein Buchstabensturm kam über mich, Einwände, Vorwürfe, Drohungen knallten mir in den Kopf. Was hatte ich getan? Was passierte? Hatte ich den Himmel herausgefordert, mit Engeln gerungen? Wurde jetzt alles spinnefeind? Ich blickte mich nach allen Seiten um, drehte mich um die eigene Achse, Lichterwirbel, Tiefenecho, schwindende Schwerkraft. Der körperliche Schwindel, der mich überkam, war dem geistigen Schwindel nur nachgereicht. Meine Stimmung kippte vollends. Ich hatte zu viel zu verrechnen, zu beachten, es war alles ein großes Zuviel, das mich bedrängte. Wohin bloß, wohin?

16

Den ganzen Tag lang irrte ich so durch die Stadt, und mein Enthusiasmus verkehrte sich mehr und mehr in Panik. Die Zeichen und Schilder wurden zu Ungetümen, die ebenso vielgestaltig drohten und schillerten wie vorher die Sätze im Internet. Das Netz hatte sich umgestülpt und auf die Stadt ausgeweitet, alles war wendbar und vieldeutig und unglaublich neu. So hatte ich die Zeichen, die Welt noch nie gesehen; aber so waren sie wohl schon immer gewesen, nur ich hatte es nicht bemerkt. Alle Botschaften meinten am Ende auch immer mich, der ich noch immer zu allen Seiten hin schaute. Wieder und wieder wurde mir darüber ganz schwindlig. Die Plakate und Leuchtreklamen begannen, mich zu verhöhnen. Hatte eine Frau die Augen verbunden, so lachte sie meine bisherige Blindheit aus. Stand irgendwo ein Pfeil mit einem überdimensionalen ZACK!, so hieß das: Haben wir dich! Du bist umstellt und gefangen, Schicht im Schacht, genug krakeelt, jetzt ist Sense. Ich floh vor den Zeichen und suchte sie zugleich. Wie auch anders – sie waren ja überall. Die gewöhnlichsten Straßennamen begannen, zu anzüglichen Witzen zu werden. Der Stadtplan half mir nicht weiter. Plötzlich fürchtete ich, zum Nazi geworden zu sein, in diesem neowüsten Berlin, sagte das, tränenaufgelöst, einem Radfahrer, der als Antwort auf eine Ampel deutete und versetzte: «Es ist grün.» Dann fuhr er weiter mit seiner Familie, Fähnchen am Gepäckträger. Was sollte das heißen: *Grün*?

Ich rannte durch die Stadt, und die Stadt war verrückt geworden. Der Mob aus Zeichen und Bildern schoss aus allen Ecken auf mich zu. Geschickt wich ich aus, wo ich konnte, hatte aber keine Chance, gegen diese Masse zu bestehen. Es traf mich sekündlich hart. Vorher noch waren es gewöhnliche Slogans und Schilder gewesen, Kaufbefehle und Wegweiser, die nichts Besonderes bedeuteten. Nun zeigten sie ihre widerliche Fratze und wollten mir an den verschwitzten Kragen. Schon die Luft war eine einzige Vergiftung. Ich war eine Gamefigur, die beschossen wurde, aber wovon genau? Wirklich von den Zeichen? Waren sie nicht dieselben wie gestern, wie immer? War irgendetwas anders? Ja, dachte ich und rannte: *Alles* ist anders. Die Pixel flirrten mir vor dem Gesicht.

Wäre ich nicht so panisch gewesen, hätte ich lachen müssen. Ich lachte ja auch, oder es lachte in mir, aber wie ein Echo. Aus den Bunkern unter meinen Füßen hallte ich als Gelächter empor. Ein Beben ging durch den Schlund dieser Stadt. Das war keine Tiefenbohrung, das war eine Flächensprengung. Ich ließ die Stadt erzittern, gleichzeitig fuhr sie durch mich hindurch. Wer hier wen in Schwingung versetzte, war nicht mehr erkennbar. Eine Haut, eine Grenze hatte ich nicht. Alles prasselte auf mich genauso vernichtend ein, wie es war, wie es wirklich und tief in seinem Wesen seit jeher schon war. Es prasselte nicht nur, es diffundierte, es strahlte, drang in mich ein. Wir, die Welt und ich, lösten uns auf, gingen durch den je anderen hindurch.

Wieso hatte ich das nie so wahrgenommen? Wieso nahmen die anderen Menschen das nicht wahr? Dort waren sie doch, die Menschen, *hallo!* Ich näherte mich ihnen – doch gingen sie sofort, wie auf ein geheimes Zeichen, auseinander, möglichst dezent natürlich, vorgeblich ohne Eile. Was war los mit ihnen? Wenn ich sie etwas fragte, antworteten sie nicht, machten höchstens eine abwehrende Geste oder deuteten auf einen öffentlichen Fernsprecher. Manche taten so auffällig taub, dass auch das schon wieder eine Botschaft sein musste. Ich rannte weiter, wollte zur Spree. Dort würden weniger Zeichen sein, hoffentlich, weniger Menschen.

Etwas hatte sich umgestülpt, war auf die Stadt und dann in mein Leben gekippt, und zwar in wenigen Momenten. Woher kam diese Stülpung, dieses Kippen, diese Bedrohung? Sie war größer als die Stadt oder das Land. Sie war so groß wie die gesamte Geschichte. Sie war universell. Ich musste dem etwas entgegensetzen, und sei es nur, dass ich rannte, dass ich floh. Das tat ich. Ich rannte und rannte, war panisch und dennoch leicht euphorisch. Dann wieder weinte ich hemmungslos. Ich konnte nicht fliehen, nein. Es war überall.

An der Spree angekommen, verschnaufte ich kurz. Doch auch die Natur hatte ihre Unschuld verloren. Das Wasser sendete anders als zuvor, die Lichttupfer auf den Wellenspitzen verschaukelten mich. Ich erwog, in den Fluss zu springen. Große Schuld lastete auf mir. Wessen Schuld denn? Meine? Die deutsche? Die Erbsünde? Ich wusste es nicht, ich spürte sie nur auf mir lasten und verging. Auf der Brücke stand ich und sah mich selbst dort unten als Wasserleiche treiben. Es ging ein Sog vom Dunklen aus. Ich krallte mich am Geländer fest wie an einer Reling bei brüllendem Seegang und zählte die Dinge: eins, zwei, drei, hundert. Ich wusste nicht mehr weiter. Da war ein Wind, der wehte ganz sanft, wahrscheinlich von der Hölle her.

Dann rannte ich wieder los, die Beine zwei gerissene Filme, die im Leeren flatterten und rotierten.

17

Die Stunden rauschten durch mich hindurch. Im besetzten Haus gegenüber von unserer Wohnung hatte ich mir, auf der Suche nach der Party, eine blutige Stirn eingehandelt. «Wie heißen die denn?», hatte die dickbebrillte Frau mich angeblafft, als ich an ihre Tür geklopft und sie nach meinen Freunden gefragt hatte; ihr Freund, ein schielender Punker, hatte daraufhin martialisch einen Besenstiel auf dem Boden zerbrochen und ihn mir gegen den Kopf gehauen. Ich hatte geblutet, aber die Wunde war getrocknet. Draußen wurde es dunkel. An der Kastanienallee fragte ich zwei Typen nach der Party, an die ich selbst kaum mehr glaubte. Sie lachten mich an oder aus und meinten, das höre sich gut an, auf so eine Party wollten sie auch gern einmal eingeladen werden. Ich raste weiter durch Mitte, Prenzlauer Berg, Kreuzberg, mal in diesen Hauseingang, mal durch jene Straße. Ein blauer, langer Wollfaden führte mich auf einen abseitigen Parkplatz, doch dort warteten nur Nummernschilder auf mich, die entschlüsselt werden wollten. Erinnerungen schossen mir chaotisch und wild durch den Kopf, Satzreste, Bilderfragmente, Echos von Sachen, die plötzlich etwas anderes bedeuteten als bisher. Alles war in Bewegung, nichts zu halten oder zu fassen. Die Laster rauschten an mir vorbei, im Krieg gegen die Fahrräder, genau, wie es in der Zeitung Tage zuvor beschrieben worden war. Ja, «DER LKW-WAHNSINN», so hatte der «Spiegel» getitelt, und jetzt wurde mir zu dieser Wahnsinnsmeldung, dieser Schreischlagzeile die unmittelbare Anschauung geliefert: Laster für Laster donnerte an mir vorbei, Staub aufwirbelnd im Höllenlärm. Was die Zeitungen täglich kreischten, stimmte, und zwar eins zu eins. Ausgelaugt und doch unter Strom eilte ich nach Hause zurück und hörte den Anrufbeantworter ab. Auch dort nur wirre Nachrichten. Ein mir nur flüchtig bekannter Architekturstudent wollte mit mir über Paul Virilio und die Beschleunigung der Aufrüstung reden, so wie wir es vor Wochen verabredet hätten. Wie bitte? Ich studierte liegengebliebene Briefe und verstand nichts. Sie sagten etwas anderes aus, als sie aussagten, nicht wahr? Als Literaturstudent war ich mit der metaphorischen Seite der Dinge mehr als vertraut, aber diese Metaphorik hier schien allumfassend und schlichtweg bösartig zu sein. Die einfachsten Sätze logen. Sie täuschten den Wirklichkeitsbezug, den sie zu haben schienen, nur vor. Zahlen waren Codes, Sätze Chiffren. Selbst die Rechnungen dachten und sprachen um die Ecke. Ich legte mich flach auf den Boden.

Als die Freundin meines Mitbewohners zurückkehrte, versuchte ich unter Tränen, etwas aus ihr herauszukriegen.

«Du weißt es doch, Antonia. Du weißt es.»

«Was weiß ich?» Ihre erschrockenen, schmalen Augen verstanden nicht.

«Ihr wisst es doch alle.»

«Was? Was wissen wir?»

Ja, was. Das war es ja. Wenn ich es gewusst hätte, hätte ich es ihr gesagt. Aber ich wusste es nicht. Ich wusste nichts. Ich war der Nichtwissende, der Neue. Sie wusste es doch, musste es doch wissen.

«Antonia! Du weißt es doch.»

Sie sah mich ratlos an, wusste nichts mehr zu sagen.

«Ich rufe Lars an, okay?»

«Okay.»

«Okay.»

Ich floh in mein Zimmer, wo ich die seit Wochen liegengebliebenen Zeitungen nach Hinweisen durchkämmte. Wie lange hatte die Internetaktion gedauert? Vier Tage? Zwei

Wochen? Von der Außenwelt hatte ich in dieser Zeit kaum mehr etwas mitbekommen. War es denn wahr, dass die Presse über mich berichtet hatte, ebenfalls in diesem gehässigen Modus des Mitmeinens? Ein Artikel über Retrofuturismus in der «Zeit» fiel mich sofort an. Er war spöttisch geschrieben, natürlich, er höhnte nachgerade in meine Richtung. Die dazugehörende Illustration fand ich dagegen wunderschön. Es kam mir sogar vor, als hätte ich in meinem Leben noch nie etwas Schöneres gesehen. Überhaupt waren die Zeitungen ästhetisch sehr geschmackvoll gehalten, die Redaktionen hatten sich in den letzten Tagen anscheinend besondere Mühe gegeben. Wie schön die «Zeit» mich anstrahlte, die «Süddeutsche», selbst die «B. Z.»! Nur der «Spiegel» brüllte. Und wie böse verkrallt die «Frankfurter Allgemeine Zeitung» wieder in ihrer Senilität ausharrte, ich wollte es fast niedlich finden. Mit flirrenden Augen hetzte ich durch die Artikel. Joachim Kaiser hatte in der «Süddeutschen» einen Artikel über die neuen Bewohner des digitalen Reichs veröffentlicht, der mit einer nervösen Illustration versehen war, mit der Zeichnung eines zitternden, verkabelten Sonderlings in einer zitternden, verkabelten Welt. Auch er hatte also auf mich reagiert. Was hatte er Kluges geschrieben? Später. Zunächst musste ich erspüren, wie die allgemeine Stimmung in den Blättern war. Aber in meiner Hektik konnte ich keinen generellen Tenor nachvollziehen; immer wieder blieb ich an Einzelheiten hängen, die mich angingen. Vor allem die Werbung verhöhnte mich, plump und grell. Ich stellte Musik an, um die Stille, der ich nicht traute, zu übertönen.

Die Zeitungen hatten also mitgezogen. Sie hatten ebenfalls auf diese vielschneidige, unehrliche, aber vielleicht gutgemeinte Weise zu sprechen begonnen. Alle zogen sie an einem Strang, und ich hatte es als Einziger nicht mitbekommen. Seit wann? Ein Verdacht beschlich mich. Ich blickte hinüber auf mein Bücherregal. Sollten sie etwa –? Ich sprang zum Regal und schlug ein Buch auf, dann noch eins. Dann weitere. Je mehr und sprunghafter ich las, desto stärker neigten sich die Sätze in meine Richtung. Auch die Bücher also, bis in tiefste Vergangenheiten? Ich wollte nicht mehr weiterdenken und schloss die Augen.

18

Das Drama, das eine erste Psychose auslöst, ist erheblich. Für einen selbst ist es ein unbegreiflicher, allumfassender Kick, der einen in himmelschreiende Sphären schleudert; für Freunde und Familie ist es die blanke Tragödie. Aus dem Nichts wird da einer, den man anders kennt, verrückt, buchstäblich verrückt, und zwar genauer, realer, peinlicher, als es in den Filmen, den Büchern gezeigt wird, wird wahnsinnig wie ein wildäugiger Penner, der den Straßenverkehr beschimpft, wird dumm, töricht, unheimlich. Aus dem Nichts wird der Freund zum Fremden an sich.

Aus dem Nichts?

Spricht man von den Ursachen manisch-depressiver Erkrankungen, bieten sich fünf Kategorien an: genetische Faktoren, neuronale Veränderungen, Lebensumstände, dazu die schon beschriebene Grunddisposition der Vulnerabilität und zuletzt die allgemeine Persönlichkeitsstruktur. Diese Kategorien überschneiden sich natürlich und bleiben vage. Aber sie bieten eine Orientierung, eine Einordnungshilfe, und sei es nur eine, die nie ganz greift, die nur eine Annäherung ist, aber dennoch hypothetische Schablonen liefert, welche das ganze Chaos durch vier, fünf Strukturähnlichkeiten mit anderen, im Lehrbuch beschriebenen Fällen vergleichbar macht und so Erklärungsmuster extrapoliert. Ich erinnere mich an den Anruf meines Freundes Cord aus der Ferne, der völlig bestürzt über meinen neuen Zustand war und erst nach dem Gespräch mit einer Ärztin wieder halbwegs zur Ruhe kam: Es sei alles eine Frage der Neuronen, hatte sie ihn beschwichtigt. Damit ließ sich leben, damit war die Persönlichkeitsveränderung ins Physische objektiviert. Damit war es körperlich zu begründen, in die Welt der Knochen und Nerven verlegt, im Grunde wie ein Beinbruch, und ich als Person musste noch nicht verloren gegeben werden.

19

Das bipolare Gen ist noch lange nicht entdeckt, wenn es denn überhaupt existiert, und es gibt in der genetischen Determination auch kein Mendelsches Muster, nach dem man bestimmen könnte, wer mit welcher Wahrscheinlichkeit erkrankt. Aber sowohl Bipolariät als auch Schizophrenie sind genetisch determiniert, und oft überlappen sich schizophrene und bipolare Symptome, kommen innerhalb einer Familie vor. Noch häufiger aber ist es so, dass bei bipolar Veranlagten lediglich unipolare Depressionen, Depressionen in Reinform also, im Stammbaum zu finden sind. So ist das auch bei mir.

Meiner Familie sind psychische Mängel nicht fremd. Der Großvater mütterlicherseits, hieß es, habe unter depressiven Phasen gelitten, die freilich nie klinisch behandelt wurden. Das entsprach einfach nicht der Zeit, ging ihm gegen die Wehrmachtsdisziplin. Obwohl er sich täglich eine, aus Kindersicht, Unmenge an Tabletten aus dem Wochendosierer einwarf, befanden sich darunter wohl kaum Antidepressiva. Offiziell ging es eh immer nur um Herz und Blutdruck. Sterben musste er dennoch «kurz nach der Rente». Und seine Bedrückungen und Melancholien blieben knappe Randbemerkungen, die weggenickt wurden.

Meine Mutter hat eine lange und sehr wohl klinische Depressionsbiografie, eine meiner Tanten, etwas milder, ebenso. Das genetische Erbmaterial ist also mindestens von mütterlicher Seite her belastet.

Die väterliche Seite weist dagegen, soweit ich weiß, keine psychischen Anomalien auf. Soweit ich weiß – denn sie war kaum vorhanden.

20

Die ganze Welt war weg. Es wurde alles weggezerrt. Ein Erdbeben hätte nicht zerstörerischer sein können. Nur war dieses Beben anders: Es ereignete sich ausschließlich in mir, und die Zerstörung, so allumfassend sie um sich griff, geschah im Stillen. Nichts blieb, wie es vorher gewesen war, und doch schien alles, rein äußerlich, gleich. Die Sprache hatte zwar keine Anker mehr, aber die Menschen redeten dennoch weiter, wie normal, ganz fremd wirkten sie dabei, völlig fern. Ich hätte diese neue Sprache erst lernen müssen, aber wie denn, hatte ich doch keine Grammatik, kein Lexikon zur Verfügung, war auf mich selbst, auf mein komisches Ich zurückgeworfen, das allerdings gerade in Auflösung begriffen war. Monströs überzog sich mein Denken mit Geschichte und Gegengeschichte, kein Satz stimmte mehr, alles irrlichterte. Rauchende Ruinen um mich rum und doch nur in mir. Es war der reinste Horror.

Die Tage flogen mir nur so um die Ohren. Die Paranoia blühte weiter, wuchs in alle Ecken, wurde allumfassend, und ich richtete mich allmählich in ihr ein. Was blieb mir auch anderes übrig? Die Panik schlug phasenweise in Trotz um, der herausgeschrien werden musste, dann in Euphorie, die mich in die höchsten Höhen trug. Kurz war es geil, der Messias zu sein. Ich spürte meinen Körper nicht mehr, hatte Zauberkräfte, stand im Einklang mit den Naturgesetzen, hörte das Sausen der Ringe des Saturns und die Kadenzen der Sphärenmusik. Die Mathematik meinte ich nun intuitiv durchdrungen zu haben und sah mich im kosmischen Zusammenhang mit allem. Dann wieder war es das Schrecklichste; obwohl ich nackt und exponiert im kalten Hauch des Universums stand, änderte sich nichts, und ich, die auserwählte, geschundene Kreatur, wusste einfach nicht, was zu tun war. Immer wieder musste ich das jahrhundertealte Gefängnis aus Zeit, Geschichte und Teleologie, in dem ich mich wähnte, durchbrechen, musste ausbrechen, verbal oder durch eine plötzliche Wendung des Körpers, durch neuerliches Rasen durch die Stadt, durch schräge Mails an fremde Institutionen, in denen ich versuchte, dem Ganzen noch eine komische, satirische Seite abzugewinnen, letztlich aber nur nach neuen Hinweisen gierte, was denn um Himmels willen zu tun sei. Im Hintergrund lief ständig der Fernseher, das war seit der Kindheit so, und wenn ich genau hinblickte, mich fast in den Bildschirm versenkte, die Haare knisterten am Glas, erkannte ich, wie wund die Seelen der Moderatoren und Nachrichtensprecherinnen nach Beachtung lechzten, wie läufig sie wirklich waren, die Seelen mehr als die Körper. Harald Schmidt dagegen war natürlich wieder einen Schritt weiter. Er hatte einen unsichtbaren, bespötelten Freund neben sich installiert, dem er fieserweise den Namen Horst gegeben hatte. Scheißkerl!, lachte ich und wusste doch, dass ich mich tatsächlich immer wieder zu diesem fiktiven Freund, zum Horst nämlich machte. Aber wie auch anders? Machte ich nichts, wurde alles um mich herum bis hinunter zum Gazastreifen nur noch schlimmer, machte ich mich zum Trottel, zeigte ich wenigstens, dass ich noch da war, dass ich an der Lösung arbeitete. Dieses unglaublich schreckliche und in seiner Schrecklichkeit noch lange nicht ermessene Schicksal rechtfertigte eh jedwedes Benehmen. Es war sogar angezeigt, sich radikal anders als bisher zu verhalten, mit diesem neuen Bewusstsein meiner Fähigkeiten, mit der Verantwortung, die nun auf mir lastete. Gleichzeitig wollte ich diese Verantwortung abschütteln und feierte immer wieder spontan meinen eigenen privaten Karneval, um mich zu befreien. Ich titschte durch die Stadt, riss verfehlte Witze, taggte wo was hin und schlief nicht mehr. Zuhause ließ ich die damals noch jungen, plotparanoiden Filme «The Game», «Die Truman Show» und «23» in Endlosschleife laufen, studierte hektisch die Bücher, die keiner chronologischen Ordnung mehr folgten: «Der Namenlose», «Malina», «Heinrich von Ofterdingen», die «Confessiones», «Gravity's Rainbow», «Die Wahlverwandtschaften», «Phaidros», «1984». Die Zeit war tatsächlich aus den Fugen, und ich war auch noch aus ihr rausgefallen, aus der Zeit, zwischen die Fugen. Passierte das jedem, der schrieb? Wenn ich mir die verrückten Biografien ins Gedächtnis rief: offensichtlich schon. Ließ ich es zu, erkannte ich flüchtig, dass die Gussform, in die ich jetzt eingepasst wurde, bereits lange vor meiner Zeit geschmiedet worden war. Schon die Frühromantiker säuselten verzweifelt in mein Ohr, auf der Suche nach dem kommenden Gott, bald auch Goethe, sonor und mitfühlend irgendwelche Dinge vom Weltbürgertum versetzend. Wie hatte ich das bisher nicht wahrnehmen können? Kafka sprach mich direkt an, auf seine gottesfürchtige und zugleich bürokratische Art: wirklich mich. Ich war der Steppenwolf, ich war «V.», ich war Oskar Matzerath und Godot. Und schon begannen auch die toten Diktatoren der Geschichte in meine Richtung zu keifen.

Zeitungen, die ich in Mengen kaufte, zerfetzten sich selbsttätig vor meinen Augen. Dann stürmte ich wieder los und feierte gierig und enthemmt. Ich musste mich und all das vergessen, und sei es nur für ein paar verrauschte Minuten. Eigentlich wollte ich aber nur mein altes Leben zurück.

Tatsächlich: Etwas stimmte nicht. Und zwar ganz und gar nicht. Meine Freunde bearbeiteten mich, manchmal im Verbund, manchmal einzeln und reihum, tagten, fassten Beschlüsse, klügelten Strategien aus. Nachdem ich mich drei oder vier Wochen lang konsequent dagegen gesträubt hatte, schafften sie es endlich, mich zur Fahrt in die Charité zu überreden. «Charité» – das hatte immerhin Geschichte und klang standesgemäß. Charité, das war Virchow, Sauerbruch und das anatomische Freak-Kabinett mit den verkrüppelten «Blechtrommel»-Föten, von dem ich mich bereits einmal hatte faszinieren lassen.

Wie gesagt: Ich sah es als Recherche an.

21

Die Psychiatrie ist ein Sammelsurium von Fehlexemplaren, die, grob durcheinandergemischt, entsprechend wild miteinander reagieren. Da werden Depressive mit Schizophrenen, Maniker mit Borderlinern, Gedächtnislose mit Suizidenten und Süchtlern zusammengelegt, und natürlich knallt es immer wieder, natürlich gibt es Geschrei, fliegen Teller und Becher, und Frust und Wahn entladen sich. Man ist eng zusammengepfercht in der Station eines

Krankenhauses, obwohl man vielleicht eigentlich ein König von Deutschland ist oder gar der Engel der Verdammten. Der König muss sich noch gedulden, bis er seinen Untertanen neue Depeschen durchs Telefon diktieren kann, dem Engel ist's egal, denn er ist eh über Raum und Zeit erhaben. Oder man ist einfach nur ein Zombie, mittellos und schon durch mit dem Leben, und wundert sich, warum man eigentlich noch hier ist.

Harald fällt mir ein, ein gutmütiger, hagerer Typ, der immer mit dem Tischtennisschläger durch die Station schlurfte und seine mit Spucke eingeseiften Monologe von sich gab, die so leutselig wie unverständlich waren. Nur manchmal sprach er von seinem Vater und weinte beinahe, und seine Sprache wurde dann plötzlich doch sehr verständlich. Einmal rastete er aus und schrie einer Krankenschwester eine Wuttirade hinterher, umso befremdlicher und überraschender, da er doch sonst mit so einem gutmütigen und menschenfreundlichen Wesen durchs Leben ging. Auch in dieser Wutrede ging es um seinen Vater, und er wünschte ihm nichts anderes als den Tod, aber an seinen noch immer milden Augen, jetzt von einer großen Traurigkeit überschattet, konnte man ablesen, dass er ihn einfach nur sehnsüchtig vermisste.

Ich blieb für vier, fünf Tage in der geschlossenen Abteilung der Charité. Dort war ich gelandet, weil in den offenen Stationen gerade nichts frei war, so jedenfalls die offizielle Angabe, der ich bis heute Glauben schenke. Es war alles neu für mich, es war teilweise sogar ein Vergnügen, da ich mich kaum als echten Patienten sah: ein Besuch auf Abruf. Die ungewohnte Umgebung und die Wirkung der Medikamente lenkten mich von den eigenen paranoiden Ideen ab, die gleichwohl noch immer Bestand hatten, nun aber weniger dringlich waren. Die Freundinnen und Freunde besuchten mich täglich. Teilweise saßen acht Leute um mich herum im Raucherzimmer, was einen bestimmten Mitpatienten, ich nannte ihn Olaf Gemeiner, besonders aufregte. Er steckte mitten in einer paranoiden Psychose, strahlte dabei eine fast schon elektrische Aggressivität aus, ein bärtiger, ungepflegter Mann mit glühenden, hellblauen Glubschaugen («Hitlerbulben», schrieb ich), die mich und andere unverhohlen fixierten, während er nervös und schweigend rauchte. Manchmal stieß er Worte hervor, die einem nicht nachvollziehbaren Gedankengang entstammten. Als er mich etwa nach meinem Namen fragte, sorgte das für einen ziemlichen Aufruhr in ihm, da, wie er ausrief, ein Mann meines Vornamens für seinen Aufenthalt in dieser Geschlossenen verantwortlich sei, und dieser andere Thomas, Thomas Anal beim Namen, Therapeut von Beruf, sei, wie der Name schon sage, ein Arschloch. Zudem sende dieser «schmierige Winkeltherapeut» ihm auch dauernd neue, niederträchtige Botschaften, und zwar durch den «Anal-Kanal». Aber nichts gegen mich persönlich, beschwichtigte er dann, es sei ja nur mein Name, nur mein Name. Dann sprang er auf und verschwand. Ihm zu begegnen war sehr unangenehm (und natürlich begegnete man sich ständig in dieser vollgestopften Abteilung), da er pausenlos unter Strom stand und irrlichternd Blickkontakt suchte, ob nun auf dem Gang, im Raucherzimmer oder beim Essen. Dass ich in späteren Phasen wahrscheinlich einen ganz ähnlichen Eindruck auf meine Mitmenschen gemacht haben muss, nimmt mir rückblickend manchmal alle Kraft.

Ich nahm meine Tabletten, ohne zu verstehen, warum. Für mich waren es eh Placebos oder eine besonders gutmütige Form von Drogen, die mein Hirn zum Kichern brachten. Ich war jetzt ruhiger, schrieb diese Ruhe aber nicht den angeblichen Medikamenten, sondern meiner Isoliertheit zu, der Abgeschnittenheit von der Welt, der Informationsaskese. Denn ich war damals (und bin zu Teilen noch immer) ein Informationsjunkie, der sich stets von allen Medien beschießen ließ, am liebsten Radio, Internet und Fernsehen zugleich laufen hatte, während er die drei druckfrischen Zeitungen vom Tag durchforstete und versuchte, sich so gut wie möglich zu dezentrieren. Da konnte so eine Abgeschiedenheit, eine Zeichenlosigkeit im sogenannten «geschützten Raum» nur wohltuend und lindernd wirken. Vielleicht würde ich gar meine noch nie gespürte Mitte finden, von der allerorten so viel die Rede war? Einmal aber sickerte etwas durch, ich beobachtete im Fernsehen die Explosion einer Feuerwerkslagerhalle und zog dabei natürlich die verschiedensten Schlüsse, was diese angebliche Brandstiftung nun wieder mit mir zu tun hatte. Aber ich vergaß sie schnell, kann mich eher an die erstaunten, dabei gemäßigten Reaktionen der anderen Patienten erinnern, die in sich hineinmurmelten oder wissend abwinkten.

Ich fühlte mich ruhiger, wattierter, hatte eine Art unsichtbaren Helm auf dem Kopf, der sich einerseits der Erschöpfung nach der ersten neuronalen Überfeuerung, andererseits den herunterdimmenden Medikamenten verdankte. Die Welt blieb abgedämpft, die Paranoia hatte das Denken völlig umgekrempelt und betäubt. Ich war ruhiger, ja, aber auch skeptisch: Wo befand ich mich hier und weshalb, und war das alles nicht nur ein großer Selbstbetrug, um die Freunde zu beruhigen? Langsam wuchs die Erkenntnis, dass ich hier, zwischen den Verrückten und Geschädigten, fehl am Platz war. Der Brand der Feuerwerkshalle hatte mich an das lichterloh brennende Draußen erinnert, an die Geschehnisse und Umstürze in der Realität, an den Zeichenfuror dieser Welt in Flammen, und ich war mir gewiss, eine Aufgabe inmitten des Chaos zu haben, obwohl ich nicht wusste, wie sie beschaffen sein sollte. Das Krankenhaus passte nicht zu dem, was ich sein wollte, und es hinderte mich an der Erfüllung meiner mir von ferne auferlegten Pflicht. Weil ich freiwillig dort war, konnte ich mich gegen ärztlichen Rat entlassen. Und das tat ich dann auch und kehrte zurück in die Wohnung, die mein Mitbewohner, der eh hatte ausziehen wollen, inzwischen tatsächlich verlassen hatte. Die Stille summte.

22

Die psychische Erkrankung, an der ich leide, ist also die manisch-depressive. In klinischen Kreisen und zunehmend auch im Alltagsgebrauch ist sie als bipolare affektive Störung bekannt. Diese etwas waschige und – nicht nur für meine Begriffe – verniedlichende (für andere aber wiederum weniger stigmatisierende) Neubezeichnung wurde eingeführt, um die verschiedenen Formen der Störung besser abbilden zu können: Bipolar I, Bipolar II, Zyklothymia, Rapid Cycling, gemischte Formen. Bipolar I ist die klassische Manie mit anschließender Depression, und zumeist ist sie rezidivierend, das heißt, der Patient erkrankt mehrmals im Leben daran. An Bipolar II Erkrankte haben oft erst eine Depression, dann eine Hypomanie, dann wieder eine Depression. Eine Hypomanie ist hierbei eine leichte, abgeschwächte Form der Manie, das heißt: Der Erkrankte fühlt sich ungewöhnlich stark, alert, fröhlich und produktiv, ist früh wach und besonders gut drauf, ohne irgendeinen folgenschweren Scheiß zu bauen, wie es bei kompletten

Manien der Fall ist. (Würde es die Depressionen nicht geben, würde man Hypomanien kaum als Problem ansehen.) Zyklothyme haben die Symptome von Bipolar II, aber noch einmal abgeschwächt, dafür in höherer Frequenz. Bei Rapid-Cycling-Patienten ist die Frequenz noch höher und geht bis zu vier Episoden im Jahr, die Ausschläge nach oben und unten sind dennoch heftig. Bei gemischten Formen treten die Symptome der Manie und der Depression gleichzeitig oder in kurzen Abständen auf.

Ich bin an einer Form von Bipolar I erkrankt, also an der klassischen und schweren Variante, die der Psychiater Emil Kraepelin Ende des neunzehnten Jahrhunderts «manisch-depressives Irresein» nannte. Sowohl Manie als auch Depression sind hier vollständig ausgeprägt. Innerhalb dieser Variante nimmt sich mein individuelles Krankheitsbild noch einmal besonders drastisch und, wie manche es nennen, «nuklear» aus: Meine Manien und Depressionen dauern außergewöhnlich lange, und die Manien sind darüber hinaus von paranoiden Psychosen begleitet. Spreche ich bei mir von einer Manie, ist also meist auch die Psychose mitgemeint, die einen erheblichen und wahnhaften Realitätsverlust bis hin zu halluzinatorischen Momenten bedeutet. Und während der Durchschnittswert für eine Bipolar-I-Manie bei etwa zwei Wochen bis zwei Monaten angesiedelt ist, habe ich bislang drei manische Phasen hinter mir, die weit darüber liegen und sich in ihrer Dauer von Mal zu Mal gesteigert haben: 1999 waren es drei Monate, 2006 ein Jahr, 2010 sogar fast anderthalb Jahre. Die Depressionen danach fielen ebenfalls entsprechend lang und qualvoll aus. Und wenn eines sicher ist bei einer manischen Phase, dann, dass die Depression folgen wird. Und je heftiger die Manie, desto tiefer und zäher die Depression.

Die manisch-depressive Störung gehört, so liest man, zu den zehn Krankheiten, die weltweit am häufigsten zu einer lebenslangen Behinderung führen. Sie tritt relativ häufig auf: Zwischen drei und sechseinhalb Prozent der Bevölkerung erkranken mindestens einmal in ihrem Leben an einer der Varianten. Die Dunkelziffer ist hoch: Schätzungsweise die Hälfte der bipolaren Menschen werden nie als solche diagnostiziert. Die Ursprünge der Störung sind biologischer, neurologischer Natur, doch manifestiert sie sich als psychische Krankheit, also in bizarr verändertem Erleben und Verhalten: Das Gefühlsleben gerät außer Rand und Band, alles wird intensiver wahrgenommen und ausagiert; eine Intensität, die in echtem Irrsinn endet. Der Erkrankte fühlt sich seinen Mitmenschen weitaus überlegen, feiert sein neues Selbstbewusstsein und ist von einer ungeheuren Energie beseelt. Er neigt dann zu großer Verschwendung aller Ressourcen, ob nun seelischer, geistiger oder finanzieller Art. Die Enthemmung wütet in allen Bereichen: Sexuell neigt der Maniker zur Ausschweifung, intellektuell zur Verstiegenheit, emotional zu extremen Schwankungen. Die Ideen und Pläne, die er im Akkord entwickelt, sind realitätsfremd, die Handlungsmuster unberechenbar und exzessiv. Die Kreativität kann einen Schub bekommen, aber auch einen Drall ins Nichts. Die Aufmerksamkeit wird fahrig, sieht den Wald vor lauter Bäumen nicht, kommt vom Hölzchen aufs Stöckchen, erkennt dann wieder nur den Wald und knallt gegen die Bäume. Die Liebe erschöpft sich in einer Abfolge heftiger, chaotischer und manchmal überstarker Impulse, diskontinuierlich und unwillkürlich, und kann zu Kurzaffären mit Menschen führen, die in gesunden Zeiten uninteressant geblieben wären. Der Maniker kleidet sich auffällig, bewegt sich rastlos und hektisch, verfällt der Kaufwut, der Schlaflosigkeit und einem unbezwingbaren, zu

Wortspielen und Witzeleien tendierenden Rededrang, der die Skurrilität seiner zerrissenen Gedanken nur unzulänglich widerspiegelt. Gleichzeitig tarnt er sich als enthusiastischer Mensch mit besonders guter Laune, weshalb die Diagnose oft schwerfällt. Er verschuldet und ruiniert sich. Hat er dazu noch mit psychotischen Symptomen zu kämpfen, die in früheren Taxonomien eher der Schizophrenie zugeordnet wurden, jetzt aber als stets möglicher Auswuchs auch der Bipolarität angesehen werden, kann die Manie trotz aller euphorischer Flughöhe in dunkle Paranoia, negative Zwangsideen und einen totalen, angstbesetzten Realitätsverlust umschlagen. Zwischen Schizophrenie und Manie liegt dann mitunter nur noch das Stimmenhören als Unterscheidungskriterium – und die Frequenz der Rückfälle. Deshalb sind auch viele Schizophrenien vermutlich fehldiagnostizierte Bipolaritäten.

In der Phase der Minussymptomatik dagegen, der Kehrseite der Manie, der Depression also, da führt die bipolare Erkrankung zu einem nahezu unerträglichen Seelenleiden, das mit Hoffnungslosigkeit, Apathie, Lethargie und Verzweiflung nur unzureichend beschrieben wäre, und dieses endet nicht selten, nämlich in mindestens fünfzehn Prozent der Krankheitsfälle, mit dem Selbstmord, den mindestens jeder vierte unter den erfassten und behandelten Erkrankten sowieso versucht. Noch weitaus höher ist die Sterblichkeitsrate, wenn die Störung unbehandelt bleibt. Dann übertrifft sie die aller Herzkrankheiten und vieler Krebsarten.

23

Am Tag, nachdem ich mich aus der Klinik entlassen hatte, sprang ich um vier Uhr morgens aus dem Bett, war sofort knallwach und begab mich noch in der Dunkelheit, gespreizterweise Novalis' «Hymnen an die Nacht» im Kopf zitierend, auf meine fieberhafte Wanderschaft durch die Stadt in Richtung Steglitz, landete um acht bei Magda und ihrer Schwester am Frühstückstisch, der schon wieder aufgeräumt werden musste, da die Leute im Gegensatz zu mir noch immer normal studierten. Und stampfte also weiter bis an die Stadtgrenzen und fragte mich, nun wenigstens körperlich müde, was um alles in der Welt eigentlich in die Welt gefahren war. Es fühlte sich allerdings auch gut an, ihr meine überschüssige Energie, die sich jahrelang aufgeladen hatte, verschwenderisch zurückzugeben. Kam zu viel Leere auf, mussten neue Reize, neue Provokationen her, entweder real, von Angesicht zu Angesicht, oder im Netz, denn dort waren meine Texte ja eh tausendfach, ach was: millionenfach kopiert und verbreitet worden, wie ich mir einbildete. Der Kanzler reagierte drauf, ebenso Kate Moss, Maxim Biller, und jeder auf seine eigene, hochindividuelle Weise. Ich schrieb im «ZEDAT» abgekürzten Zentrum für Datenverarbeitung der Universität etwas ins Internet und beobachtete dann in den folgenden Minuten die Reaktionen der Leute auf den Gängen des Instituts, auf den Straßen von Dahlem. Selbst die Stille kam mir verdächtig vor. «Brennen muss Dahlem!», so dachte oder sagte ich lachend, ging nach Lankwitz, ging zurück.

Der Medienapparat war eine einzige hysterische Reaktionsmaschine. Videos wurden so programmiert und gestaltet, dass sie unmittelbar auf meine Äußerungen, ja, meine Handlungen, meine Wege und Worte reagierten, mich anfeuerten, warnten, beschimpften, glorifizierten, immer aber kommentierten. Ich war in einer Kammer aus Zeichen gefangen, die ihren Karneval feierten, mit mir als Prinz, Narr und Funkemariechen zugleich. Selbst in meinem eigenen

Zimmer konnte ich nicht mehr wissen, wer alles zuschaute, wer angesichts meiner Körperhaltung oder meiner ins Netz gestellten Worte schon die neuesten Nachrichten und Videoclips konzipierte, und starrte immer wieder gebannt in den Fernseher. Es war alles live. Völlig angstgelähmt saß ich da, bis mich ein Wutanfall wieder freisprengte.

Bisweilen zog es mich zurück in die Seminare, und ich musste mich schon sehr zusammenreißen, um die anderthalb Stunden überhaupt durchzustehen. Ruhig sitzen und gefasst zuhören konnte ich eigentlich nicht mehr. Manchmal meldete ich mich zu Wort und rappte viel zu schnelle, zur Zusammenhangslosigkeit neigende Antworten in den Raum, sah neue Verbindungen zwischen den Frühromantikern und den Spätcyberpunkern, machte alberne Witze, verglich «Kotzebue» en passant mit «Hui Buh», was meine Sitznachbarin zum Lachen, den Professor aber sichtlich aus der Fassung brachte. Die obsessiven Witzeleien, die für Schizophrene und Maniker typisch sind, hatten mein Sprachzentrum in Beschlag genommen.

Und auch sonst mühte ich mich, das Chaos zu irgendwelchen Witzen zu ordnen, um nicht völlig zu verzweifeln. Ich suchte die Galerie auf, in der mein ehemaliger Mitbewohner Lars arbeitete. Dort sollte eine neue Ausstellung anzusehen sein, hatte ich aufgeschnappt, irgendetwas mit Kinderbüchern, wahrscheinlich für mich, das ewige Kind, gemacht. Die Galeristin begrüßte mich freundlich und führte mich nach unten zu den, tatsächlich, Ausmalbüchern. Und hier könne man also alles ausmalen, das sei Wille des Künstlers? – Ja, meinte sie, dort seien die Stifte. – Aber da habe bisher doch noch niemand reingemalt!, sagte ich. Sie nickte und ging. Das hätte sie besser mal nicht getan, denn nun schnappte ich mir die Stifte und fing an. Erst füllte ich, ein paar Sekunden lang, ganz brav die Formen mit den Buntstiftfarben aus, deutete Schattierungen und Abstufungen an. Dann aber krickelte und krakelte ich los, scherte mich nicht um die vorgegebenen Linien, zerschoss mit dem Stift die Aufgabe, während ich sie eigentlich doch noch immer erfüllte, setzte in Majuskeln ein «ZERSTÖREN» darüber, dann war mir das zu läppisch, und ich setzte hinter das «ZERSTÖREN» ein weiteres «ZERSTÖREN», was mir eine bessere Botschaft zu liefern schien: Im Akt des Zerstörens muss man auch noch das Zerstören zerstören. Irgendwann stand ich auf und verließ die Galerie, nicht ohne mich höflich verabschiedet zu haben. Eine Stunde später rezensierte ich diese Aktion genauestens und mit naiver Überdrucksrhetorik in einem der von mir besetzten Internetforen, denn ich musste das Gerücht, das ich überall spürte, das in den Medien schon aufgeregt verhandelt wurde, wieder einfangen und erklären. Zu Hause war Lars dann kurz zu Besuch, meinte, die Nachricht von der Aktion sei ihm zugetragen worden, und nannte sie mit leeren Augen «imposant».

Ich rief bei den verschiedensten Leuten an – damals fand man die meisten Nummern noch einfach im Telefonbuch –, hinterließ kodierte Nachrichten und dekodierte die paar geführten Dialoge in mein paranoides Bezugsnetz zurück, ging dann mit den neuen Hinweisen im Hinterkopf in die Stadt wie eine Gamefigur, jumpte von Level zu Level, sammelte irgendwelche Dinge auf, eilte nach Hause und telefonierte wieder los. Ich schrieb Mails an Ulf Poschardt, Jutta Koether und Dietmar Dath, rief Moritz von Uslar an. Dath schrieb nicht zurück, was mich einen Groll auf die «Spex» hegen und an irgendeiner Sockenmetapher, die ich ihm hingeschrieben hatte, weiterstricken ließ; Poschardt antwortete so amüsiert wie seriös und bemerkte, dass er das, was ich da eingeschickt hatte, mit Vergnügen gelesen habe, es aber Literatur und kein Journalismus sei; Jutta Koether dagegen erzählte wie auf Knopfdruck von ihrem Leben, das sie nun in New York führte, und zwar mit einer Unverstelltheit, die mich seltsam berührte. Sie öffnete sich einem irren Fremden, der, obwohl er sich drüber freute, in seiner Verstrahltheit nichts damit anzufangen wusste. Ich schrieb verwirrt zurück. Moritz von Uslar schließlich, den ich einmal telefonisch abpasste, meinte knapp, er hätte meine Nachricht auf dem Anrufbeantworter einfach nicht verstanden. Das wiederum verstand ich sofort und fragte mich kurz, wieso er so gesund und sonor klang und ich genau nicht. Doch dann verkehrte sich diese Einsicht in Sekundenschnelle in ihr Gegenteil: Er war nämlich einfach an seiner Coolness und dem ganzen verblendeten, verblödeten Gewese erkrankt, und ich, ich war das echte, blühende, unverfälschte Leben.

24

Wir standen auf dem Teufelsberg. Ich war schon hier gewesen, aber mit dem jetzigen Moment, nein, *Momentum* war nichts zu vergleichen. Blaue Stunde, ozongedichtet, eine Atmosphäre, die das Herz anfüllen und sprengen wollte. In der Dämmerung wurden die Schemen weich, die Körper durchlässig, die Geister prall. Für Sekunden war mir, als könnte ich fliegen. Wäre ich verrückt, dachte ich, ich würde es versuchen, ich würde die Arme ausbreiten und abheben. Vera und Henrik standen ganz nahe. Ich spürte sie, sie spürten mich. Wir waren Menschen, und Henrik zeigte auf das Le-Corbusier-Haus und wusste etwas zu erklären. Ich hörte zu und verstand. Alles schien ganz einfach.

Ich weiß nicht, ob die Metaphern der Erleuchteten auf

mein Empfinden einwirkten, ob meine Empfindungen eher Zitate als Empfindungen waren – oder ob ich das alles wirklich so erlebte. Ich meinte, es wirklich zu erleben. Meine Haare glichen Dendriten. Im Kopf der Druck, aber sanft und gut, die Haut sensibel, aber normal. Alles auf Empfang. In diesem Dreieck aus Le-Corbusier-Haus, Teufelsberg und Olympiastadion wurden die Dinge aufgeladen von Geschichte: Die pragmatische Bauhaus-Vision des ornamentbefreiten Zusammenlebens traf auf die Monumentalarchitektur des Faschismus, dessen Trümmer von einer zerfallenden Abhörstation der Alliierten gekrönt wurde, die inzwischen beklettert werden konnte, Freeclimbing auf den Resten der «bipolaren Welt» – und wir standen darin, es wehte ein Wind, wirklich vom Paradiese her. Wir gaben uns Zeichen, gesegnet und sicher. Die Spannung der Geschichte warf mich weiter und weg von den anderen, die ich wortlos hinter mir ließ. Ich stapfte alleine den Berg zur Anlage hoch, rutschte aus und sah, auf dem Rücken liegend, dort oben die Sterne, die ich früher so geliebt, die ich mittlerweile vergessen hatte. Sie funkelten still und beständig. Der Kalte Krieg war vorbei und zur Freizeitanlage verfallen. Das hatten sich die Jugendlichen selbst aufgebaut, dachte ich, und zwar durch ihr Nichtstun, eine gloriose Weigerung, durch kollektives Slacken in löchrigen Sneakers: coming of rage. *Das* war das Lebenswerk der Generation X. Ich stand auf und ging weiter. Die Nacht verschluckte mich gütig.

25

Einen Tag später (oder zwei Tage, oder eine Woche) saß ich im Wartezimmer meines Arztes in der Charité. Gelegentlich ließ ich mich auf Sprechstunden ein.

Eine Irre hockte mir gegenüber, etwa vierzig Jahre alt, aufgedunsen, angespannt. Sie starrte mir immer wieder auf den Schoß und ruckelte dabei fickrig auf ihrem Stuhl herum. Ich blieb gelassen und versuchte, etwas von meiner Ruhe auf sie abzustrahlen.

Während ich das Büro des Arztes betrat, fiel mir ein, dass mein Vater, mein biologischer Vater, mein Erzeuger, wie es heißt, und ich kam mir bei diesem Gedanken, diesem Begriff vor wie in einer der zahllosen Nachmittagstalkshows, die im TV liefen – dass mein Vater sich also wohl bei der Nachricht, mir gehe es schlecht (wieso «schlecht»? Ich strotzte vor Kraft), mit seinem Auto auf den Weg nach Berlin gemacht hatte und auf halber Strecke liegengeblieben war. So hatte ich gehört. Ich stellte mir eine dramatische, sprachlose Szene vor: Auf dem Standstreifen der Autobahn wäre er endfertig ausgestiegen und hätte eine undefinierte Geste in Richtung eines Waldstücks gemacht, den Kopf dann erschöpft auf das Wagendach sinken lassen. Die Autos wären teilnahmslos vorbeigerast. Es wäre filmisch gewesen, ohne Worte, aber hochdramatisch. Auf halber Strecke verreckt: ein Lebensbild. Gleichzeitig glaubte ich, dass es eine Lüge war. Wieso sollte ein Lkw-Fahrer nicht die Strecke von der Eifel nach Berlin schaffen? Vielleicht war er ja einfach nur in ein Casino gefahren und dort abgestürzt, wie früher. Ich kannte ihn nicht.

Mein Arzt Dr. Melvin war das nüchternste Subjekt ever, man konnte nicht einmal sagen, wie er aussah. Er war ganz Brille und farbloser Scheitel. Nüchtern erkundigte er sich, was ich gerade so dachte oder fühlte, fragte mich reglos und bürokratisch ab, enthielt sich jeden Kommentars. Gelegentlich wurde er von meinen besorgten Freunden angefunkt, das wusste ich. Davon aber hier kein Wort. Ich nahm ihn ernst und gleichzeitig nicht, genau wie die Irre, die bereits verschwunden war, als ich durch das Wartezimmer nach draußen ging. Alles nur Statisten.

26

In manischen Phasen rast die Zeit. Jeder Tag fetzt an einem vorbei, nein, man fetzt vielmehr durch die Tage hindurch. Die Eindrücke sind zahllos, die Reize grell, die Schlafeinheiten kurz. Man lebt in der Überzeugung, jeglichen und alles in seinen Bann ziehen zu können, ist bis in die letzte Nervenfaser von Kraft, Können, Allmacht, Glück und dann wieder von Panik, Wut und Schuld durchdrungen.

Meine Feinde Springer und Daimler-Benz nahm ich ins Visier. Sie breiteten sich aus in Mitte, versprühten ihr spätkapitalistisches und gerade deshalb, aus lauter Verzweiflung, hochpotentes Gift, bauten sich klobige Ufos und Monumente und wuchteten sie rücksichtslos ins Zentrum der Stadt. Ich ging zum Kaufhof in die Sportabteilung, suchte die Baseballschläger, wurde zunächst von den hübschen und technisch hochgerüsteten Basketballschuhen und -hosen abgelenkt. Sehr geil! Aber keine Zeit jetzt für den Tand, weiter, den – einem Basketballfeld nachempfundenen – Linien auf dem Boden hinterher. Weiter hinten wurde es noch amerikanischer, da konnte Baseball nicht weit sein. Und tatsächlich, da hingen sie schon, die guten Stücke, in einem abgeschlossenen Glasschrank. Bereits von leichten Gewissensbissen geplagt, ließ ich den Schrank von einem Verkäufer öffnen, der keinerlei Verdacht hegte und freundlich blieb. Ich nahm einen der Schläger in die Hand, massives, schweres, hartes Holz, wog ihn fachmännisch mit dem angewinkelten Arm ab, grinste, wie auch der Verkäufer grinste, der mir nicht von der Seite wich, deutete in Zeitlupe ein paar Schläge auf dem Feld an, beschrieb mit dem Schläger die typischen Hitter-Bögen, vom Nacken ausgehend nach vorn, seitlich des Körpers trifft der Schläger den Ball. Mit aufgesetzter Kennermiene wiederholte ich dies einige Male, tänzelte dabei leichtfüßig, als wäre ich mit der Sportart schon lange vertraut. Gleichzeitig kam ich mir wie ein Jedi-Ritter vor: Die Bewegung des Schlägers glich in Wahrheit einem Streich mit dem Laserschwert. Es war ein Swoosh durch das All. In Gedanken sah ich mich schon Plexiglasscheiben zerhauen, die Splitter würden hochspritzen nach fünf wohlgesetzten Schwingern auf dieselbe, bald brüchige Stelle, zehntausend Scherben, die in den Himmel platzten, der selbst Risse bekäme zum Klang eines aufheulenden Depeche-Mode-Alarms. Dann gäbe es kein Halten mehr und kein Zurück. Die ganze Filiale müsste dran glauben, die ausgestellten Mercedeslimousinen würde ich schnell zu futuristischer Schrottkunst zerhauen, ein Statement gegen den Kapitalismus *und* gegen die Kunst: die Kassen sprengen, die Kategorien müllen. Dann würde ich weiter zum Springerhochhaus springerstiefeln, in aller Ruhe, mit meiner Streetfightmütze bemützt, die mir Susie aus London geschickt hatte, um dort – ja, was wäre dann mit dem Springerhochhaus, wie würde ich es erschüttern? Müsste ich die Altlinken aus ihren Villen locken, würden sie sich mir anschließen, um den verlorenen Bogen ihres Lebens doch noch zu vollenden? Ein Sturm auf die Hetzer!

Doch mir fiel nichts Konkretes mehr ein, und der Verkäufer neben mir wurde ungeduldig. Dazu: Ein Baseballschläger gegen ein ganzes Hochhaus glich dem Aufstand des Schraubenziehers gegen den Panzer, richtig? Außerdem konnte ich die plumpen Fantasien plötzlich doch nicht mehr ganz mit den Resten meines alten Selbstbildes vereinbaren. War das denn wirklich ich? Ein simpler *Mini-Terrorist*? Moralische Skrupel mischten sich mit dem Gedanken, selbst in der Feindeswahl völligen Klischees aufzusitzen. Waren diese Schlachten nicht alle schon lange geschlagen? Welche Kämpfe blieben eigentlich noch? Der Baseballschläger in meiner Hand wurde wieder zu dem toten Gegenstand, der er war. Nix mit Laser. Eher stand ich kurz davor, zur dämlichen Zecke zu mutieren. Lächerlich.

«Joa, ganz gut», drückte ich dem Verkäufer den Schläger in die Hand, bedankte mich und ging davon. Dann drehte ich um und kaufte mir doch noch einen Basketball.

27

Hin und wieder ging ich noch mit den Freunden aus, betrank mich, sprach fremde Mädchen mit dem Namen meiner Internetliebe an, verwechselte alles mit jedem. Jeder Raum wurde zur bedeutungsschweren Höhle, bevölkert von unausdenkbaren Gestalten. An Magda hatte ich einen Narren gefressen, über kurz oder lang oder länger, und sie ließ sich auf mich ein, ließ sich vom steten Redestrom hinreißen, egal, wie überbordend und sinnlos er war. Als sie mich besuchte, legte ich «Fritz the Cat» ein, eine drastische Zeichentrick-Comicverfilmung, die mir eigentlich überhaupt nicht gefiel, die aber jetzt ein unwiderstehliches Verführungstool zu sein schien, mit all dem Geficke und Gekiffe. Ich war selbst der Comic-Kater.

Magda mochte ich sehr, vergaß das aber schnell wieder, belaberte Tage später ein anderes Mädchen auf einer Privatparty, dessen Namen ich nicht mehr weiß. Auch sie stattete mir einen Besuch ab (ihr Telefonanruf folgte unmittelbar auf den eines anderen Mädchens, meiner Internetliebe nämlich, was mir abgesprochen und abgekartet vorkam, paranoide Schalte, dabei kannten die beiden sich gar nicht), kam aber mit meinen Monologen nicht ganz so gut zurecht wie Magda. Ich wurde ihr wohl unheimlich, wie ich so zweckbefreit redete, und sie wollte schnell wieder weg, drängte darauf, jetzt unbedingt zum Schlingensief-Abend an der Volksbühne zu gehen, den wir locker ins Auge gefasst hatten. Auf dem Weg dorthin attestierte sie mir ein «anderes Verhältnis zur Wahrheit», was ich selbstverständlich gänzlich fehlinterpretierte: nicht als schräges, verschobenes Verhältnis, wie sie es meinte, sondern als einzig richtiges, gutes und fürwahr wahrhaftiges Verhältnis, als einziger Schlüssel zur Lösung aller Rätsel. Und ging dazu über, die verschiedenen Theorien der Wahrheit durchzubuchstabieren, Konsens-, Kohärenz-, Bildtheorie, *der Morgenstern ist der Abendstern*, um dann eine eigene, krude Hypothese aufzustellen, die meiner neuen Faktenmetaphorik die ersten Deduktionen lieferte. Ich fand das Mädchen wahnsinnig hübsch.

In der Volksbühne verharrten wir an den offen stehenden Seiteneingängen zum Zuschauerraum, und ich behauptete, Schlingensief zu kennen, wie ich auch Foucault kennen würde, der, so dachte ich, noch lebte. Ich stünde mit beiden im ständigen Austausch. Ich meinte es qua textueller Übereinstimmung, schräg genug, aber es wirkte wie die Behauptung echter Freundschaften. Und waren wir nicht wirklich alle Buddys, in unserem Kampf gegen die Verlorenheit und die Fehler im System, jeder Einzelne für sich und doch auch für die anderen? Die Show lief schon, und ich wurde immer unruhiger, formte bereits Worte, ruckte vor und zurück, die Impulse durchfuhren mich wie kleine Elektroschocks –

aber bevor ich etwas dazwischenrufen konnte, meinte sie, nachdem sie mich noch einmal gemustert hatte: «Wir gehen besser.»

So führte sie mich wieder ab.

Auf dem verregneten Weg zur S-Bahn dann lief uns Clemens Schick über den Weg, der mit Lars, meinem ehemaligen Mitbewohner, befreundet war. Als würde ich ihn näher kennen, schrie ich ihm ein freudiges «Clemens!» ins Ohr. Er blieb stehen, und die Situation erstarrte sofort. Er sah mich verwundert an, und anstatt weiterzureden, verstummte ich. Das Mädchen und er mussten nun den Smalltalk führen, den keiner wollte, und ihre Blicke verrieten, so weiß ich heute, dass mein Zustand beiden völlig bewusst war. Ich erinnere mich an diese Blicke, die ich damals fehleinschätzte. Vielleicht hatte Lars ihm schon davon erzählt? Vielleicht war es aber auch nur allzu offensichtlich.

«Und was macht ihr jetzt?», fragte er so freundlich wie verunsichert.

«Wir gehen nach Hause», antwortete das Mädchen mit einem merkwürdigen Ernst im Gesicht.

Dann nickten alle drei, wünschten einander eine gute Nacht, und die Wege trennten sich.

Wenn ich mir diese Situation ins Gedächtnis rufe, dieses Bild im Regen am Hackeschen Markt, wie der kommende Schauspieler Schick vor uns stand, wie ich das Mädchen von der Seite ansah, während sie redete, dann ist mir das Gefühl, das man in einem solchen Schub hat, endlich wieder völlig präsent. Das Verspulte, Danebene. Die Distanz der Psychose, der Ruck, die Neuheit der undurchschaubaren, mit einem Schlag völlig irren Verhältnisse. Der Nebenraum der Realität, in dem ich mich befinde, eine Hinterkammer, aus der ich nicht herauskann – alles ist kurz da, in der Erinnerung an diese eigentlich unspektakuläre Begegnung. Das Bild ist mir allerdings nicht wie ein gewöhnliches Erinnerungsbild im Gedächtnis gespeichert, sondern wie eine Szene, die ich durch eine von Regentropfen besprenkelte Windschutzscheibe betrachte, aus einem abgedämpften Drinnen heraus. Ich stehe neben den beiden, sage was, sage nichts, es ist egal. Ich könnte auch schreien, die Entfernung wäre dieselbe. Sie sehen sich an. Was gegenwärtig nachhallt: die impulsive, unangebrachte Begrüßung, das Erschrecken darüber in derselben Sekunde, dann, in der nächsten, das Beiseitewischen der Irritation. *Diese* Bewegungstriade, immer wieder: Durchstoßen, Zurückschrecken, Ignorieren. Dann das verschämte Schweigen, gleichzeitig der Wille, die Gefälschtheiten zu durchbrechen; dann wieder die Unfähigkeit, die Blicke der beiden richtig zu deuten, die doch, ich weiß es, etwas wissen. Ein Teil der Nerven ist sich dieser Inkongruenz bewusst und zittert still, das Bewusstsein selbst aber ignoriert sie leider. Eine Angespanntheit, eine Szene wie in einem *Film noir*, schöne, tiefe Menschen, und die Intuition, dass etwas ganz und gar nicht stimmt. Die klaren, blauen Adleraugen von Clemens, der sich hieran nicht erinnern wird; die Schönheit des namenlosen Mädchens, die dies nie lesen wird; und die seltsame Unehrlichkeit, die ich aus ihren Worten heraushöre, die ich der ganzen Situation ablausche, ohne selbst ein Detail dieser Verschobenheit, dieser Lüge benennen zu können, ohne zu ahnen, woher die Unehrlichkeit eigentlich kommt.

Das Detail bin natürlich ich. Doch ich weiß es nicht. Der Druck im Kopf, der filmische Regen, die verschwommenen Lichter. Das Zuviel, das Abwesende, auch seiner Augen, und dann erst meiner. Die Vorsicht, die im Umgang mit mir herrscht, die wie Mull alles umwickelt, ein Verhalten, das mich später, bei ähnlichen Situationen, heftiger austicken lassen wird. Die Versetztheit. Der Rückzug, der Vorstoß: der Versuch, das Licht und die undurchdringlichen Auren aufzulösen, diese Heiligenscheine im Regen. Diese «Scheinheiligenscheine», wie ich in meiner Wortversponnenheit sofort denke. Der Regen, die Augen. Die Vergeblichkeit.

Und dann das prosaische Weitergehen. Ich brachte das Mädchen zur Bahn und wankte schnell nach Hause, hörte dort ohrensplitternde Musik, las einzelne Abschnitte aus alten Büchern und neuen Artikeln, schlief ein und schreckte drei Stunden später wieder auf, um loszupoltern.

Jahre später würde mich dieses Mädchen auf einer Tanzfläche ansprechen und fragen, ob ich Schlingensief noch immer kennen würde, oder inzwischen, oder wie, und wenn ich mich nicht täuschte oder täusche, lag ein leichter Spott in ihren Gesichtszügen. Zwischenzeitlich gesundet, hatte ich die Begebenheit zu dem Zeitpunkt allerdings vergessen oder verdrängt, doch nun darauf gestoßen, kam die Erinnerung sofort zurück, und ich wusste nichts zu sagen. Sie lächelte und tanzte davon, und mir wurde bewusst, dass jeder Abend, jede Stunde meines Wahns allesamt unvergessen waren und irgendwo ihre Spuren hinterlassen hatten, immer.

28

So ging es zwei, drei Monate lang. Die fixen Ideen blieben beweglich. Dass das sogenannte Millennium anstand, wiegelte mich zusätzlich auf. Plötzlich verstand ich die bisher als lächerlich abgetane Millenniumshysterie um mich herum und ließ mich sogar davon anstecken, denn offensichtlich war ich ja einer der, wenn nicht gar *der* Urheber dieses schrecklichen Hoaxes. Es schien alles schon lange unterwegs gewesen zu sein; *ich* schien lange unterwegs gewesen zu sein. Versunken grübelte ich nach, seit wann die Menschen mich kannten und beobachteten, versuchte herauszulesen, wann genau dieser Unfall des Weltgeistes passiert war. Ich kaufte mir die damals populären «Chroniken» der Jahre 1987, 1983, 1982, 1979 und 1977, dazu diverse Fischer Weltalmanache, und studierte politische wie kulturelle Ereignisse, rief mir die Lyrics der Popsongs ins Gedächtnis, deutete und sang sie neu. Sie hatten immer schon von mir erzählt! Von überall her hagelte es Ratschläge, Umdeutungen, Befehle und Beschimpfungen. Ich war in einem Knäuel aus Lyrics und Nachrichten gefangen, das mir ständig die widersprüchlichsten Botschaften einflüsterte.

Schnell wurden mir die Jahre 1982 und 1983 zu fixen Ideen. Aus dem Kind, das ich bis dahin war, wurde zu dieser Zeit wohl ein unwillkürliches Experiment der Menschheit. Den Regierungswechsel 1982 sah ich in ganz neuem Licht. Der Suchscheinwerfer des Weltgeistes hatte ja einen kleinen Schlesiernachfahren aus einer Art Ghettosiedlung in Bonn-Bad Godesberg getroffen, der allerdings in ziemlich zerrütteten Verhältnissen groß geworden war, und so schien der konservative Backlash in Richtung Christdemokratie alles andere als ein Wunder. Die Auguren und Chefkommentatoren hatten offenbar Angst, dieser Junge, dieser mit Star-Wars-metaphorischer und eben auch tatsächlicher «Macht» geschlagene Bastard könnte das sich gerade erst mit der eigenen Schuld auseinandersetzende Deutschland einer neuen, noch unsäglicheren Schuld zuführen. Zudem hatte mein zu Alkoholismus und Gewaltausbrüchen neigender Stiefvater Helmut geheißen, und die «Helmut, Helmut»-Rufe bei den Auftritten Kohls wie Schmidts schienen mir nun, im bereits wahnhaften Rückblick, nicht mehr bloßes Politgejohle, sondern verwinkelte Anfeuerungen in Richtung *seiner* lädierten Psyche, hysterisierte Massenchöre, die mich rückwirkend empörten. Ich ging Bevölkerungsentwicklungen nach, studierte Einkommensverhältnisse und den unregelmäßigen Rhythmus der Feiertage. Ständig schleppte ich die Chroniken durch die Gegend, strich in ihnen herum, glich sie mit meinen eigenen Lebensdaten ab und kam zu immer neuen Ergebnissen, die sich weiter und weiter zu präzisieren schienen. Wann genau war meine Mutter in die psychosomatische Klinik eingeliefert worden? Wann hatte meine Ersatzeinschulung in Godesberg noch genau stattgefunden, wann die Flucht aus Aachen? Wann war die Polizei gekommen? Wann war der Tag des blutigen Tennisschlägers gewesen? Ich begann, die eigenen Lebensdaten aus den historischen Ereignissen abzulesen, statt umgekehrt. Und es stimmte alles, stimmte immer wieder, da ich alles auch gerne wieder vergaß, um dann den Deutungsprozess neu aufzunehmen. Hatte bei uns die Hütte gebrannt, stand die ganze Welt in Flammen. Stand die ganze Welt in Flammen, flog unsere kleine Hütte in die Luft.

29

Unter Wasser, in Schemen aus Schall, erdenke ich mir den Anfang meines Lebens, ein Schwall hinein in die Kleinbürgerkomplikation, die sich auflösen wird, bevor mein Gedächtnis einsetzen kann. Kopfüber wird es in die nächste Falle gehen, die dann eine echte ist, mit Schnappmechanismus und ranzigem Käse, mit doppelten Böden, Fallgruben, Nasenblutspuren und den wilden Teufeln von

Haribo. Und im Fernseher ging Helmut Kohl rasant in die Breite.

Monokausalität ist dumm, prinzipielle Antikausalität aber ebenso. Natürlich gibt es *auch* Ursachen in der Kindheit, selbst wenn es mir schwerfällt, sie trennscharf herauszuschneiden, ohne dass sie gleich zur eingleisigen Erklärung des Späteren erstarren.

Die ausbrechende Krankheit hatte einen Fliehenden wieder eingefangen. Die Unruhe und Rastlosigkeit der Kindheit waren zurück. Mit neunzehn war ich ins Studium gegangen, um mir endlich mein eigenes Leben aufzubauen, nach eigenen Prinzipien und Direktiven. Weg, nur weg aus der Enge, hieß es, hinein in die weite Welt des Intellekts und der Literatur, ins Breitbandlernen.

Einmal sahen wir Super-8-Filme aus den Siebzigern, meine Eltern und ich waren dort in Spanien zu sehen, im Urlaub, ich muss, da sie sich dann trennten, noch keine drei gewesen sein, und die Art und Weise, wie meine Mutter mich an der Hand durch die Gegend schleift, mich keine paar Schritte alleine gehen lässt, obwohl ich es doch offensichtlich *will*, wie sie mich immer wieder viel zu fürsorglich und angeberisch und eigentlich schon übergriffig hochhebt und niedersetzt wie irgendein Spielzeug, dabei eitel mit der Kamera flirtet – es entsetzte mich. Meinen Cousins fiel es auch auf, beim Filmeschauen zu Weihnachten, und sie riefen, man solle mich doch mal in Ruhe lassen, «ey», riefen sie, als könnten sie noch eingreifen: «Lasst doch mal den Thomas in Ruhe, Mann.» Ich fasste es nicht, sah meine schweigenden Tanten an, peinlich berührt. *So* war es also gewesen.

Mit dem Knall der ersten Scheidung (nach den Casinoexzessen, Spielschulden, Zuhälterdrohungen, ausgeschlagenen Zähnen) wird die totale Haltlosigkeit gekommen sein, die dann über ein Jahrzehnt jeden Lebensrhythmus verunmöglichte. Fluchtbewegungen standen an der Tagesordnung. Die Verlorenheit meiner Mutter, selbst mit siebzehn aus Polen in ein fremdes und fremdsprachiges Deutschland verpflanzt, übertrug sich auf das mal hysterisch verhätschelte, mal vernachlässigte Einzelkind, das ich war. Dabei war auch sie nur auf der Suche nach einem Flecken Stabilität, warf sich kopflos in die zweite Ehe mit dem alkoholkranken Informatiker, dessen Hang zu gewaltsamen Ausbrüchen sich schon vor der Hochzeit abzeichnete. Aber die Sehnsucht ist blind. Die blutigen Szenen wurden bald häufiger, die Trennungszyklen rasanter; ich musste meine Mutter immer öfter auf eine ungesunde Weise erst schützen, dann trösten und am Ende emotional *bepartnern*, bis das Monster trotzdem wieder in die Familienzelle hereingelassen wurde, um dort nach kurzer Zeit erneut brutal herumzuberserkern. So wird das Vertrauen in den glücklichen Augenblick grundsätzlich zerstört: Aus einem als «Vater» angenommenen Charmeur bricht immer wieder die Bestie hervor, die Mutter erweist sich wieder und wieder als misshandeltes Kind, und das Kind selbst verlernt über all dem zu sprechen und zieht sich immer weiter in sich zurück. Es tröstet und tröstet und wird doch selbst einmal, auf dem Boden liegend, minutenlang getreten. Und das alles auf knapp vierzig kohlebeheizten Quadratmetern im Asozialenviertel.

«Meine Kindheit trägt die Farbe des Wortes *Hämatom*.» So hatte ich es wenige Monate vor dem manischen Schub einer meiner «Samstagnacht»-Figuren in den Mund gelegt, einem erfolglosen DJ namens Pecker, der in seinem Keller zwischen den Genres hin- und hercuttet, ohne je entdeckt zu werden. Ich weiß in etwa, was ich damit gemeint hatte, in der synästhetischen Verschiebung des Effekts, sehe aber auch das Pathos des erstmals Zurückblickenden, für den die eigene Kindheit und Jugend plötzlich objektivierbar werden. Die *Farbe* des *Wortes*: Auf ärztlichen Attesten und Gutachten hatte dieses Wort nämlich oft gestanden, immer wieder hatte es dagestanden, «Hämatom», wohl um dieser Bestie, die sich meine Mutter angeheiratet hatte, ihre Verfehlungen in einstweiligen Verfügungen und im Hinblick auf eine irgendwann endlich zu schaffende Scheidung nachweisen zu können. Ich hatte erst nicht gewusst, was «Hämatom» heißt, mir es aber durch den Kontext erschlossen, der sowieso eine ganz neue Sicht auf die Geschehnisse ermöglichte, einen dritten, objektiven Blick, den eines Arztes, den ich gar nicht kannte, der aber das Leben, das wir hier führten, nüchtern und genau und mit Fachtermini gespickt als ein katastrophales darstellte. Neben den Comics waren das die ersten nachhaltigen Lektüreerlebnisse.

Alles Positive wurde nachträglich vergiftet. «Heidi» etwa, «Heidi» und die Polizei. In Aachen, fünf oder sechs Jahre zuvor, hatte sich mein Stiefvater eines Abends zu mir gesetzt und «Heidi» mit mir gesehen, die Serie, die ich, wie alle, liebte. Wochen vorher hatten sie sich den Videorekorder gekauft, und ich hatte es schier nicht fassen können, dass man damit alles (auch «Heidi»!) immer wieder sehen konnte. Es kam mir wie ein wahres Wunder vor: dass das Glück nun unendlich reproduzierbar wäre. Da ich sonst während dieser Zeit, und zwar zu meiner Freude und Erleichterung, eher vernachlässigt wurde (mein biologischer Vater hatte aus dem Nichts heraus einen Prozess angestrengt, um mich «aus diesen Verhältnissen» herauszuholen, und war dann, als das nicht gelang, wieder ins Nichts zurückverschwunden, und meine Mutter hatte weinend mit dem Schreiben in der Hand gefragt: «Du bleibst doch bei mir?»), war die

Zuwendung, die mir mein Stiefvater an diesem Abend entgegenbrachte, überraschend und befremdlich. Wo war denn meine Mutter? Keine Antwort. Wir saßen im Stockdunkeln, nur der Fernseher strahlte knallbunt in diesen japanisch aufgemotzten «Heidi»-Farben, und sahen wortlos Folge für Folge. Er hatte den Arm um mich gelegt und streichelte mich. Diese Nähe war neu und falsch, und dennoch genoss ich sie. Ich verstand nicht, dass er einfach wieder, wie so oft, volltrunken und vielleicht noch dicht von den Tabletten war, selbst wohl trostbedürftig, hatte noch nicht mitbekommen, dass es zuvor unten in irgendeinem Partykeller einen weiteren Aufruhr gegeben hatte, dass er ausgerastet war und meine Mutter und die Nachbarn bedroht, vielleicht auch geschlagen hatte. Lange dauerte die Session, ich roch seinen süßlichen Alkoholatem, den ich als solchen noch nicht identifizieren konnte. Dann klingelte es, und die Polizei stand vor der Tür. Großes Geschrei. Sie wollten ihn mitnehmen in ihren Uniformen, die Nachbarn standen dahinter, es gab eine Rangelei, Worte und Widerworte, meine Mutter weinend dazwischen. *Diese* Klangkulisse. Und ich war wieder allein mit «Heidi», die nun sehr anders aussah.

So ging das immer wieder. Jede Zuwendung verlor im Rückblick ihren Wert. In dieser Zeit flohen wir auch zu zweit aus Aachen nach Bonn zurück, kamen zunächst bei meinen Großeltern, dann in der baufälligen Wohnung unter, in der wir im Folgenden jahrelang leben sollten – und in die mein Stiefvater absurderweise bald wieder einzog, zu meinem Entsetzen («zu Hause gibt es eine Überraschung», sagte meine Mutter auf dem Weg zurück von meinen Großeltern, schon wieder war Weihnachten, «ich weiß nicht, ob du dich freust oder nicht»). So verlor auch diese Flucht ihren Wert und Zweck. Es hatte einfach keinen Sinn, schien es, vor irgendetwas fliehen zu wollen. Es kam eh als Unvermeidlichkeit zurück, unausweichlich saß der Typ wieder zu Hause, nicht wegzukriegen, und würde bald wieder zum Ekel mutieren, das besoffen auf der Couch lag und die Zigarettenkippen auf den Boden schnippte, eine nach der anderen, um meine Mutter, die die Kippen, eine nach der anderen, weinend aufhob, zu demütigen – und man sollte sich noch drüber freuen. In den nächsten Jahren war dann auch nicht er, sondern ich es, der täglich zwei Eimer Kohlebriketts aus dem Keller holen und dort unten Heidenängste ausstehen musste – unter den Kohlehaufen natürlich unbekannte Leichenteile aus dem Trash-TV, das oben unaufhörlich lief, der ganze Keller voller Mörder aus der EXPRESS-Zeitung, die ich jeden Morgen aus dem Zeitungskasten klauen musste, und der geschwungene Endstumpf des Treppengeländers aus einem bestimmten Winkel selbstverständlich immer der Schädelansatz eines alten, quer um die Ecke lugenden Dämons mit seinen verschwitzten Haaren an der fahlen Stirn. Erst die Lektüre von Stephen Kings «Es» ein Jahr darauf erlöste mich davon. Ist der Horror Fiktion, wird er zur Befreiung.

«Wir waren krank damals», sagte meine Mutter später. Sie meinte wohl die Schlaftabletten, die beide in Unmengen geschluckt hatten: *Lexotanil*. Auch so ein unverstandenes Wort meiner Kindheit.

30

Halber Mensch! Geh weiter. Ich blieb auf dem Kamm der Welle, die mich ritt. Kopierte unterschiedslos Hunderte Flugblätter, darauf William-Blake-Gedichte und «Spex»-Interviews, die ich in Charlottenburg verteilte, drückte dem vorbeirauschenden Diedrich Diederichsen die Kopie eines seltsamerweise mit ihm selbst geführten Interviews in die Hand, Diederichsen, der erst interessiert, dann nichts wie weg war, weil er einen Verrückten als solchen erkannt hatte; stob weiter durch die Bezirke, in die Partys, sprach fremde Leute an, da ich sie aus dem Netz zu kennen meinte, und beharrte selbst bei Verneinung der Bekanntschaft darauf, dass sie gerade wegen der Art der Verneinung dieser und jener wären – eigentlich eine irre Verwechslungskomödie, die sich da abspielte, nur war der Witz mehr als umzingelt.

Komm raus! Den Flur eines Wohnhauses stattete ich mit eddingbeschrifteten Papieren aus, was einen ersten Polizeieinsatz zur Folge hatte, da diese paranoiden Grüße wohl gefühlten Bedrohungen gleichkamen. Bei einem Treffen von irgendwelchen Literaten schoss ich ungefiltert Witze in alle Richtungen ab, kam dann mit in die Paris Bar, wo ich einen Kulturjournalisten in einen Lachanfall hineinbrabbelte, und brach später im Taxi mit einer Grafikerin in Tränen aus. Sie steckte mir ihren Anteil an der Fahrt zu und sah mich erschüttert an, bevor sie ausstieg. Einer neben mir sitzenden Austauschstudentin im ZEDAT, deren E-Mail-Adresse ich flüchtig mitlas, schickte ich schnell eine Mail, die eigentlich für jemanden anders bestimmt war, was sie als Aktion aber unglaublich witzig fand, und bei der Zigarette draußen spürte ich ihr Interesse, mehr als nur die Telefonnummern auszutauschen. Aber mir lag gerade nichts daran. Stattdessen driftete ich in fast schon heilige Sphären ab, surfte metaphysisch davon, auf der Suche nach dem nächsten Hinweis in diesem prallen, grausamen Sommerrätsel. Ich flüchtete aus Dahlem, enterte die S-Bahn, stampfte durch das Abteil, redete wirres Zeug und verteilte weiter meine

Flugblätter mit kopierten «Spex»-Interviews, Sinnsprüchen und Novalis-Philosophemen. Später bezeichnete mich ein Typ, der mich auf einem dieser Streifzüge beobachtet hatte, bei einem Umtrunk als «komischen Vogel», so sagte er es zu seiner Freundin: «Schau, Lara, das ist der komische Vogel, von dem ich dir erzählt hab.» Das fand ich toll oder offen oder sonst was, und ich zog Andreas heran und meinte, er müsse nun unbedingt diesen Menschen kennenlernen, der mich hier als «komischen Vogel» bezeichne. Die beiden sahen einander wortlos an, dann wandte Andreas sich mir zu und fragte: «Warum?» Als ich nichts sagte, wiederholte er die Frage schulterzuckend: «Warum?» Er hatte recht. Ich wusste nicht, warum. So eine nebensächliche Frage nach dem Grund kann einen kurz auf den Teppich holen. Die kleine Gruppe löste sich wieder auf.

Delfine sprangen mir aus dem Mund, und farblose, grüne Ideen schliefen wieder furios. Magda und ich besuchten eine Lesung des popkulturellen Quintetts «Tristesse Royale», allerdings hatte ich Adornos «Minima Moralia» und mein «Samstagnacht»-Manuskript in der Tasche dabei, war also speziell gewappnet. Ich rauchte, mit Magda an einem Cafétisch sitzend, eine Zigarette und aschte in das Adorno-Buch ab, mit der skurrilen Begründung, ich würde hier und jetzt gerade verbrannt. Die Aussagen der Popliteraten vorne auf der Bühne rechnete ich ständig um in die Botschaften, die sich hinter dem Oberflächengetöne verbergen mussten. Magda war völlig ratlos und verstummte. Die Leute sahen verstört zu uns rüber. Nach der Lesung überfiel ich die zusammenstehende Autorengruppe, wiederholte Alexander von Schönburgs Nachnamen laut, da er für mich ein auf so frappante Weise sprechender Name war, tippte Christian Kracht an, der mich, als ich meinen Namen nannte, umarmte, um dann erschrocken wieder zurückzuweichen und zu sagen: «Aber du bist ein Arschloch.» Das gefiel mir, das war krachtianisch, und ich bot ihm laut redend mein Manuskript an, das er jedoch nicht haben wollte. Auch das gefiel mir, und ich lachte brüsk auf, warf das Manuskript auf einen Cafétisch und verschwand.

Ständig dabei, immer wieder im Versuch, mich einzufangen, abzudämpfen, zurückzuholen: die Freunde. Und tatsächlich brachte es etwas, wenn einer der vertrauten Menschen neben mir stand. Meine Thesen wurden durch ihre Nachfragen abgefedert oder verloren durch Wiederholenmüssen einen Teil ihrer Drastik; sie wurden schaler und mussten nicht mit Wucht hervorgepprescht werden, jedenfalls nicht in den nächsten fünf Minuten. Zudem wurde ich von ihnen abgeschirmt vom Rest der Welt. Ich konnte meinen Ballast vorübergehend loswerden, ohne dass es gleich zum sozialen Desaster ausartete. Kurz war es gut.

Einmal saß ich mit Lukas auf einem Spielplatz, im Rücken eine Party, auf der ich gewettert hatte. Lukas hatte mir ein Bier in die Hand gedrückt und mich aus den Partyräumen weg auf diesen dunklen Spielplatz gelotst, wo wir nun auf zwei Schaukeln saßen und tranken, ganz wie in der «Truman Show». Seine schlauen, milden Augen wurden von der Brille verkleinert, darin das Mondlicht wie eine erleuchtete Doppelung der Pupillen. Die Schaukelpferde mit den Stahlfedern untendrunter standen still und lauschten, der Sand knirschte unter den Schuhen. Ein Redeschwall brach aus mir hervor, in dem ich zeterte, dass ich immer schon betrogen worden sei, dass dies alles eine große, unsägliche Scheiße sei, dass ich überhaupt nicht wisse, wie man so leben solle. Aber es war mehr Verzweiflung als Wut, die aus mir sprach, und in meine Tiraden mischte sich bald ein Schluchzen. «Wie soll man auch leben, wenn alles von vornherein ein wahnwitziger Betrug ist, wenn man immer nur beschissen und verraten und verkauft wird?» Ich heulte. Lukas wusste nichts zu sagen – es war schon zu spät, der Paranoia zu widersprechen –, und als er mir still zum Trost die Hand auf den Rücken legte, füllten sich auch seine Augen mit Tränen, obwohl er zu lächeln versuchte.

31

So verglühten die Nächte, Tage und Wochen. Ich klaute, raste, schrie. Das Außenbild war erschreckend und bizarr: Ein begeisterungsfähiger, aber auch introvertierter Charakter explodierte plötzlich in tausend Albernheiten, warf mit hirnverbrannten Hypothesen nur so um sich, stürzte von einer Seltsamkeit in die nächste, war nach innen abgeriegelt, nicht mehr erreichbar, um äußerlich umso präsenter abzugehen. Außen war Psychofasching, innen wüteten Geschichtsparanoia und semantischer Wahn, die sich unzertrümmerbar verfestigt hatten. Ich war also wirklich ein Experiment der Menschheit, der langerwartete Messias, der sich aber als ganz normaler Mensch herausgestellt hatte und somit allen Religionen den Garaus machte, allen Teleologien auch. Wir waren durch meine Normalität in ein neues, vernunftgeleitetes Paradies eingetreten, das Mythos und Aufklärung versöhnte, um dessen Möglichkeit und Ausdeutung täglich gekämpft wurde, mit tatsächlichen Waffen und Toten auf allen Seiten. Eigentlich eine trockene Pointe: Nietzsche hatte Gott nicht totschreiben können, doch ich hatte ihn in meiner Ignoranz einfach totgelebt.

32

Da dieses Weltbild in allen drei Großmanien, die mich ereilten, mehr oder weniger identisch wieder auflebte, soll es hier skizziert werden. Ich habe es bereits in meiner Kurzgeschichte «Dinosaurier in Ägypten» aus der Innenperspektive geschildert, dort jedoch mit der nachgestellten, künstlerisch fingierten Hektik des Manikers samt seiner Beispielssucht und allen sonstigen Unverständlichkeiten. Hier geht es aber um Verständlichkeit.

Ich vermutete eine heimliche Weltgeschichte, eine geheime Überlieferung seit Urzeiten, eine Wahrheit, die so allumfassend und unsäglich war, dass sie mir nicht eröffnet werden durfte, dass ich selbst auf sie kommen, den Bewusstseinssprung alleine vollführen musste. Wann genau es passiert war, könnte keiner wissen. Über die Jahrhunderte hätte sich aber, so meine Erklärung, eine Messiaserwartung ganz ähnlich der jüdischen aufgebaut, ohne sich auf eine Religion oder einen bestimmten Kulturkreis zu beschränken. Flüsternd und in Metaphern wurde weitergegeben, dass da einer kommen würde, und zwar um den Jahrtausendwechsel herum. Diese geheime Eschatologie, so stellte ich es mir vor, durchzog schon seit Jahrhunderten alle Texte, Lieder und Bilder. Es war eine vieldeutige Art des Sprechens, genau wie die, mit der ich erst kürzlich im Internet Bekanntschaft gemacht hatte. Es *war genau* diese Art des Sprechens, denn sie durchzog mehr oder weniger alle Äußerungen, vom arglosen Kauf von Zigaretten am Kiosk bis zu Goethes zweitem Faust, und deshalb konnte ich nun auch in Texten, Filmen, Bildern aus Zeiten weit vor meiner Geburt Hinweise auf den dunklen, verworrenen Komplex finden. Messiaserwartungen hatte es immer wieder gegeben, aber dieses Flüstern, dieses *Einer-wird-kommen*, das die Mütter wohl schon ihren Kindern ins Ohr sangen, es hatte sich viel zäher als die bisherigen Prophezeiungen über die ganze Welt verbreitet. Träge war eine Hysterie angewachsen, deren wahres Ausmaß man erst in einem irren Zeitraffer würde erkennen können. So träge war der Prozess, dass die Leute gar nicht mehr wussten, welche Hysterie im Kern aller Dinge schlief.

Ein Wettlauf um die Ankunft hatte stattgefunden, und Hitler war es natürlich, der, ähnlich wie Stalin, dieser Ankunft eine neue Welt errichten, der die Ankunft vorwegnehmen wollte, um alle Eventualitäten im Rahmen des «Tausendjährigen Reiches» auszuschalten und gleichzeitig jegliche Messiaserwartung in sich aufzuheben. Letztlich hatte Hitler nämlich gedacht, er wäre ich – so ich in meinem Wahn. Dass er damit den Fokus der Welt auf diesen verkopften und schwärmerischen Flecken namens Deutschland richtete, war sein Sieg und seine Niederlage zugleich. Denn anstatt die Messiaserwartung abzutöten, hatte er sie nur weiter angeheizt. Und eine weitere Konsequenz hatte dieser vorzeitige Wahn: In meinem Namen war das größte Menschenverbrechen seit je begangen worden, noch bevor ich überhaupt geboren war.

Wie man sich vorstellen kann, ist die Rolle eines solchen perfiden Messias keine leichte. Plötzlich dreht sich alles um einen selbst, und um all dem nicht mit dem Messer schnell ein Ende zu setzen und sich zu opfern (was gleichzeitig, so ahnte ich, eine unglaubliche Dunkelheit der Welt nach sich ziehen würde, Endkrieg und Apokalypse, Sodom und Gomorrha), geht man im Pop auf. Pop feiert den Augenblick und lässt die Implikationen der Paranoia weniger schmerzhaft erscheinen. Ich glotzte MTV, sezierte die Anmoderationen der radioaktiv strahlenden Gesichter und nahm noch den seichtesten Song mit großer Anteilnahme auf. Trotzdem war mein Geschmacksempfinden nicht völlig hinüber: Bestimmte Erzeugnisse gingen mir noch immer wahnsinnig auf die Nerven, etwa ein Hit namens «Blue», in dem von einem Mann die Rede war, der blau ist, in seinem blauen Zimmer in einer blauen Welt lebt und «I'm blue dabahdi dabahda» singt, eine Vereinfachung meiner Situation, die sich dummem Hohn und blanker Geldmacherei verdankte. In anderen Songs dagegen, etwa Mobys «Why Does My Heart Feel So Bad», entdeckte ich das melancholische Pathos, das meiner ausweglosen Lage eher entsprach und mich zu Tränen rührte. Überhaupt holte ich alte CDs hervor, warf sie in den Player und hörte sie neu ab. Alles hatte eine verschobene Bedeutung. Die CDs und Bücher bedeckten den Fußboden. Die Filme und Clips liefen im TV. Alles sendete durcheinander. Mein Zimmer verkam.

33

Was aber würde zum Millenniumswechsel passieren? Es war ja wirklich, vom bloßen Datum her, eine massive Zeitenwende, die mich langsam, aber sicher mit Jesusanalogien befeuerte. *Two thousand zero zero, party over, oops, out of time*, so hatte Prince es gefasst, und tatsächlich überkam mich das Gefühl, schon vor der Zeit aus der Zeit katapultiert worden zu sein. Musste denn jeder, der diesen Weltunfall verstanden, ihn in seiner Verrücktheit gefasst hatte, derart ausflippen, und nur ich war der Letzte in der Reihe? Hatte sich Werner Schwab deshalb totgesoffen? Sarah Kane sich deshalb umgebracht in der Psychiatrie? Hatte Rainald Goetz, eigentlich doch ein vielversprechender Arzt, sich deshalb die Stirn aufgeschnitten, war ausgerastet und, feuilletonkontrollierend, nie wieder eingerastet? Hatte

Thomas Pynchon denn wirklich meine Ankunft mit «V.» gemeint? Überhaupt, Pynchon, er hatte es so viel besser gemacht mit seinem Verschwinden, seinen halluzinogenen und doch so klarsichtigen Dystopien. Und hatte sehr wohl in «Vineland» optimistischere Töne angeschlagen, wie ein Tübinger Dozent mir zwei Jahre zuvor augenzwinkernd bestätigte – klar, denn das große Monstrum, das da schon lange (wie lange?) am Horizont stand, hatte sich einfach nur als kleiner Dichterlehrling herausgestellt, nicht, wie befürchtet, als besinnungsloser Diktator oder größenwahnsinniger Religionsstifter. Die Menschheit konnte also nicht ganz so schlecht sein.

Wir sind Lockvögel, Baby!, so rief es mir allenthalben zu. Wieso war das Jahr 1982 denn so katastrophal gewesen? Ich hatte die Traumata doch alle, ohne mit der Wimper zu zucken, weggesteckt! Spontan ging ich zum Literarischen Colloquium, sprach dort nach einer Lesung mit Bret Easton Ellis, versuchte, etwas aus ihm herauszukriegen, und gestand dann, wie schwer es für mich sei, die Last von «American Psycho» alleine zu tragen. Der Kapitalismus ist beseelt, sagte ich zum Leiter des Literarischen Colloquiums am Telefon, und er stimmte mir zu.

Als ich kein Geld mehr hatte, fiel ich in die Läden und Kulturkaufhäuser ein und klaute mir, ohne es auch nur im Geringsten zu vertuschen, endlich all die CDs und Bücher, die mir doch seit Langem zustanden, da sie intentional auf mich zugerichtet waren, da sie einfach mich meinten und eh, seit meinem Austin-Aufenthalt 1996, von mir kontaminiert und beeinflusst waren. Sie hatten mich alle beklaut, aber im Sinne einer Huldigung. Denn natürlich waren nicht nur jüngst meine Texte im Internet millionenfach vervielfältigt und übersetzt worden, sondern schon die experimentellen, englischsprachigen und damit eigentlich potenziell jedem Weltenbürger verständlichen Kurzgeschichten, die ich im Rahmen eines Creative-Writing-Kurses bei dem pakistanisch-amerikanischen Schriftsteller Zulfikar Ghose geschrieben hatte (und die meine jetzige Geworfenheit schon auf unheimliche Weise vorwegnahmen – dieses Sehertum!) – schon sie waren kopiert und verteilt worden, waren über schnelle Datenautobahnen nach Deutschland zurückgekehrt und hatten sich von dort weiter in die ganze Welt verstreut, um zu einem geheimen Kanon zu werden, auf den sich alle bezogen. Selbst den Fantastischen Vier hörte ich genauestens zu auf ihrem nicht zufällig so betitelten Album «4:99», jede Zeile eine Anspielung, jeder Reim ein Gruß. Trent Reznor kam aus seiner misanthropischen Isolation heraus und wusste mit «The Fragile» bereits, was mir dunkel blühte, denn er hatte es alles schon für mich durchlebt. Ich konnte nicht aufhören, mir seine Musik reinzuwummern, feuerte mit Bier nach, fasziniert und verloren in diesem neuen Kosmos, der mich umschloss. Ich wurde selbst immer hysterischer, je näher die Jahrtausendwende rückte.

Aus fahrigem Aktionismus fuhr ich nach Bonn, um dort vielleicht Antworten zu finden. Der Rhein, im Gegensatz zur lächerlichen Spree ein amtlicher Fluss, beruhigte mich vorübergehend. Meine Mutter erlitt einen halben Nervenzusammenbruch, als ich ihr weismachen wollte, dass der Schlagersänger Patrick Lindner in einer Talkshow mit seinem adoptierten Sohn eigentlich mich meinte. Die Leute im Fernsehen kamen mir sehr verändert vor: Ihre Augen glänzten fast schon drogenbesoffen, nein, sie waren alle wirklich auf irgendeiner Droge, oder sie freuten sich heimlich, still und leise, dass die Prophezeiungen jetzt endlich wahr würden, dass ein neues Paradies in Sichtweite war. Man konnte es an ihren verliebten Augen ablesen.

Überhaupt, die Liebe, die Liebe und der Sex. Die Liebe fand ich überall, nur war ihr auch der Hass als Tarnung und Gegengewicht beigesellt, damit ich vor lauter Liebe nicht ersticken würde. Bei mir selbst fand eine Inversion statt: Was ich bisher geliebt hatte, zerstörte ich. Die Nächsten wurden dabei zu den Fernsten, die Fernsten zu den Nächsten. Während enge Freunde und Partner plötzlich wie infame Verräter wirkten, gab es Distanzprojektionen, die ich vornahm, die mich bedrängten – gerne in Form von Büchern, Songs, Filmen, Artikeln. Alles bisher Gelebte und Geliebte falsch, so lautete die fixe Idee, und nur im Unbekannten, das mich aus der Ferne bestaunte, das ich bebend zurückbestaunte, war eine Form der Unschuld zu vermuten.

Und der Sex? Ich kam mir immer mehr wie ein Fetisch vor. Wenn alle mich kannten und über mich nachgedacht hatten, noch immer über mich nachdachten, so musste ich wohl auch in fremden Liebesverhältnissen und Sexabenteuern eine Rolle spielen. SM-Praktiken bezog ich plötzlich auf mich; die perversesten Spielarten der Liebe waren im Rahmen dieser monumentalen Verzerrung, deren Zentrum ich darstellte, nur Varianten des Versuchs, mit der abnormen Geilheit, diesem tausendfachen Echo der Körper zurechtzukommen. Und wer aus den Pornos seinen Namen gestöhnt heraushört, ist natürlich davon überzeugt, alle Frauen der Welt haben zu können, wenn er nur wollte. Aber ich durfte nicht; ich war inzwischen eine Art Heiliger. Später sah das anders aus.

Aids dagegen war erfunden, ganz sicher, es gab diese Krankheit gar nicht. Sie war eine Medieninstallation, die die Welt vor einem bestimmten Effekt schützen sollte. Doch vor welchem? Und was folgte daraus? Würden sich die angeblichen Aids-Toten jetzt, zum Millenniumswechsel, endlich wieder zeigen?

Vor Weihnachten baute Lukas zunächst mein Modem aus dem Computer aus, damit ich keinen Unsinn mehr im Netz verzapfen konnte, und überzeugte mich darüber hinaus, erneut in die Psychiatrie zu gehen. Wieder riss ich nach kurzer Zeit aus – ein Muster, das sich über die Jahre wiederholen würde. Schneller und schneller tickte die Uhr, Silvester stand bevor. Ich schrieb, in Internetcafés sitzend, neue Sachen ins Netz, in den verschiedensten Foren, um zu untersuchen, wie sich Intervalle und Stärkegrade der Effekte und Reaktionen unterschieden. Die normalen Nachrichten konnte ich kaum mehr lesen, und wenn, riefen sie sofort Fehldeutungen und Trotzreaktionen hervor. Alles war nur noch ein großer Mumpitz, ein megalomanisches Theater, ein völlig entleertes und nur mit mir und also mit nichts angefülltes Medienspektakel. Denn was wussten die Leute schon wirklich von mir? Ich versuchte, das alles zu ignorieren, so wie ich es doch die Jahrzehnte zuvor ignoriert hatte. Aber es war mir nicht mehr möglich.

34

Am Silvesterabend feierten wir zusammen. Wir saßen in einer Runde, ich sagte wenig, verstand das Meiste falsch. Der Druck im Kopf war immens. Jemand kam auf die Idee, den ein Stockwerk tiefer wohnenden Ben Becker herauszuklingeln, und das machten wir. Sehr fleischig, cool und fertig hing er im Türrahmen und brummte was. Mehr weiß ich nicht mehr. Nur dass ich verlorenging irgendwo auf dem Weg zu einer Party im *Leisesten Club der Welt*, wo

Aljoscha auflegte, den ich nur flüchtig kannte, das weiß ich noch. Und dass die Rauchschwaden sich zu einer einzigen, verbrannt riechenden Nebelwand vereinten in Berlin-Mitte, durch das ich ziellos irrte, das dunkle Weiße vor den Augen. Und dass ich vom Rücktritt Jelzins erfuhr und dachte: Jetzt, wo ich da bin, tritt er zurück, denn er weiß, Amerika hat endlich gewonnen. Sollte er also Wodka saufen. Ich tat es ja auch.

35

Ein fast schon tragischer Bonus der Krankheit ist in meinem Falle, dass so vieles plötzlich erklärbar schien: die Verstocktheit der Leute, die Hemmungen auf beiden Seiten, die Unschärfen, die Affronts. Meine Beziehungen zu anderen Menschen waren vorher derart verkeilt gewesen, meine Grundkonstitution so einsam, dass mit den neuen, kranken Rahmendaten endlich verständlich wurde, was schieflief. Wer konnte unter diesen Umständen auch ein normales Verhältnis zu mir haben! Und all die Grausamkeiten der Kindheit, die überstürzten Umzüge, das Verstummen – jetzt wurde klar, wieso sich alles so kompliziert und katastrophal entwickelt hatte: wegen des Unfalls der Welt! Diese Erklärung fiel dann in nichtpsychotischen Zeiten natürlich wieder weg, und alles war so verdreht und einsam wie zuvor, nein, noch verdrehter, noch einsamer. Nun hatte sich zu dem ganzen unheilvollen Komplex noch eine handfeste psychische Krankheit gesellt.

36

Ende Januar folgte der Zusammenbruch. Ich war inzwischen nach Prenzlauer Berg umgezogen (wie ich das angestellt hatte, wissen vielleicht Robben & Wientjes) und wohnte in einem kleinen, komfortablen Einzimmerapartment, in dem ich ruhiger wurde. Das gewohnte Denken setzte wieder ein, und mit ihm auch die Erkenntnis, dass alle meine Annahmen der letzten Monate falsch gewesen waren, nicht nur falsch, nein: völlig irrsinnig. Diese Erkenntnis kam Stück für Stück. Erst merkte ich, dass manche meiner Unterstellungen der Welt gegenüber einfach nicht stimmen konnten, dass die ganze größenwahnsinnige Gegengeschichte, die ich um mich herum gesponnen hatte, unter weniger hektischen Umständen einer Prüfung nicht standhielt. Es brauchte zwei, drei Tage, und die Paranoia zerfiel wie kalter, nasser Schaum. Ich wurde wieder klarer. Die Überfeuerung der Neuronen hörte auf und schlug in ihr Gegenteil um. Die vorher überzähligen Botenstoffe im Kopf machten sich rar und erstarrten. Das Hirn fuhr herunter, die Seele verfinsterte sich und wurde plötzlich von einer allumfassenden Trauer zersetzt. Was war bloß passiert?

Ist man das erste Mal mit einem solchen Zustand konfrontiert – aber was heißt «konfrontiert», er steht ja nicht isoliert vor einem, sondern bemächtigt sich restlos der ganzen Person – ist man also das erste Mal von einem solchen Zustand befallen, weiß man nicht ein noch aus, kann überhaupt nicht damit umgehen. Die Situation ist völlig unbekannt, ein grausames Novum, und dem Erkrankten fehlen noch jegliche Kategorien für das, was er da erlebt. Was ist das? Ist das eine Depression? Wieso so heftig, wieso so krass und schmerzhaft? Je klarer er wird, desto dunkler sieht der Erkrankte die Welt, und das wiedererlangte Bewusstsein impft ihm mit der Erinnerung überdies noch eine unsägliche Scham ein, die ihn stündlich tiefer und tiefer hinabziehen wird.

37

Man kann sich nämlich kaum ein schambesetzteres Leben vorstellen als das eines manisch-depressiven Menschen. Das liegt daran, dass ein solcher Mensch drei Leben führt, die einander ausschließen und bekriegen und beschämen: das Leben des Depressiven, das Leben des Manikers und das Leben des zwischenzeitlich Geheilten. Letzterem ist nicht zugänglich, was seine Vorgänger taten, ließen und dachten. Der zwischenzeitlich Geheilte (zwischenzeitlich, denn diese Störung ist eine lebenslange Krankheit, von der der Betroffene nur hoffen kann, dass sie möglichst selten ausbricht) wandert zerfetzt durch die Gegend und kann sich nur über das Schlachtfeld wundern, das hinter ihm liegt. Ändern kann er es nicht, obwohl der Maniker, der da gewütet hat, und der Depressive, der da siechte, zwei Versionen seines Ichs sind, die ihm nun völlig fremd werden, die er mit seinem jetzigen Ich (aber wer ist er überhaupt?) nur qua Erinnerung, aber kaum qua Identität verbinden kann. Und doch, es ist nicht von der Hand zu weisen: Er war es. Er war all die Taten und Katastrophen und Lächerlichkeiten, er war die Exzesse und Fehleinschätzungen, die Obsessionen und Nullsätze, die Hausverbote und Selbstmordversuche, die Peinlichkeiten, das Wüten, der Kollaps. Er war der Rowdy, dann die Leiche. Und jetzt ist der Bipolare der Entfremdete schlechthin.

Der Maniker ist dabei naturgemäß der lauteste Krakeeler gewesen, und die Scham verdankt sich vor allem seinen hirnverbrannten Taten. Was ein Arschloch! Was ein Narr. Fetzte durch die Stadt, auf der Suche nach dem nächsten Schwachsinn, noch ein peinlicher Auftritt mit Zwischenrufen, noch ein abgerissener Außenspiegel, ständig im Sprachgewirr, das nur ihn meinte, ständig angesprochen und verunglimpft von Dingen, die nichts und alles mit ihm zu tun hatten. Geladen vom Neuronenfeuer und der Fehldeutung jedweder Welt, identifizierte er sich mit Sextoys, Filmplots und historischen Schlachten. Der Maniker, zumal mit schizoiden Anflügen, erstickt im Kampf gegen das Wahnsystem, das er ist, das mit einem Fehlgefühl begann, einer falschen Bezugnahme, die zwei unwahre Schlüsse nach sich zog und drei irre Vermutungen, eine Dynamik, die in fünf Minuten die ganze Welt umstülpen kann. Dann geht er ab, in meinem Fall für viele Monate, und löst sich auf in einem Gewirr aus Zeit und Wahn. Und am Ende sind Ruf und Leben ruiniert.

Anders freilich der Depressive. Der liegt auf dem Scherbenhaufen und wagt nicht mehr, sich zu bewegen. Er kann sich auch gar nicht mehr bewegen. Nach dem Shutdown aller Funktionen ist jeder Tag ein Nichts, das Vegetieren reduziert sich auf den bloßen Kampf gegen den Selbstmord, der allerdings auch nicht so billig zu haben ist, denn selbst für den Abgang ist der Depressive zu gelähmt. Jeder Gang ist ein unerhörter Kraftakt, jeder fremde Blick eine Demütigung. Die Erinnerung an den Wahnsinn quält ihn. Und auch hier ist Realismus nicht zu haben. Der Wahn hat sich nur in sein Negativ gewendet. Das Schwarz ist so schwarz, wie es gar nicht sein kann. Doch auch das vergeht und braucht dafür in etwa doppelt so viel Zeit wie die Manie.

Der zwischenzeitlich Geheilte nun steht zwischen allen umgeworfenen Stühlen. Er kann sich selbst nicht mehr über den Weg trauen, wandelt auf schmalstem Grat und hofft nur, dass die Medikamente um Himmels willen wirken mögen. Der Geheilte hat in sich einen, ich schrieb es schon, auf den er nicht bauen kann, und nicht nur einen, nein, viele, ein ganzes Heer aus unsicheren Kantonisten und ewigen Deserteuren. Und wenn er sich ganz ehrlich ins Gesicht blickt, ohne Verdrängung und Verstellung, in diesen ungeputzten, versifften Spiegel, dann ist sein Leben, so wie er es sich vorstellte, vertan, verpfuscht und nicht mehr auffindbar. Und ein anderes ist noch lange nicht in Sicht.

Wenn Sie manisch-depressiv sind, hat Ihr Leben keine Kontinuität mehr. Was sich vorher als mehr oder minder durchgängige Geschichte erzählte, zerfällt rückblickend zu unverbundenen Flächen und Fragmenten. Die Krankheit hat Ihre Vergangenheit zerschossen, und in noch stärkerem Maße bedroht sie Ihre Zukunft. Mit jeder manischen Episode wird Ihr Leben, wie Sie es kannten, weiter verunmöglicht. Die Person, die Sie zu sein und kennen glaubten, besitzt kein festes Fundament mehr. Sie können sich Ihrer selbst nicht mehr sicher sein.

Und Sie wissen nicht mehr, wer Sie waren. Ihre Taten sind Ihnen fremd, obwohl Sie sich an sie erinnern können. Was sonst vielleicht als Gedanke kurz aufleuchtet, um sofort wieder verworfen zu werden, wird im manischen Kurzschluss zur Tat. Jeder Mensch birgt wohl einen Abgrund in sich, in welchen er bisweilen einen Blick gewährt; eine Manie aber ist eine ganze Tour durch diesen Abgrund, und was Sie jahrelang von sich wussten, wird innerhalb kürzester Zeit ungültig. Und danach fangen Sie nicht bei null an, nein, Sie rutschen ins tiefste Minus, und nichts mehr ist mit Ihnen auf verlässliche Weise verbunden.

Wer hätte die Kraft, daraus etwas Neues zu zimmern?

38

Ich sitze da und bin ein Gegenstand. Ich gehöre nicht mehr zur Klasse der Menschen, sondern zu der der unbelebten Gegenstände, Dinge, Objekte: seelenlos und tot. Die Menschen um mich herum sind, obwohl ich es besser weiß, ebenfalls nur noch unbelebte Gegenstände. Ihre Worte, wenn es noch welche gibt, erreichen mich kaum. Ich weiß, es ist nicht so, aber ich kann es nicht anders fühlen. Ich bin aus Holz, aus Stahl, aus Plastik, meine Adern sind Kabel. Ich kann nichts mehr spüren außer Trauer. Das Universum, in dem ich sitze, ist winzig und regungslos kalt. Die Lüftungsanlage summt wie in einem Film von David Lynch, ein gefühlloses, leeres Hintergrundrauschen. Ich gehe auf die Toilette, die Lüftung schaltet sich an und kündet von nichts. Ich höre sie immer, sie ist wie ein zwanghafter Spottreflex, der keinen Gegenstand hat. Vorher hörte ich sie nicht. Vorher war sie auf der anderen Seite. Jetzt bin ich bei ihr.

Ich bin vierundzwanzig, aber die Zeit ist verloren, und ich in ihr. Die Zeit ist entweder nicht da, ein beängstigendes Vakuum, in dem nichts passiert, oder sie ist ein spröder Stoff, der sich um mich schließt und mich langsam betäubt. Die Wohnung steht feindlich und still. Ich wollte nicht hierhin. Wie bin ich hergekommen? Die Wohnung ist ein feindlicher Hort, den ich knochenloser Parasit kaum verlassen kann, denn dann muss ich in die Sonne, die mich blendet, und unter die Menschen, die, wenn ich sie denn als lebendig erkenne, in einer anderen, nicht erreichbaren Welt leben, hinter Glas, in anderen Dimensionen anscheinend, von völlig fremder Art und Konstitution. Ich kenne es aus der Ferne, wie es ist, wie sie zu sein. Heute ist es ein Ding der Unmöglichkeit.

Ich schäme mich in Grund und Boden. Lasse ich es zu,

versinke ich ganz in dieser Scham. Und ich muss es zulassen, denn ich kann mich nicht wehren. Ich verschwinde stündlich in dieser Schande. Augenblicke schwappen hoch, morbide Gedankenstränge, Fehlgedanken, Fehlsysteme. Vor allem immer wieder Momente, Situationen und Aktionen voller Abnormitäten und Lächerlichkeiten. Das alles war ich? Flashbacks, Augenschließen, Schamwellen. Ich kann mich nicht einmal davon distanzieren, kann das eigene Verhalten nicht «bizarr» oder «absurd» nennen, ich kann es nicht objektivieren oder von mir fernhalten, so schwach bin ich. Ich muss es kurz verdrängen, um aufzustehen und in den Kühlschrank zu blicken, der leer ist. In ihm ein Licht, in seiner fahlen Künstlichkeit der Lüftung im Bad verwandt. Es ist alles wirklich, wirklich tot.

Ich sitze da. Ich bin nichts. Etwas sitzt da und ist nicht mehr.

39

Der Frühling kam, die erste Staffel *Big Brother* lief längst. Ich konnte mich noch deutlich daran erinnern – vor ein paar Wochen erst war das gewesen –, wie ich die schrillen *Big-Brother*-Ankündigungen auf den Fernsehmagazinen als persönlichen Affront aufgenommen hatte, als höhnischen Endemol-Gag auf meine Kosten. Jetzt war *Big Brother* auf Sendung und einfach ein Beispiel für die Medientristesse überall, dünnster Plot, dünnster Voyeurismus auch. Und dennoch war diese Mischung gerade lau genug, dass ich sie noch hin und wieder ansehen konnte, dass ich kurz vergaß, wer und wie ich war. Für Romane und Filme war ich zu kaputt. Dann schlief ich ein, sobald es ging, und hasste die Sonne morgens, die mir ins Gesicht schien, da ich es weder schaffte, Vorhänge anzubringen, noch, das Bett vom Fenster wegzurücken. Ewig schlafen, bitte, und bloß nicht träumen. Keine Sekunde hatte Sinn, nicht einmal mehr in der Fantasie.

Ich fuhr nach Bonn, blieb Tage dort. Konrad und Malte fanden *Big Brother* ironisch geil und wollten nach Köln, um bei Zlatkos Abgang mitzufeiern. Ich fuhr einfach mit, weil ich nichts mit mir anzufangen wusste. Die Fahrt über konnte ich nichts sagen. Ich bewunderte Konrad und Malte für ihre Normalität, die Witze, den Sarkasmus, kannte ja diese leicht unehrliche Einstellung, dass man ironisch etwas Niveauloses unternahm und es tief unten einfach geil fand. Mir war das aber nicht mehr zugänglich. Ich fuhr passiv mit, stand in der Dunkelheit unter Leuten, wir rannten irgendwohin, sahen nichts, fuhren zurück. Die anderen hatten eine gute Zeit, ich hatte nichts. Das war schon kein Kloß mehr im Hals, das war ein Verschluss.

Meine Mutter bekochte mich und erwies sich, selbst durch viele Depressionen gegangen, als Heldin der Zuneigung und der Geduld. Aber es brachte nichts.

Ich entwendete meiner Mutter diverse Psychopharmaka, die sie aus Unvernunft nicht eingenommen hatte. Sie waren in einer kleinen Ampulle gesammelt, eine Menge davon, vor allem Tavor. Ich informierte mich nicht, dachte einfach, das wird reichen.

40

Ich setze mich in den Zug zurück nach Berlin und weiß, als meine Mutter mir von draußen zuwinkt, dass ich sie leider nie wiedersehen werde. Wir weinen beide, ohne es zuzugeben. Die Gesichter sind verzerrt im Schmerz.

Die Tränen kommen, werden aber verstohlen weggewischt. Warum denn es noch verstecken, denke ich, warum nur so verhuscht. Als der Zug sich in Bewegung setzt, wie im Film – aber es ist kein Film, es ist die traurigste Wirklichkeit seit je –, steht der stumme Schrei zwischen uns. Ich kann nicht anders, als mich tot zu denken. Es ist wirklich dieser letzte Abschied, ich habe es nicht entschieden, etwas anderes hat für mich entschieden: Dieses Leben ist nicht mehr lebenswert. Ich weiß nicht, ob sie es weiß, aber ich schätze, sie weiß es, verdrängt es. Es tut mir so leid, und ich weine mehr um sie als um mich, was ich gleichzeitig falsch und anmaßend finde. Aber wozu den Schmerz noch sezieren, er ist eh überall.

Zurück in Berlin, finde ich die Wohnung wieder still und trocken. Die Zeit ist eine Qual. Ich weiß nichts mehr anzufangen mit nichts, nicht mit den Liedern, nicht mit den Büchern, nicht mit den Filmen. Mein immer schon heikles Verhältnis zu den Menschen ist ganz gekappt. Die Freunde sagen noch, wenn ich mich entschuldigen will, ich bräuchte mich nicht zu entschuldigen. Sie haben Verständnis und sind froh, dass der Spuk vorbei ist. Für mich hat er erst richtig angefangen. Sie sind an der Sache gewachsen, ich gehe an ihr ein.

Die Tage verstreichen langsam und quälend. Die Depression ist keine Fühllosigkeit, wie ich dachte, sondern eine ständige Demütigung, ein scharfer, steter Schmerz, eine Haltlosigkeit und Trauer. Ich schließe die Augen und denke: Das darf nicht wahr sein. Ich öffne die Augen, und nichts ist anders. Ich schließe die Augen, ich öffne sie. Dann lege ich mich schlafen, schlafe aber nicht ein. Dann schlafe ich doch und seufze beim Aufwachen.

Die Tabletten habe ich neben die Teller gelegt, in den Küchenschrank. Der Küchenschrank sieht so geordnet aus, wer wohnt hier, eine reinliche Studentin? Warum ist diese Wohnung so sauber und neu, dabei klein? Da steht der alte Küchentisch. Dort sitze ich nie. Zur Probe setze ich mich dran. Nichts. Ich setze mich an den Computer. Nichts. Ich liege, ich stehe, ich gehe. Die kommentierenden Gedanken dazu beschränken sich auf genau das: Ich liege, stehe, gehe. Selbst die Frage, wo die Gedanken denn eigentlich hin sind, stellt sich nicht mehr. Es ist einfach nichts mehr da.

Noch ein Tag. Noch einer. Keine Besserung.

Noch einer. Ich kann nicht mehr.

Noch eine Woche. Noch ein Tag.

Es ist vorbei.

41

Ich erinnere mich an das entsetzte Gesicht von Lukas, als er die Tür aufriss und mich dort liegen sah, bewusstlos auf dem Sofa. Hatte er mich geweckt? Ich kann mich an die aufgerissenen Augen hinter der Brille erinnern, den Schrecken darin. Er hatte versucht, mich zu erreichen, und sich, als es ihm nicht gelungen war, schon das Schlimmste gedacht. Ich hatte die Tabletten genommen, große, brotförmige Schiffe und kleine, blaue Münzen. Alle hatte ich genommen, etwa hundertfünfzig, und mich hingelegt. Lukas hatte geklingelt und geklopft und gehämmert. Dann war er in die Wohnung gekommen. Hatte er denn einen Schlüssel? Wahrscheinlich. Er war inzwischen für mich verantwortlich, stand wohl für mich ein. Immer stand einer für mich ein, und meistens überlebten die Freundschaften diesen Einsatz nicht, wurden durch den Kraftakt verschlissen.

Wir fuhren los. Ich kam mir klar im Kopf vor, auf der Fahrt in die Klinik, war bei mir wie selten. Wochen später aber zeigte Lukas auf einen völlig wegsedierten, sabbernden, zitternden Tropf in der Geschlossenen und meinte: «So in etwa sahst du aus. Ja, das haut hin, das war das Bild.»

Jetzt war ich nicht mehr freiwillig in der Klinik. Aber einen Willen gab es eh nicht mehr.

42

Sie hatten mich im selben dunklen, frühsteinzeitlichen Trakt untergebracht wie Monate zuvor, nur war die Perspektive jetzt radikal verändert. Aus einer pseudowitzigen, karnevalesken Zwischenstation auf meiner rasenden Fahrt war ein düsteres, ebenerdiges Gefängnis mit vergitterten Fenstern geworden, in dem die Zeit ebenso gefangen schien wie die Insassen. Doch ich hatte nichts gegen dieses Gefängnis, denn, wie gesagt, ich war zu einem willenlosen Menschen geworden. Ich ließ mit mir machen, was zu machen war, tat, was verlangt wurde, füllte etwa die gelben Essenskarten für den übernächsten Tag aus, wunderte mich manchmal darüber, dass ich, wie es schien, in zwei Tagen noch leben würde, wunderte mich auch, dass das Angekreuzte zwei Tage später wirklich auf dem Tisch stand. Die Zukunft war demnach ankreuzbar.

Die Erinnerung ist milchig bis nicht vorhanden. Die alten, mir bekannten Patienten waren nicht mehr da, kein Olaf Gemeiner und kein Herr Direktor, alle ausgetauscht durch neue Gesichter. Alkoholiker und Depressive spielten Skat miteinander, und ich setzte mich dazu, ohne das Spiel zu verstehen. Zum Kaffeespender gingen die Leute morgens wie zu einem Trog, ich unter ihnen. Hatte ich einem suizidalen Wehrdienstleistenden vor Monaten noch vorgehalten, dass Selbstmord doch feige sei, war ich nun genauso geworden wie er, still, nie mehr lächelnd, in mir begraben und gnadenlos unerreichbar. Ich erinnere mich, wie ich Magda tröstete, die neben mir weinte, wie ich unbeholfen den Arm um sie legte. Ursprünglich hatte ich wegen ihr geweint, heimlich, denn zwischen uns hatte sich wieder etwas angebahnt, ein wachsendes Interesse auf ihrer, ein manisches Verknallen auf meiner Seite, dann war es ihr verständlicherweise zu viel geworden, und als ich erwachte, befand sie sich in einer neuen Beziehung. Jetzt weinte sie neben mir, und ich umarmte sie in ihrer Hilflosigkeit, dabei weinte sie doch wegen der meinen. Vielleicht fühlte ich mich in diesem Augenblick kurz wieder wie ein Mensch.

Ansonsten kam jetzt die längst versprochene Fühllosigkeit. Abgesehen von einer Nachtstunde, in der ich mich auf einen Stuhl im Gang setzte und lautlos, aber krampfhaft losflennte, worauf eine Schwester zu mir kam und mich aufzubauen versuchte, versteinerte ich innerlich, fast will ich sagen: endlich. Das Elend war schon zu lange in mir, es war ein Zustand, der sich verhärtet hatte und kein scharfes Leid mehr auslöste. Die Antidepressiva und Phasenprophylaktika trugen ihren Teil dazu bei. Die Trauer war da, aber schockgefroren, dann tiefenvereist. Die Tage waren fremdbestimmt, ihre Struktur, die Therapiestunden, die Essens- und Bettzeiten. Man beschäftigte mich immerhin ein wenig, auch wenn ich nichts ernst nehmen konnte, keine Bastelei, keine Malerei. Doch, ich malte diese Gesichter, die ich in meiner Jugend gemalt hatte, zerfurchte, frustrierte Comicvisagen, zerklüftete Charakterköpfe, die für Aufsehen unter meinen Mitmalern sorgten, wie immer, wie auch draußen. Während ich sie früher als Arabesken einer bestimmten Weltsicht ansehen konnte, die sich später zu einem in jugendlicher Arroganz avisierten Werk zusammenfügen sollten, waren sie jetzt nur noch kranke, lächerliche Bilder, die wirkten, als würde ich mein altes Können parodieren. Ähnlich ging es meinem Zimmernachbarn, der das naiv-sinistre Aquarell eines Kopfes malte, welcher etwas Gruseliges haben sollte und selbst das verfehlte.

«Was wollen Sie damit ausdrücken?»
«Ditt bin icke.»
«Wieso sind das Sie?»
«Na, ein Monster. Ick bin ein Monster.»

Ich erfuhr nie, was er getan hatte. So, wie er mir vorkam, mit der Panzerglasbrille, der langen, versoffenen Nase, geerbt von seiner ihn täglich besuchenden Muttergreisin, und dem traurig mümmelnden Schnauzer: eher nichts. Er war sich nur selbst zum Monster geworden, und vielleicht war das, allein für ihn, schlimmer als eine begangene Untat.

Das Abnorme war Normalität, und der müde Blick ermüdete immer mehr von dem ganzen Aberwitz. Ich ließ alles mit mir machen. Derart willenlos war ich, dass ich sogar nichts dagegen hatte, mich Medizinstudenten vorführen zu lassen. Das heißt, tief in mir drin hatte ich sicherlich etwas dagegen, aber ich konnte den Unwillen nicht hochholen und umsetzen, nicht aktualisieren, geschweige denn äußern. Ich ging einfach mit. Wenn ich schon zu nichts mehr nütze war, dachte ich wohl, wieso nicht als anonymes Beispiel für den wissenschaftlichen Nachwuchs fungieren. So wurde ich in ein holzvertäfeltes Vorlesungszimmer gebracht und als «typischer Fall einer endogenen Depression innerhalb eines manisch-depressiven Krankheitsbildes mit schizoaffektiven Elementen» ausgestellt. Ich blickte in die Studentengesichter, die selbst ratlos schienen. Vor Monaten habe ich noch mit euch gefeiert und diskutiert, dachte ich, und jetzt stehe ich auf der anderen Seite – wie ist das passiert! Ich meinte auch, eine Höflichkeit, eine Diskretion in ihren Blicken zu erkennen. Ich war, verdammtnochmal, vierundzwanzig, und die da vielleicht im Schnitt zwei Jahre jünger. Und doch war ich so viel älter und schwerer und gleichzeitig verschwundener, im Orkus dieser Gegenwelt, wo Existenzen sich im Handumdrehen zerstörten.

Die Dozentin, gleichzeitig auch Ärztin in der Geschlossenen, verlor ein paar Worte, die mich nicht desavouierten. Was sie vor oder nach meinem Auftritt sagte, konnte ich mir dennoch ungefähr denken: Knappe Anamnese, Lebensskizze, psychiatrische Diagnose, und bitte achten Sie auf das regungslose Gesicht, die lasche Körperhaltung, die hängenden Schultern, die sichtbare Apathie. Vor ein paar Wochen raste dieser Mensch noch wie ein Derwisch den Gang auf und ab, wird sie gesagt haben, ich habe es selbst miterlebt. Und jetzt, sehen Sie – klassisch.

Ich schämte mich kurz, dann konnte ich wieder gehen, im wörtlichen Sinne vorgeführt, ohne dazu auch nur irgendeine Haltung zu entwickeln. Es war okay, es war furchtbar: Es war egal. Ab in den Trakt, zurück zu Konfitüre, Pillen und Kippen.

Die Tage aus Milchglas, die Wochen wie Irrgärten. Man trottet mit den anderen von hier nach da, reißt die albernen Therapiestunden ab, wartet auf das Essen, schlägt die Zeit mit Rauchen tot. Es ist neu, zu den ganz Elenden zu gehören. Es ist neu, sich selbst überhaupt nicht zu verstehen, sich so völlig abgesetzt, von allen Funktionen freigestellt, aller gedachten Ämter enthoben zu sehen, so willenlos irgendwo gelandet zu sein. Keiner ist oder war je Herr im eigenen Haus. Das Unverständnis der eigenen Existenz gegenüber ist universal. Ich war geschockt von dem Einschlag des Irrsinns in mein Leben, von der Zerstörungskraft, der Verwüstung. Ich wusste noch nicht, dass die letzte Stufe noch lange nicht erreicht war, ahnte nicht, wie verheerend die Krankheit in den nächsten zehn Jahren noch wüten und toben und marodieren würde, auch rein materiell. Aber der erste Verlust war geschehen, *the first cut is the deepest*. Die größte Erschütterung dabei: mein Selbst verloren zu haben. Theoretisch ein Konstrukt, praktisch aber eine ganz verlässliche Leitfunktion, war das Ich weg, zerstört, genullt. Ich sah, weil ich keine Person mehr war, auch keine Zeit, keine Zukunft mehr vor mir und keine Möglichkeit, aus diesem Schacht je wieder herauszuklettern.

43

Man kann es nicht Geduld nennen, was mich überleben ließ, eher ein tierisches Ausharren, eine Duldungsstarre, ein bloßes Weiterdämmern im Neonlicht: Die Atemfunktion macht einfach weiter. Die Angst vor dem Schmerz des Sterbens gewährt Aufschub. Die tausendste Zigarette hilft über die nächsten fünf Minuten Abgrund hinweg. Und irgendwann beginnt der Blick sich wieder zu regen, etwas aufzunehmen, sich vom inneren Nichts abzuspalten. Jeder Ausflipper eines Mitpatienten ist willkommene Abwechslung, und das Skurrile wird ansatzweise wieder als skurril wahrgenommen. Dann wird die Bedrohung spürbar. Niemand fühlt sich sicher, denn wer weiß schon, was den Mitpatienten plötzlich reitet, welcher manische Teufel, welche perverse Laune. Man kennt die Vorgeschichten nicht, und gelogen wird viel. Der geschützte Raum ist ein Pulverfass. Andererseits ist auch das meistens egal. Auf gewisse Weise ist man tot in diesem Trakt, in diesen Gängen, tot, abgeschnitten von dem Leben draußen, dem Sauerstoff, hinter knirschendem Glas oder Holz, wirklich leblos, nicht mehr atmend, tot. Und doch schlägt nach Wochen ein Herz zaghaft wieder los.

Es kann einem noch so dreckig gehen – ist man in der Psychiatrie, arbeitet man irgendwann daran, wieder hinauszukommen. Den ersten Schritt auf dieses Ziel hin, das man ja mit den Ärzten und Schwestern teilt, stellen die Ausgänge dar. Ich durfte meine eigenen Zigaretten holen – ein gewaltiger Fortschritt in Richtung Selbstbestimmtheit. Der Campus Charité war wie eine grelle Lichtinstallation, die ich betrat, bestürzt über so viel Leben um mich herum, so viel Sinn. Jeder wusste, wo er hingehörte, was er tun musste, wohin er ging. Ich selbst stand da in der Bestürzung, keinerlei Plan dieser Art zu haben, null zu wissen, wohin den ersten Schritt. Immerhin besuchte ich bei meinem vierten, fünften Ausgang die kleine Campus-Buchhandlung, kaufte mir gar einen Band des eigentlich geliebten Robert Gernhardt, den ich dann traurig las. Obwohl ich den Humor noch immer verstand, konnte ich ihn nicht teilen. Nicht ein einzelnes Schmunzeln gelang. Diese Unfähigkeit machte mich noch trauriger. (In Bonn kaufte mir meine Mutter später ein Buch von Christian Kracht, «Der gelbe Bleistift», Reportagen. Ich hatte mir etwas aussuchen dürfen und mit trübem Blick das Naheliegende gewählt. Noch auf dem Rückweg aus der Buchhandlung fragte sie mich, ob ich das Buch denn mögen würde, und ich bejahte. Ich war wieder der kleine Junge, dessen Interessen keiner verstand, der aber wohlwollend von außen, von oben betrachtet wurde. Das Buch sagte mir dann nichts, überhaupt nichts, und ich glaube, das lag nicht einmal an mir.)

Erste Ausgänge, fahriges Tapsen, dann, nach Wochen, eine Nacht zuhause. Für Stunden atmete ich auf. Die feindliche Wohnung war plötzlich ein Rückzugsort vor dem Terror der Geschlossenen. Das ist ein perverser Effekt der Psychiatrie: Man ist dort derart unter Stress und Beschuss, auch von der Langeweile gebeutelt, dass die Unorte, aus denen man wie ein Zombie in sie hineingetaumelt kam, wieder erträglicher werden. Drinnen ist es nämlich noch ein paar Nummern schrecklicher als draußen. Ich begann, wieder im Netz zu lesen, dann erste Zeilen in den alten Büchern. Manch ein Satz brachte ganz entfernt in mir etwas zum Klingen, und ich genoss das warme Licht der Schreibtischlampe, das mein Zimmer in einen sanften, klinikfernen Dämmerglanz tauchte. Ich ging auch wieder mit den Freunden aus, in eine Bar oder ins Kino, in «Being John Malkovich» etwa, ein Film, über den ich mich kurz mit einer Ärztin im Praktikum austauschen und ihr immerhin sagen konnte, dass er mir gefallen hatte. Das war schon sehr viel. Ohne dass ich mir dessen bewusst wurde, besserte sich mein Zustand. Die Ärzte erkennen solche Entwicklungen vor den Patienten.

Während ich in «Being John Malkovich» war, schnitt allerdings die Feuerwehr mein Fenster auf. Ich hatte eine Verabredung mit Magda vergessen, und sie geriet darüber in Panik. Womöglich lag ich schon tot in meiner Wohnung? Überliefernswert ist der Satz eines Feuerwehrmanns, der wohl, nachdem er die Wohnung leer vorgefunden und Magdas Rechtfertigungen angehört hatte, abwinkte und meinte: «Wir machen hier ja schließlich keinen Comic.» So lustig ist der Ausspruch gar nicht, doch als ich ihn hörte, musste ich das erste Mal seit Langem grinsen. Es dauerte trotzdem Wochen, bis ich die Kraft fand, die letzten Glassplitter vom Boden aufzukehren.

44

«Ich habe die Dokumente Ihrer Mutter gelesen. Das ist doch ziemlich vielversprechend.»

Die Dokumente meiner Mutter. Sie hatte der Klinik eine Vielzahl an akademischen, universitären Zeugnissen zugefaxt, vollmundige Lobhudeleien aus Tübingen und Austin. Das würde ein Kontinuum bleiben: Faxe von meiner Mutter in Krisenzeiten, völlig bizarr, mit Hervorhebungen und Kommentaren von ihrer Hand versehen. Aber bei dieser schönen Ärztin mit streng zurückgebundenem Haar verfingen diese Einlassungen aus der Ferne offenbar.

«Wir kriegen Sie schon wieder hin», sagte sie trocken.

Ich sagte nichts, dachte: *nein*.

«Doch, doch, wir kriegen Sie schon wieder hin», entgegnete sie, ohne dass ich geantwortet hätte.

Später saß ich bei einem Psychologen, der meine Reaktionszeiten und die Fähigkeit zu logischem Denken an einem steinzeitlichen Computer testen sollte. Nach den ersten Aufgaben lächelte er: «Hier geht es wohl nur darum festzustellen, wie weit man über dem Durchschnitt liegt.»

Solche Sachen schmeicheln meiner nie ausgeknipsten Eitelkeit noch immer, aber auch hier dachte ich: nein. Es geht nicht um irgendeine Überdurchschnittlichkeit. Es geht, Klischee hin oder her: ums bloße Überleben.

45

Es kann einem noch so dreckig gehen – man arbeitet daran hinauszukommen. Und das sogar oder gerade, wenn man noch immer zum Freitod entschlossen ist. Deshalb begann ich, die Ärzte anzulügen, oder vielmehr, sie vermeintlich anzulügen. Sie sahen eine Stimmungsaufhellung, die ich nicht sah, die ich aber zum Anlass nahm, ihre positiven Befunde zu bestätigen und zu behaupten, es ginge mir tatsächlich besser. Ich log, ohne zu lügen.

Wofür das alles, ging in mir die Frage, jeder Tag ist noch immer eine Last, ich will nur raus hier, raus, um dann endlich zum richtigen Zeitpunkt abzutreten, so, wie ich es will, nicht fremdbestimmt, nicht hektisch zwischen zwei Termine gepresst, nicht im Ausgang bei der Trambahnfahrt, nicht zwischen Tür und Angel und allen Stühlen. Solche Gedanken allerdings sind fast schon die Rettung. Wer nicht mehr drauf und dran ist, sich umstandslos wegzuwerfen, der befindet sich im Heilungsprozess. Gleichzeitig ist dies aber bei den meisten auch die gefährlichste Zeit: Die erste Willenskraft erwacht, tastend findet das Ich sich wieder, langsam festigen sich Körper und Geist, ohne die Depression jedoch wirklich abgeschüttelt zu haben. Viele nutzen dieses Fenster der Wiedererstarkung, um den schon lange feststehenden Entschluss endlich umzusetzen. Vorher waren sie zu schwach und gelähmt, um überhaupt etwas zu machen. Jetzt bündeln sie alle aufkeimende Tatkraft, um schließlich ganz zu verschwinden.

46

Als er mich für die paar Tage entlässt, die zwischen Geschlossener und Tagesklinik liegen, nimmt der smarte Arzt mit der Wayfarer-Brille mir ein «Gentlemen's Agreement» ab. Das Agreement lautet einfach: Ich tue mir nichts an. Dafür gibt er mir meine Ration an Medikamenten mit. S-Bahn-Fahrt aller Einsamkeiten: Die gehässige Sonne stichelt durch das verschmierte Fenster. Draußen Berliner Legoland. Zuhause Stille. Die Lektüre, dann wieder. Die aufwogende Trauer, noch immer. Die Tage, die vergehen, ohne Spuren zu hinterlassen. Tischtennis in der Tagesklinik. Erste Gespräche mit Gesundenden. Die Tramfahrten von und zu der Tagesklinik, stumm, stumpf, verloren. Kein Wille, aber die Pflicht durchzuhalten, aus welchen Gründen auch immer. Der Gedanke, darüber eines Tages zu schreiben. Der erste Besuch eines Seminars der politischen Philosophie an der Humboldt-Universität, kaum aufnahmefähig, noch immer volldepressiv, ohne Kontakt zu irgendeinem Menschen oder Gedanken, weit weg von meinen eigentlichen Studienthemen der Sprach- und Bewusstseinsphilosophie – aber da, irgendwie. Die Sonne wieder, diese hämische Sau. Die Menschen als Insekten auf der Friedrichstraße, unterwegs zu ihren Bienenstöcken, Ameisenhaufen, Madennestern. Ich selbst unter ihnen als Nichts ohne Richtung. Das Gewicht, die Bahnfahrten. Die Sinnlosigkeit des Internets. Ich kann mit dem Internet nichts mehr anfangen. Am Computer spiele ich tagelang nur noch Solitaire. Dann der Gedanke, Buchhändler zu werden. Die eine Stunde während Euphorie darüber, und das Glück meiner Mutter, mich in Ansätzen froh zu hören. Das Treffen mit dem Vertrauensdozenten der Studienstiftung, seine Rede von den «Soft Skills», die Leute wie ich nicht bräuchten, und seine Zusage weiterer Unterstützung. Die Verwunderung über, dann doch, Verständnis und Hilfe in bürokratischen Apparaten. Dann wieder: die Härte der Gesichter. Die Monate. Der Song der Neubauten: «Alles». Der Song von Coldplay: «Everything's Not Lost». Die «Repeat»-Funktion meines CD-Players. Der Herbst der ersten Erleichterung. Das Abschütteln.

47

Das Abschütteln. Die hochdepressive Phase klang ab, die Tage wurden wieder konturierter, die Gefühle und Gedanken auch. Das Geräusch der Lüftung auf der Toilette drängte sich weniger stark auf. Tatsächlich wurde ich langsam gesund, und das Nachtleben hatte seinen entscheidenden Beitrag daran.

Ich wurde aus der Tagesklinik entlassen. Erst wusste ich überhaupt nicht, wohin mit mir. Studieren? Absurd. Wie denn? Ich vegetierte so dahin, drehte erste Runden durch das Winsviertel, das nun meine Heimat war, ging zum Kaiser's, kaufte ferngesteuert etwas ein, ging wieder zur Wohnung zurück. Das Drehbuch einer Bekannten, das sie mir zusandte, erfreute mich. Man konnte also Dinge fertigbringen? Die Freunde standen bereit, kümmerten sich, nahmen mich, der ich jetzt eine eigenschaftslose Null war, einfach mit. Ich ging langsam wieder auf Konzerte, traute mich in die Clubs. Knut war mein Kompagnon, ich sein Adlatus, und immer entschiedener nahm ich Raum ein, wo es mir passte. Tagsüber studierte ich wieder, nun doch. Es wäre doch gelacht, dachte ich, wenn ich dieses Studium nicht einfach schnell noch abreißen könnte. Und so geschah es dann auch.

Zu dieser Zeit trat auch Aljoscha in mein Leben. Ich kannte ihn schon flüchtig von einer Party in unserer Wohngemeinschaft (die damals wegen ihrer Exzessivität einen ersten Keil zwischen Lukas und mich getrieben hatte). Dort hatte er an der Wand gestanden und mir mit seinem forschenden Vogelblick zugenickt. Knut hatte ihn mitgebracht, sie kannten sich aus Köln. Später hatten wir uns über Blumfeld verstanden, die anderen hingen schon in den Seilen, Aljoscha warf «So lebe ich» an, und so war klar, woher man kam.

Ich erinnere mich an ein Konzert, wo ich, noch leicht rammdösig von der Depression, nach zwei Bieren draußen im Abendlicht zu Aljoscha und seiner Freundin Bianca meinte: «Mir reicht's! Ich kaufe mir eine Gitarre, ich hole mir eine verdammte E-Gitarre und *haue* meine Riffs in die Saiten! Hier muss was passieren! Ich will eine Gitarre!»

«Solche Töne habe ich ja noch nie von dir gehört. Mehr davon!», stieg Aljoscha schelmisch ein. Und ich lachte. Ich lachte wieder, und ich wusste, dass ich lachte. Es tat mir gut.

Die Nacht linderte die Beschwerden, und am Tag setzte die gewohnte Arbeit wieder ein. Die Medikamente ließ ich irgendwann weg und setzte stattdessen auf die heilende Wirkung von Bier, Lektüre und Musik. Ich spürte mich wieder. Ich war langsam wieder da. Die letzten Schlieren der Depressionen verflüchtigten sich im Rausch. Bianca nannte Aljoscha, Knut und mich «die drei Musketiere», eine Infanterie der Nacht. Wir heizten uns *stante pede* ein und feierten im Tanz den Augenblick, hatten einfach Spaß. Und mit Aljoscha verband mich mehr und mehr eine Bruderschaft in erster Seelenschwärze, gegen die wir uns immer wieder auf die Jagd nach dem entfesselten Moment begaben, nach irgendeiner Form von flüchtigem Glück, ob in der Kunst, im Kino, im Gespräch oder in der Musik.

Dann hatte ich eine Freundin, die zu viel kiffte und Verschwörungstheorien nachhing. Das war mir bald völlig zuwider, eine verspielte Variante der Psychose, welche hinter mir lag, die ich gleichwohl aber nur andeuten konnte, zu jung war ich, zu wenig mit mir selbst bekannt, nur die Zukunft und die Gegenwart im Blick.

Der elfte September kam, und ich war froh, zum Zeitpunkt der Einschläge nicht paranoid zu sein; nicht auszudenken, was ich gedacht und gemacht hätte. Zu der Zeit arbeitete ich bei forsa, dem Meinungsforschungsinstitut, so auch am Abend nach den Anschlägen. Das Volk am anderen Ende der Leitung war aufgebracht bis panisch. Ich wurde weniger oft beschimpft als sonst, stattdessen flugs zum Therapeuten umfunktioniert, der die Ängste seiner Mitmenschen durch bloßes Zuhören kanalisierte. Eine ältere Dame fragte mich, ob ich das Bild dieses Bin Laden gesehen hätte, und wisperte mir dann durch den Kopfhörer ins Ohr: «Das ist der Antichrist, junger Mann, das ist wirklich der Antichrist. Es ist so weit.»

Es war so weit: Ich hatte mich wiederhergestellt. Das Echo der Detonation klang zwar noch nach, aber ich lebte wieder ein Leben, radelte täglich die Prenzlauer Allee rauf und runter, las, arbeitete, jobbte, feierte, liebte, stritt. Zog mit meiner neuen amerikanischen Freundin zusammen, übernahm Verantwortung, schrieb weiter an meinen Geschichten.

Es war etwas passiert, aber ich sah es nicht als Ereignis an, das sich wiederholen könnte. Letztendlich war ich ein ganz normaler Mensch, der nun die gemeinsame Wohnung einrichtete, sein Studium fortführte, einem vielleicht schönen Leben entgegensah. Nur selten sprach ich mit meiner Freundin oder anderen Menschen über den psychischen Ausfall, doch wenn, dann durchaus ehrlich. Ich meinte auch, durch den Vorfall eine gewisse Arroganz abgelegt, mehr Verständnis für die Gescheiterten und Gebeutelten zu haben, tatsächliches Interesse für sie zu entwickeln, für das Einzelne und Abseitige, das Sprachlose und Ausgeschlossene.

Als ich mein Studium abschloss, nach der letzten mündlichen Prüfung, setzte ich mich mit einer Bierdose, die wie ein Zitat in meiner Hand lag, auf die Wiese nahe dem Komparatistischen Institut. Die Adresse trägt den schönen, bedrohlichen Namen «Im schwarzen Grund». Die Sonne schien, es war Mittag. Ich meinte in mir zu spüren, wie der soeben noch theoretisch abgehandelte Begriff der «Versöhnung» bei Adorno, möglichst hochtrabend in der Prüfung dargelegt und expliziert, nun seine wirkliche Entsprechung in mir fand. Ich war mit allem versöhnt, war Subjekt wie Objekt, sanft entgrenzt, saß da mit dem Bier, sah mich um, komplett glücklich. Junge Studenten gingen vorbei, und ich grüßte sie innerlich. Die Bäume waren Freunde, die Wiese ein Fetzen des Paradieses, der Himmel erhaben und offen. Ich hatte viel gelernt, und es war gutgegangen. Die Zeit war reif für ein Leben. Ich trank das Bier aus, ließ die Wiese hinter mir, wusste, dass ich dort nie wieder sitzen würde, und stieg lächelnd in die U-Bahn. Der Spalt, den die kranke Episode in mir aufgerissen hatte, war nun wieder geschlossen.

Ich war nicht krank. Das Absetzen der Medikamente war nur konsequent. Sie hatten mich dröge und dick gemacht, sie dämpften ab, verdummten. Der einzige echte Heilfaktor, den ich sah, war die verstreichende Zeit. Und sie war endlich wieder auf meiner Seite. Es war lediglich ein Ausrutscher gewesen, der krasse Austicker eines jungen, erhitzten Geistes. Jetzt konnte ich erwachsen werden.

2006

1

Ich stehe an der Nordsee, auf Sylt. Früher Abend, das Licht ist im Verschwinden begriffen, eigentlich schon verschwunden, formloser Dunst, stofflich und feucht, Dämmergrau. Ich denke an Cezanne und daran, wie er das Meer als eine Art senkrechte Wand malte, und sofort sehe ich das Meer als tatsächlich senkrechte Wand vor mir. Mir bewusst darüber, dass dies keine echte Wahrnehmung, sondern ein überspreiztes Wahrnehmenwollen ist, lasse ich mich auf die Wand ein. Eine Ruhe geht von ihr aus, die mich aufnimmt, aber nicht besänftigt. Ich denke an Ulrich Wildgruber, seinen Freitod hier an dieser Küste, und will mich sofort abwenden vom Meer, das mich näher an sich heranzieht und beginnt, leise in mein Ohr zu flüstern. Ich bleibe jedoch stehen und starre weiter in das senkrechte Grau. Ich halte dem allem stand.

Soeben habe ich das Zimmer verwüstet, in dem ich zwei Monate lang als Stipendiat der Syltquelle wohnen darf. Ich weiß nicht, wieso ich es verwüstet habe. Eine Gefühlskaskade ist durch mich hindurchgestürzt, ein Revoltieren gegen mein Schicksal, das mir unerträglich scheint. Die ganze Welt habe ich im Rücken, die ganze Geschichte. Es gibt keine Schuldigen, nur die Schuld, die als Abstraktum über mir schwebt, eine Art emergenter Entität, die nicht auf einzelne Menschen zurückführbar ist. Ich habe mit Nahrungsmitteln um mich geworfen und irgendetwas zerrissen. Erneut halte ich mein ganzes Leben für eine einzige, monumentale Täuschung. Das kenne ich schon, aber ich weiß jetzt, dass alle vermeintliche Gesundung in den letzten Jahren nichts als ein hochperfider Selbstbetrug war, der viele Menschen das Leben gekostet hat.

Doch, ich bin es wirklich.

Ich bin das Opfer des Weltgeistes. Ich bin der, den der Weltlauf aus der Kurve warf. Es ist so, wie ich es bereits annahm im Jahr 1999. Wie konnte ich die letzten Jahre nur verstreichen lassen, ohne dieser Ungerechtigkeit ins Gesicht zu schreien, ohne meine privilegierte Position und meine unglaublichen Fähigkeiten in den Dienst der Menschheit zu stellen. Hätte ich die Erkenntnis von 1999 nicht verdrängt, es hätte den elften September nicht gegeben! Das muss man sich mal vorstellen. Das muss man sich mal vorstellen! Ich starre das Meer an. Es ist eine senkrechte Wand, gegen die ich anrennen könnte. Das verwüstete Zimmer ist egal. Alles ist legitimiert vor diesem heillosen Unrecht. Es stinkt zum Himmel und fällt aus allen Wolken.

2

Aufgebracht, verwirrt stapfe ich durch den Sand zurück zur Syltquelle. Ich muss etwas kochen. Ich habe bereits etwas gekocht. Was habe ich gekocht? Ein einzigartiges Gericht. Ich muss es verfeinern. Oben in meinem Zimmer reiße ich den Kühlschrank auf. Die überreichen Waren sind chaotisch hineingestopft. Ich bin von Westerland nach Rantum gerannt, da ich nicht auf den Bus warten konnte, da ich keine Geduld mehr habe, mit nichts. Ich habe mir in der dortigen Supermarktzumutung den Einkaufswagen vollgeladen mit Waren. Dann habe ich mit Geld bezahlt, das mir bar ausgehändigt worden war. Die überreichen Waren habe ich in diesen Kühlschrank gestopft. Die Vorgänge sind demnach gewöhnlich und bürokratisch legitimiert. Ich öffne die Ofenklappe und sehe den Topf mit meinem Gericht darin. Das sieht aus wie ein eingefrorener Kindergeburtstag, bunt und überschäumend, es ist eine Mischung aus allem, aus Süßen, Saurem, aus Fleisch und Pflanze, es ist einzigartig. Ich drehe den Ofen noch einmal auf, um dem Gericht die finale Hitzfröstung zu verleihen.

«Ist das noch genießbar?», hat Kollege Nußbaumeder in seiner pragmatisch-sarkastischen Art beim Anblick des Topfes gefragt, gestern oder vor ein paar Stunden. Ich bejahte, war aber für einen Moment irritiert. Vielleicht bin ich auch gerade im Begriff, mich zu vergiften? Ich beobachte den Topf, schreite auf und ab in diesem luxuriösen Apartment, lese in den Zeitungen und im Internet, gehe rüber zum Nußbaumeder, um mit ihm die «Kulturzeit» zu schauen und mir das Maul über die Kritiker zu zerreißen. Dann gehe ich zurück. Das Gericht ist fertig, oder? Ja. Es ist einzigartig. Es muss abkühlen.

Ich trage den Topf die Treppe hinunter, um ihn der kostbaren, kühlen Seeluft auszusetzen, was dem Gericht eine letzte, kaum vernehmbare Salznote verpassen wird. Draußen warte ich ab. Alles ist dunkel, auch das seltsame Restaurant gegenüber, in dem ich täglich Averna trinke. Dann wieder ein Wutimpuls. Es ist zu ruhig hier, diese Stille ist doch eine einzige Lüge! Und das Gericht ist ein Fehler, es ist eine Albernheit, ich wollte es dem Nußbaumeder, den ich für einen fantastischen Kollegen halte, nachtun, der doch gerne etwas kocht, was er uns dann kredenzt in seiner bayerischen Ruhe. Ich wollte ihn einladen, ihm etwas Exzeptionelles auftischen, ihn, zugegeben, auch in der Kochkunst mattsetzen, selbst dort übertrumpfen. Der Wutimpuls fährt durch alle Nerven in mir nach unten, ich sehe kurz die Albernheit, die ich bin. Dann hebe ich den rechten Fuß und lasse ihn in den Topf niederfahren. Der braunbunte Matsch spritzt nach allen Seiten. Es muss Spuren geben. Ich gehe mit dem fleischmatschbedeckten Fuß ein paar Schritte über den Hof, zeige, dass ich mich geirrt habe, aber hier war. Es ist dunkel, morgen werden sie es sehen. Innerlich rase ich, bin Tragödie und Comic in einem, Hulk und Hybris, unter diesem friesischen Meereshimmel. Den Topf lasse ich stehen und gehe nach oben, schenke mir Whiskey ein, um mich zu beruhigen. Das Gegenteil tritt ein, ich werde noch angefachter, aufgeputschter und weiß nicht, was tun. Das Ölgemälde an der Wand zeigt ohne Zweifel mich. Das wusste ich von Anfang an, beim ersten Blick, es war so offensichtlich. Doch was ich zunächst als Geste der Ehrerbietung sah, als stillschweigendes Angebot, für immer hier zu wohnen, jenseits des ganzen Wahnsinns dort drüben auf dem Festland, wandelt sich nun zu beißendem Spott. Außerdem habe ich für solche verhuschten Schleimereien von Kulturfunktionärsseite nicht viel übrig. Ich schmeiße mit Zitronen und Orangen nach dem Gemälde. Sie zerplatzen prächtig, aber es bringt nichts. Ich werfe weitere Früchte gegen die Decke, aus dem Fenster, nichts tut sich. Ich will das Klavier bespielen. Das jedoch ist abgeschlossen. Ich staune. Was mache ich eigentlich hier?

Am nächsten Tag fahre ich frühmorgens ohne Schlaf los und fliehe. Diese Künstlereinsiedelei ist nichts für mich, nicht jetzt. Ich verstehe auch, dass ich mich falsch verhalten habe. Die zweite Hälfte des Stipendiums, sage ich meiner Lektorin am Telefon, sollen sie dafür verwenden, das Zimmer wieder herzurichten. Es tue mir leid, sage ich. Ich müsse zurück nach Berlin. Mich werde man hier nicht wiedersehen.

3
«Ein echter Melle», würde zehn Jahre später jemand grinsen: Er habe da, während des Sylt-Stipendiums seiner Frau, die Flecken an der Wand gesehen und immer wieder gedacht: «ein echter Melle». Ich bin dann angehalten mitzulachen, und es ist ja auch einer der besseren Versuche, diese Sachen zur Sprache zu bringen. Vielleicht ist Humor, selbst schlechter, die beste Lösung.

4
Es war zum Jahreswechsel passiert. Bevor ich auf Sylt war, fuhr ich nach Erlangen. Ich schrieb inzwischen fürs Theater und hielt mich dort auf, um zusammen mit Schauspielern und Regisseur ein Stück zu entwickeln. Stückentwicklungen waren damals *en vogue*, wieso, wusste keiner. Sie sollten bald von einer Performance- und Dokumentarwelle abgelöst werden.

Das Theater war eine alte Leidenschaft von mir, als Jugendlicher hatte ich eine Zeitlang Regisseur werden wollen, hatte Schultheateraufführungen inszeniert und kleine Stücke geschrieben, dann aber erst einmal etwas *Handfestes* lernen wollen, Geisteswissenschaften nämlich, was natürlich seine Ironie hat. Aber mich damals gleich als produktiven Künstler zu sehen und das Kunsthandwerk der Theaterregie an einer der einschlägigen Schulen zu lernen, kam mir absurd vor. Zumal ich eigentlich immer nur schreiben wollte.

Nach einer Stückentwicklung mit dem gerade aufstrebenden Martin Heckmanns, die 2004 zur Überraschung aller auch noch am Deutschen Theater in Berlin gelandet war, kam das Angebot aus Erlangen, dort etwas Ähnliches zu versuchen. Ich jobbte noch immer als Industrietexter für einen

Mineralölkonzern, hatte mein Studium mit einer ausufernden Arbeit über William T. Vollmann beendet, laborierte an den ersten Versionen von «Sickster» und anderen Texten herum, lebte halbfokussiert und stabil dahin. So viel Zukunft lag vor mir. An die Krankheit kein Gedanke, das heißt, doch, natürlich, aber als etwas Abgeschlossenes, textlich zu Verarbeitendes. Es war noch immer eine unverstandene, totgeschwiegene Explosion, die seit Jahren nachhallte. Dass sie nur das Vorspiel für zwei wesentlich heftigere Ausbrüche sein sollte, kam mir nicht in den Sinn. Ich hielt den Vorfall vor Jahren für singulär und mich selbst für nicht gefährdet. Mediziner sprechen hier von der «Remission», einer Phase, in der die Symptome bis zum völligen Verschwinden abklingen, um, nach einem trügerischen Aufschub, bald umso heftiger zuzuschlagen. Und die damit einhergehende innere Weigerung, sich selbst als chronisch Kranken und die Krankheit als integralen Bestandteil des eigenen Lebens anzusehen, ist nach den ersten manisch-depressiven Episoden sehr verbreitet und nur zu verständlich. Wer will schon einen solchen Klumpfuß mit sich ziehen? Man ist halt mal durchgeknallt, mehr nicht. Schlimm, aber vergangen. Wird schon nicht wieder passieren.

5

In Erlangen sollte ich mich für die Probenzeit von sechs Wochen aufhalten, und zunächst sah auch alles danach aus. Die Schauspieler improvisierten täglich und boten Figurenaspekte und Plotfragmente an, die ich sofort aufnahm und nächtens umsetzte. Als Szenario hatte ich gegen manchen Widerstand eine Selbstmordklinik durchgesetzt, das «Haus zur Sonne», eine Institution, die sowohl staatliche Menschenabschaffungsanlage als auch utopische Wunscherfüllungsmaschine in sich vereinte. Jeder der «Klienten», denen das Privileg zuteil wurde, dort seine letzten Wochen oder Monate zu verbringen, sah etwas anderes in dieser als Klinik oder Reha-Maßnahme getarnten Selbstmordfabrik: eine Beautyfarm, ein Mekka der plastischen Chirurgie die eine, ein allumfassendes Strategiespiel der andere, ein großes, letztes Dating-Portal die dritte. Was jedoch allen Figuren klar war: Der Staat hatte die Kosten hochgerechnet, die die Menschen, welche aus eigener Kraft nichts mehr leisten konnten, in Zukunft noch anhäufen würden, und war zu dem Schluss gekommen, dass es humaner wie auch ökonomischer sei, eine Option anzubieten, die es ermöglichte, bei maximaler Wunscherfüllung freiwillig aus dem Leben zu scheiden. Simulationen waren dabei meist das Mittel der Wahl. Eine große Fiktionsmaschine war dieser Entwurf, eine morbide, launige Sci-Fi-Dystopie voller Hedonismus und Nihilismus, die die Sehnsucht dennoch die größte Rolle spielen ließ, und alle Figuren gebrochen und gestört, so wie ich es liebte und brauchte. Ich stürzte mich sofort in die Arbeit.

Tagsüber auf den Proben, nachts in der Theaterwohnung, vorher ein paar Bier mit den Kollegen in der Kneipe gegenüber. Manchen kreativen Nachtschub befeuerte ich noch mit Whiskey, um dann morgens, zerstört und beglückt, mit neuen Texten auf der Probe aufzutauchen. Ein Wahnsinn, natürlich. Der Stücktext stand nach zwei Wochen, und ich knallte punktgenau durch.

Das Theater ist ja, zumal in der Provinz, ein einziger Säuferverein. In trostlosen Kantinen und holzvertäfelten Kneipen kippt man Biere und Kurze und verallt sich die schiere Unentrinnbarkeit zu einem schummrigen Zusammengehörigkeitsgefühl zurecht. Dazu sind Psychodynamiken am Werk, die denen einer dysfunktionalen Familie ähneln, jedoch im Zeitraffer durchgespielt werden. Man hängt aufeinander, spielt die intensivsten Rollen durch, lässt Konflikte wuchern und aufplatzen, schmiedet Koalitionen und Ränke, lässt Fiktion und Realität verschwimmen und trinkt sich am Ende noch ins Nirwana. Ein schweigsamer, familienfremder Außenseiter wie ich kann da nur zwischen die Räder geraten.

Zu Silvester, in der Probenpause, die ich in Berlin verbrachte, war ich, wie ein Freund meinte, schon «ein anderer». Und tatsächlich hatte sich meine Wahrnehmung bereits zusammengezogen und verengt, war in gewissem Sinne zweidimensional geworden. Ich redete mit den Menschen wie mit animierten Oberflächen, drang nicht mehr ganz zu ihnen durch. Dem waren Tage und Nächte der Inkubation vorangegangen, zwischen den Jahren, in Stille und Spannung, endend in einer Party, an die ich mich nicht erinnere, die mir aber, das weiß ich noch, wie ein Tableau im Stillstand vorkam, darin Gedanken, die zusammenliefen wie das sprichwörtliche Quecksilber, nur zäh, in Zeitlupe. Ich steckte im Stück fest wie in meinem Kopf.

6

Und das Stück okkupierte die Wirklichkeit. Ich begann, in meinen Mitmenschen meine Figuren wiederzuerkennen, nicht etwa umgekehrt, wie es noch nachvollziehbar gewesen wäre. Die Repliken, die ich geschrieben hatte, hallten in den Gesprächen wider, die ich führte, die Sätze der anderen kamen mir wie frische Zitate vor, und langsam begann ich, die Grundsituation des Stücks als geniales Szenario anzusehen, das unser aller zerstörtes Leben im Hochkapitalismus präzise auf den Punkt brachte und sogar die nächste Zukunft vorhersagte. Mit einem solchen Helm an Gedanken fuhr ich zurück zum Theater.

Doch was war mit Erlangen passiert? Diese lächerliche Stadt, die nur aus einer Fußgängerzone und Siemens zu bestehen schien, über die ich nichts anderes wusste und wissen wollte als die lustigen Gemeinplätze aus dem Song «Wissenswertes über Erlangen», also letztlich nichts – sie hatte sich verändert, als ich dort am dritten Januar wieder ankam. Sie war stiller und auf noch unerträglichere Weise gemütlicher geworden, gleichzeitig passierte hier doch gerade – ja, was? Was passierte hier eigentlich? Aus meiner Theaterwohnung ging ich los und erkundete die Stadt. Seltsame Kulisse: Spannung wie in einem stillgelegten Kernkraftwerk. Ich verirrte mich, durchstreifte ein steriles Neubaugebiet und tauchte dann an derselben Stelle auf, wo ich verlorengegangen war. Es spuckte mich einfach wieder am Startpunkt aus. Ein Restaurant hatte mittags noch nicht geöffnet, obwohl die Tür sperrangelweit aufstand. Der Wirt komplimentierte mich mit Gesten des Fegens hinaus, dabei wollte ich nur eine Portion Braten, die ich mir, wie ich plötzlich dachte, mehr als verdient hatte. Stattdessen aß ich eines der mit getrockneten Tomaten belegten Baguettes, die ich von Anfang an hier gegessen hatte, und fand mich dann am Ende der absurden, von ein paar Schauspielern schon hinreichend geschmähten Fußgängerzone wieder, wo ich in einer Gaststätte «einkehrte», was ich sonst nie tat. Normalerweise ging ich einfach in die Gaststätten, jetzt «kehrte» ich «ein» und musste über diese semantische Verschiebung schmunzeln. Ich trank ein Bier und beugte mich über den Text, den der Produktionsdramaturg im dritten Akt noch einmal zugleich aufgelockert und gestrafft wissen wollte, was mir im Handumdrehen gelang. Das Ergebnis gefiel, ein erhitzter Diskurs in Fragmenten, der die Konflikte unter den Insassen noch einmal dialogisch zuspitzte. Ich geriet über die Figurennamen ins Grübeln, über die Etymologien, die mir bei der ursprünglichen Namensgebung so nicht bewusst gewesen waren, die aber alle auf eine vertrackte und fast schon obszön genaue Weise zu den Namensträgern passten. Das war kein Zufall, das war auch keine Intuition, das war etwas anderes: ein geheimer Pakt zwischen den Worten und Dingen.

Ein Abiturient am Nebentisch sagte etwas Lustiges zu seinen Tischgenossen, das ich auf mich bezog, und ich fragte ihn, ob mit dieser kleinen Spitze ich gemeint sei. Heiter strahlte er mich an, nein, ich sei nicht gemeint, diese Schlussfolgerung sei offensichtlich ein «Fehler» meinerseits. Über diesen «Fehler» dachte ich kurz nach, dann über meine allgemeine Furcht vor Fehlern, wobei ich doch wusste, dass der ständige Versuch, Fehler zu vermeiden, womöglich der größte Fehler war. Ich nahm mir vor, bei nächster Gelegenheit einen Fehler zu machen. Die schöne Bedienung, die ein Mensch, der irgendwo «einkehrte», sicherlich «rassig» genannt hätte, funkelte mich über dem Kerzenschein besonders intensiv an, irgendwo zwischen Interesse und Kontrolle, und der allzu offensichtlich Starrende, dessen Blicke schon wieder etwas suchten, das nicht da war, funkelte und funkte zurück. Dann stand ich gefasst auf, verließ die Gaststätte und ging wieder in die Theaterkneipe, wo keiner der Schauspieler aufzufinden war, was mir wie abgesprochen vorkam.

Knut, der mich besuchte, merkte schnell, dass wieder «etwas nicht stimmte». Ich verharrte zu lange bei den Dingen und Zeichen; der Blick flackerte mal ziellos überallhin, dann verbohrte er sich in Nebensächlichem; die Deutungen begannen wieder, in die Irre zu gehen. In einer Bar machte mich ein Typ aggressiv an und meinte, ich sei doch der, der immer mit seiner bescheuerten Tasche in der Stadt herumgehe, da sei sie ja, die bescheuerte Tasche. Fast wurde er wegen meiner hochfahrenden Reaktion handgreiflich. Was normalerweise ein unpassender, kleiner Angriff gewesen wäre, kam mir jetzt vor wie ein gewöhnliches Beispiel der Gereiztheit, die ich überall auslöste, ohne es bisher gemerkt zu haben. Nun, da ich diese Gereiztheit im Blick hatte, begegnete ich ihr überall. Eine Studentin sprach mich auf der Straße an, ich sei doch der Theaterdichter, sie habe da eine Frage, und anstatt einfach mit ihr zu reden, nickte ich und floh rückwärts die enge Gasse hinauf, ohne zu wissen, weshalb. Sie rief mir etwas hinterher, ich drehte mich um und stimmte ihr im Rückwärtsgehen zu, obwohl ich sie keineswegs verstanden hatte. Ich eilte zurück in mein Theaterwohnungszimmer, das sich langsam zu einem neuen Archiv der Jahrestage wandelte. Es waren wieder Zeitungen und Chroniken, die ich zusammentrug und in irrwitzigem Tempo durcharbeitete, dazu kaufte ich wahllos eine Menge Ausgaben der SZ-«Diskothek», eine damals wöchentlich erscheinende CD-Sammlung, die die jährlichen Highlights der Popmusik von 1955 bis 2004 versammelte. Ich lauschte den Songs hinterher, konzentrierte mich ein weiteres Mal auf die Jahre zwischen 1977 und 1983, den Zeitraum, den ich nicht nur musikalisch am interessantesten fand, Postpunk, New Wave, all das, sondern innerhalb dessen ich auch irgendwo den unsäglichen Verrat an mir verortete. Ich klopfte die Texte und Melodien auf Hinweise ab. Diesmal war das paranoide Weltbild schnell zur Hand, ich musste lediglich die vor Jahren zerfallenen, aber verfügbaren Fragmente zusammensetzen, schon konnte ich wieder in den Verfolgungswahn einziehen wie in eine leerstehende Wohnung, schon stand ich wieder als Opfer des Weltgeistes da, als Rächer der Zukunft. Das Unsägliche jedoch war auch das Unaussprechliche, und so trug ich, wie die anderen, dieses Geheimnis mit mir herum, ohne etwas darüber zu verlautbaren. Diese Strategien waren mir vertraut. Die innere Spannung aber war kaum auszuhalten.

Es wurde schnell bizarr. «Es» heißt hier vor allem: ich. Eine Theaterprobe stürmte ich, von der Erdbebenkatastrophe auf Haiti völlig durchgeschüttelt, mit der Bierflasche in der Hand und setzte mich wie zum Protest auf die Bühne. Mir gefiel nicht mehr, was dort geprobt wurde, obwohl ich gar nicht auf dem neuesten Stand war. Die spätere Warnung des Theatertechnikers in Richtung des Regisseurs, beim gleichzeitigen Einsatz von Strom und Wasser müsse man natürlich aufpassen, nahm ich metaphorisch, denn ich glaubte nicht mehr an die Gesetze, die wir alle in der Schule gelernt hatten. Die alte Neigung, Konkretes metaphorisch und Metaphern konkret zu nehmen, trat wieder ins Werk. «Strom» und «Wasser» gehörten zu den Worten, deren Bedeutungen ich nicht mehr traute. Die Begriffe meinten etwas anderes als bisher, aber ich war mir noch nicht sicher, was. «Jaja, Strom», rief ich, «Strom und Wasser, alles klar!» Der Techniker blickte mich befremdet, fast hasserfüllt an und raunte mir am Abend zu, in besagtem Moment hätte er mir gerne eine reingehauen. Ich lachte, nahm sein Geständnis nicht ernst und hatte am nächsten Tag schon wieder vergessen, was erst mich, dann ihn so aufgeregt hatte.

Die Premiere rückte näher. Das Team wurde hektisch, wie es bei solchen Produktionen eben der Fall ist. Die Nerven lagen blank, nicht zuletzt, weil die Schauspieler bei den

Improvisationen sehr viel Persönliches in die Figuren hatten miteinfließen lassen. Diese Produktion in der Provinz bekam etwas Existenzielles, und nun war der Autor auch noch ausgeflippt. Ich streifte nachts durch die Stadt, ging auf eine Studentenparty, redete dort wirr auf eine Gruppe ein, die erst offen mit mir diskutierte, mich irgendwann aber genervt abschüttelte, stieg in einen Nachtbus, dann in eine Regionalbahn, schlief ein und wurde morgens vom Kontrolleur geweckt, den ich verwirrt fragte, wo ich sei, an der Friedrichstraße, Berlin? Draußen war lediglich eine karge Landschaft zu sehen. Zwei Schüler hinter mir lachten lauthals los und fanden mich, den Verlorenen, «geil». Ich stieg aus, wusste nicht, wo ich war. Einem Schüler auf dem Bahnsteig schenkte ich das PeterLicht-Buch, das ich gerade las. Ich war bereits «hilflos», wie es im Notrufjargon heißt, wenn psychisch verwirrte Personen aufgegriffen werden. Noch hielt ich mich aber halbwegs zusammen und schaffte es sogar, wieder nach Erlangen zurückzukehren.

7

«Der Begriff *Posttraumatisches Theater* stammt als Manifest von einem Freund im Prater und bezeichnet genau das Theater, welches das *postdramatische Theater* bereits abgelöst hat. Dieses Theater wird das Trauma des zwanzigsten Jahrhunderts noch präziser zu verarbeiten versuchen, dabei beratend und programmatisch neue Konzepte entwerfen. Nietzsches ‹Was fällt, das soll man auch noch stoßen› steht sehr zur Debatte. Es darf nämlich auch geträumt und gerockt werden. Und es gibt bereits Stücke, Texte und Musiken, die dem ‹posttraumatischen Theater› auf den Punkt vorgearbeitet haben in Sachen Identität und Differenz. Der Kniff beim ‹posttraumatischen Theater› arbeitet invers und radikal aufklärerisch: Es versucht, Antworten zu geben, statt zu zerstreuen. Man kann auch durch Zitate miteinander kommunizieren. Gegenängstliche Texte werden den Ausschluss durchkreuzen, also betrauern und verhöhnen. Gesetzt antireligiös, sagen wir zum Beispiel in Richtung ‹Schwitzhütte›, versucht das Stück ‹Haus zur Sonne› jenes ‹posttraumatische Theater› weiter zu öffnen und nebenbei zu inkorporieren. Das Prinzip ‹Schuld› wird im Allgemeinen strikt verneint, Verschwörungstheorien werden analysiert, Systemtheorie poetisiert. Nicht nur eine Frau sollte immer mit am Tisch sitzen.

Herzlich willkommen, Ihr Trottel!

Dieser Text ist Sarah Kane, Aljoscha und den Pixies gewidmet.»

(«*Manifest zum Posttraumatischen Theater*», *21. Januar 2006*)

8

Freunde kamen zur Premiere. Um mich herum hatte sich bereits ein ansehnliches Drama gebildet, das ich überhaupt nicht wahrnahm. Cathy, meine Exfreundin, mit der ich in den letzten Wochen fast schon wieder zusammengekommen war, weinte, sobald ich ihr den Rücken zukehrte. Aljoscha traf ebenfalls ein und brach beim Anblick der jahreszahlkuratierten Ausstellung diverser Bücher und Platten in meinem Zimmer in ein kurzes, verunsichertes Gelächter aus. Dann wich er nicht mehr von meiner Seite. Andere Freunde standen entgeistert und verschüchtert am Rand der Szenerie. Der Entschluss, mich nach der Premiere in die Geschlossene zu bringen, war schon besprochen und besiegelt. Das wurde vor mir natürlich geheim gehalten.

Ich registrierte die Premiere kaum mehr, betrank mich langsam während der Vorführung, zog meinen signalroten Pullover an, den ich einen Tag später sofort wegwarf, in einem Wutanfall *gegen alles Ausgestellte*, verbeugte mich und ging dann zum Raum hinüber, in dem die Premierenparty stattfinden würde. Ich hielt mich noch zurück mit dem Whiskeykonsum und holte die erste Musik raus. Denn ich hatte mir zusichern lassen, dass ich auflegen dürfte, eine Aufgabe, die mir angesichts der neuen Wichtigkeit des Pops viel existenzieller schien als das inzwischen vernachlässigte Theaterstück. Dieses, in zwei Wochen rausgehauen, hatte lediglich einen Erkenntnisprozess in Gang gesetzt, der meine Einsichten von 1999 rundum bestätigte, und somit seine einzige Funktion erfüllt: Mein Bewusstsein hatte sich wieder in die Welt eingeklinkt, die tatsächlich aus den Fugen war. Das Stück war bloß eine Leiter zur Erkenntnis gewesen, die ich nun umstoßen konnte. Fast hätte ich die Aufführung boykottieren wollen. Auf der Feier drehte ich die Musik so laut auf, dass die Anlage durchbrannte.

Am nächsten Tag stand die Rückfahrt an. Die gefühlte Gereiztheit der Umgebung hatte sich auf mich übertragen und vervielfacht. Ich wurde von Cathy und Aljoscha durch die Fußgängerzone begleitet, ging schnurstracks und beleidigt in Richtung Bahnhof, rempelte mit der Entschlossenheit eines Footballspielers den einen oder anderen Passanten an, die große Tragetasche über die Schulter geworfen, die Miene versteinert. Den Großteil meiner Sachen ließ ich einfach in der Theaterwohnung zurück, wo er später in Müllsäcke gestopft auf mich warten und niemals abgeholt werden sollte. Im Zug trank ich schon das erste Weizenbier, rauchte im Bordbistro, schimpfte den Kellner aus. In mir pulsierte ziellose Aggression.

Als wir in Berlin angekommen waren, erfolgte der Zugriff. Ich sollte wieder in die Klinik. Aljoscha war Überbringer des Beschlusses, beim Bier in einer Bar, in die ich geflüchtet war. Ich wollte nicht. Alles, nur das nicht. Gerade erst begann ich doch, die Welt zu durchschauen, den Durchbruch zur Freiheit geradeaus im Blick. Er musste mich ziehen lassen.

Die Vereinsamung beginnt, ohne dass es der Vereinsamende mitkriegt, denn er hat ja so viel zu tun, er geht ständig unter die Leute, fremde Leute, wirft sich in die Szenen und sorgt für groteske Situationen. Die freundliche Konfrontation ist der Verhaltensmodus der Stunde, es brodelt in einem, aber die Fassade wird halbwegs gewahrt. Manchmal gibt es nur bedeutsames Schweigen und wissende Blicke, deren Aufdringlichkeit einem selbst nicht bewusst ist.

Wieder kamen zwei Freunde vorbei, schleppten mich zur Aufnahme der Charité, wo ein zugewandter, durchlässiger Arzt mich kurz befragte. Ich wollte noch immer nicht. Der Arzt erklärte meinen Freunden, dass meine Erfahrungen mit der Psychiatrie anscheinend traumatisch gewesen seien und man Geduld haben müsse. Aber wer hat schon Geduld mit einem aufgescheuchten Maniker? Ich sah die Sorge in ihren Augen – und fügte mich schließlich, ging hinein, um mich Tage später gegen ärztlichen Rat wieder zu entlassen, bis ich, nach weiteren Ausfällen, erneut zu einem Aufenthalt überredet wurde, den ich dann wieder abbrach. So ging es das ganze Jahr.

9

Und das Jahr war prallvoll. Ding, ding, ding, ding, ding. Plötzlich war ich in drei Gattungen nominiert: für den Leipziger Buchpreis in der Übersetzungssparte, den Ingeborg-Bachmann-Preis in Sachen Prosa und beim Berliner Stückemarkt. Zudem interessierten sich renommierte Verlage für meine Erzählungen, unter anderem Suhrkamp. Dort sollte ich dann auch tatsächlich landen, was zunächst die Erfüllung eines Jugendtraumes war. Über die erste Hälfte des Jahres wurde ich also von ungewohnter Zustimmung getragen, die mich in meinem Wahn nur bestätigte. Ich war offensichtlich auf dem richtigen Weg.

In Wahrheit aber auf dem falschesten. Die Auftritte waren, rückblickend, mehr als mittlere Katastrophen. In Leipzig, wo ich für meine Übersetzung der «Whores for Gloria» von William T. Vollmann nominiert war, verursachte ich einen kleinen Eklat, da ich zur Preisverleihung meine Einladungskarte vergessen hatte und mich lautstark mit den grobschlächtigen Einlassern anlegte, das Publikum, darunter der halbe Literaturbetrieb, genau vor mir. Ich schrie, und verständlicherweise wollten sie den aufgelösten Querulanten in seiner Lederjacke umso weniger hineinlassen, je lauter er wurde. «Gucken Sie doch mal, wie der sich benimmt», hieß es, bis Jurymitglied Richard Kämmerlings eigens von der Bühne kam, mir die Hand um die Schulter legte und mich sachte hineingeleitete, ein Akt, für den ich ihm bis heute auf verquere Weise dankbar bin. Frau Löffler, ebenfalls in der Jury, blickte erschrocken bis gefasst, jedenfalls verstockt in meine Richtung. Ich setzte mich erst auf den vorgesehenen Platz, ganz aufgekratzt, bemerkte dann, dass hinter mir die Verleger Ulla Unseld-Berkéwicz und Michael Krüger saßen, was mich, obwohl sie mich seltsamerweise freundlich anstrahlten, so sehr nervte, dass ich Reißaus nahm und an einen der Stehtische an der Seite der Halle auswich, um dort laut, viel zu laut weiterzuschwadronieren, bis die Preisverleihung endlich begann. Wie bei den anderen Nominierungen dieses Jahres ging ich leer aus. Ohne davon im Geringsten getroffen zu sein, stürzte ich mich nachts in irgendwelche Partys, trank später die Minibar leer und irrte dann noch verloren durch die unvertraute Stadt.

Auf dem Stückemarkt des Theatertreffens im Haus der Berliner Festspiele verhielt ich mich nicht anders. Ich stellte mich, mit einem Jägermeister bewehrt, vor das Haus und beobachtete in feindlicher Gesinnung die herumstehenden bürgerlichen Fassadenmenschen. Ein sinistrer Typ, der bei einem der steifsten Kulturevents mit Jägermeisterflasche vor der Tür steht, wird selbstverständlich schräg angeblickt, und umso schräger blickte ich zurück.

Aber auf dem Weltrettungstrip war ich nicht mehr. Die Größenwahn- und Beziehungsideen traten nur noch in einzelnen Stößen und Schüben auf. Dennoch war ich mir sicher, dass alle, ausnahmslos *alle* Menschen mich kannten, auch wenn sie mich nicht unbedingt wiedererkannten. Es sind diese gespürten, unhinterfragten Reste der Paranoia, die der Psychotiker mit sich herumschleppt wie Kettenfesseln, welche ihm normale Bewegungen verunmöglichen und das halbgare Leben zur Hölle machen.

Ein Regisseur und ein Dramaturg der Schaubühne, ebenfalls einer meiner Sehnsuchtsorte, hatten sich des Stückes für eine szenische Lesung angenommen; es hieß «Licht frei Haus» und handelte von einer kaputten Hinterhofgemeinschaft, die sich im Kampf gegen den Zugriff des Staates solidarisierte. Ein ehemals psychisch kranker Student kam auch schon vor, ein Statthalter meiner selbst, wie später so oft, wie immer eigentlich. Ich hatte das Stück Ende 2005 geschrieben und persönlich in den Briefkasten der Festspiele eingeworfen, bei schräg einfallendem, freundlich-kaltem Wintersonnenlicht, ein schöner Augenblick. Nun sollte ich bei Strichen und Veränderungen eingebunden werden, aber der Zerstörungstrieb den eigenen Texten gegenüber setzte wieder ein, und ich versuchte, teils willentlich, teils aus alberner Regression, möglichst viel pseudodadaistischen Schwachsinn einzubauen. Die Schauspielerin Jule Böwe, die die weibliche Hauptrolle sprechen sollte, fragte mich bei einer Probe, wie ein bestimmtes Wort auszusprechen sei, das ich rhythmisch und semantisch verfremdet hatte, und ich machte es ihr vor, obwohl das Wort überhaupt keinen Sinn mehr ergab. Sie nickte nur, überlegte, sprach es nach, schien verstanden zu haben. Am Theater sind sie nun einmal einiges gewohnt, dachte ich, denke ich, ein Fakt, den eine andere Probe zur szenischen Lesung noch weiter unterstrich, bei der die Schauspieler und der Regisseur sich plötzlich und ohne ersichtlichen Grund völlig entfesselt anschrien, Jule Böwe in einem Ausraster ihre Brüste entblößte, alle weiter austickten, bis ich, der eigentlich Verrückte, doch um Ruhe bat. Vielleicht war meine schon klinisch zu nennende Nervosität ja der Grund für ihre Unruhe, ich weiß es nicht. Die «Ficki-Ficki»-Stellen müssten aber wieder raus, sagte mir der Regisseur im Anschluss, und ich grinste nur und nickte. Ja, ich hatte das ganze Stück ein wenig ins Obszöne verzerrt. Sollten sie damit machen, was sie wollten, ich war längst weiter und woanders. Die Lesung war dann handwerklich solide, wie man sagt, wenn man nichts zu sagen weiß, und mir völlig egal. Ein anderer gewann den Preis, und Martin Wuttke drehte sich enttäuscht der Theke zu und kippte irgendwas. Ich löste mich in den herumstehenden Bürgergrüppchen auf, driftete von hier nach da, trank und redete Unsinn. So war auch dieses Festival geschafft und mein Ruf als halbirrer Kauz weiter gefestigt.

Ähnlich in München, bei einem herbstlichen Jungdramatikerabend an den Kammerspielen, wo ich fälschlicherweise meinte, Elfriede Jelinek zu sehen, dann mittellos durchs Stadtzentrum streunte und morgens, bei irgendeinem Kulturfrühstück, nicht nur die fehlenden Väter meiner Generation durchs Mikro donnernd anklagte (was wiederum eine Dramaturgin sehr beeindruckte, wie sie nach der Diskussionsrunde meinte – so ist die Doppelwertigkeit der manischen Wut beschaffen, manchmal trifft sie auch ins Schwarze), sondern darüber hinaus einer Kulturjournalistin vom Zündfunk gänzlich Sinnloses auf ihr Tonbandgerät wirklich lallte. Ich ahnte gar nicht, wie betrunken ich war; die Journalistin bestätigte es bei einem Telefonat Wochen später. Unverrichteter Dinge und benommen reiste ich wieder ab, Dirk Laucke neben mir, den ich mit Bier versorgte.

An Klagenfurt kann ich mich kaum erinnern. Ich war schon monatelang in diesem halbdeliranten Zustand aus Psychose und Alkoholkonsum unterwegs und konnte mich nur noch mit größter Mühe zusammenhalten. Zuhause saßen die Freunde vor dem Fernseher und hielten bei der Live-Übertragung die Luft an, besorgt, dass ich mir während der Lesung womöglich die Stirn aufschlitzen würde, was doch ein sehr albernes Zitat gewesen wäre, aber zu meiner Gemütsverfassung gepasst hätte, und zwar ohne jegliches inszenatorische Moment. Vielleicht würde ich auch einfach aufstehen und losbrüllen oder mir die Kleider vom Leib reißen?

Ich hasste Klagenfurt, das weiß ich noch; es geht dort

bekanntlich vor allem um den sich selbst feiernden Betrieb aus Kritikern, Agenten und Verlegern, und die Autoren stehen irgendwo wie billige Nutten herum und bieten ihr rohes Fleisch feil. Am Buffet, erinnere ich mich, drängte ich einen Kritiker weg, aber nicht, um mir selbst aufzutun, sondern nur, um sein eigenes Gedränge zu karikieren. Dann ging ich zu einer sitzenden Gruppe, die ich kannte. Die Lektorin Charlotte Brombach hatte «Josef Winkler mitgebracht», und ich war ergriffen, schließlich war er einer der literarischen Helden meiner Jugend. Sofort zählte ich ihm auf, welche seiner Bücher aus welchen Gründen die einfach allerbesten waren. Er nickte nur. Nicken taten viele, damals. Zu Recht nickten sie. Einfach nicken und nichts sagen. Ich mache es heute meist nicht anders, wenn ich Verrückten begegne. Ich weiß es auch nicht.

Mit dem Mietrad stürmte ich ins Umland, weg vom *Maria Loretto* und dem ganzen Dreck, ging auch nicht an den See zum Baden, verhielt mich unverschämt zur Organisatorin, pöbelte im Vorbeigehen Clemens Meyer an und weigerte mich, irgendwo mitzumachen. Vom Wettbewerb bekam ich kaum etwas mit. Meine neue Lektorin stand mir, soweit es ging, zur Seite. Der Song der Stunde, der überall aus den Lautsprechern schallte, war «Crazy» von Gnarls Barkley.

Als ich mit dem Lesen an der Reihe war, wurde mir schwindlig. Die Kameras hielten auf mich zu, und ich kam mir vor wie in einer Achterbahn kurz vorm Scheitelpunkt der heftigen Abfahrt. Das Gleichgewicht war weg, vor mir neigte sich alles nach unten, schon ratterte ich hinab. Dennoch schaffte ich es, die Lesung ohne Zwischenfall hinter mich zu bringen. Ich hielt mich einfach am Manuskript fest. Zwar war der Vortrag viel zu schnell und ich im Rückblick ziemlich unsympathisch abgeriegelt, mit irgendwie grotesk gegelter Kurzhaarfrisur, aber immerhin. Ich hätte auch total ausrasten können.

10

Eine kleine Irritation hatte ich dennoch eingebaut, und an diesem Detail lässt sich einiges von der verdrehten Logik und der wirklichkeitsfernen Fantastik ablesen, innerhalb derer ein psychotischer Geist operiert. Im Jahr zuvor hatte ich mit Erstaunen Juli Zehs Roman «Spieltrieb» gelesen, er gefiel mir, er spielte in Bonn, er hatte junge, intelligente Figuren als Protagonisten, die sich subversiv bis terroraffin gegen Autoritäten auflehnten, sehr gut, und dazu war er noch in einer hochtourigen, metaphernkrachenden Sprache verfasst, für die ich bis heute eine Vorliebe habe. Ein kraftvolles Leseerlebnis war das gewesen, das sich nun, mit der Paranoia des manischen Jahres, allerdings zu wandeln begann. Wie bei den meisten Fiktionen, nein, wie bei allem, das mir medial oder persönlich begegnete, fing ich an, Strukturen, Ereignisse und Figuren auf mich zu beziehen. Bei «Spieltrieb» nun sah ich in der Hauptfigur Alev ein verzerrtes Porträt meiner selbst: ein intellektualisierter Außenseiter aus dem verwegenen Nirgendwo, der so tut, als könne ihm nichts etwas anhaben, jenseits aller Moral zuhause, auf verkommene Weise brillant. Schon an diesen Autoprojektionen stimmte vieles nicht, aber ich nahm das Porträt hin, wie ich alles hinnahm, da ich doch von allen Seiten schief und schräg porträtiert wurde, dauernd, mit enormen Verzerrungen, ohne dass ich etwas dagegen tun konnte. Dieser Alev aber brachte eine Saite in mir zum Klingen, nein, nicht nur eine Saite, ein ganzes *Drone*, um selbst eine etwas fette

Metapher zu bemühen. Ohne dass die konkreten Eigenschaften stimmten, sah ich mein Mindset doch auf intuitiv-genialische Weise eingefangen und akzeptierte Alev als seltsame, aber gerechtfertigte Projektion von Freundesseite. Ich fühlte mich erkannt. Dieses vermeintliche Erkanntwerden wuchs sich jedoch graduell zu einer blanden, freundlichen Besessenheit aus. In meinem Größen- und Beziehungswahn hielt ich Juli Zeh und mich für einander zugehörig, für ein geheimes Kanzlerpaar des Undergrounds, das qua Metaphern miteinander kommunizierte, vor dem die Politiker dieser Welt sich bereits zu fürchten begannen, ach was, doch nicht erst seit jetzt, seit der Kindheit schon, als wir, ohne voneinander zu wissen, gleich um die Ecke aufgewachsen und irgendwie aufgefallen waren, hineingeworfen in dieses idyllisch-vertrackte Bonn, vor dem die Weltgeschichte den Atem anhielt, jener provisorischen Hauptstadt nach dem Millionenverbrechen, die doch nur ein verschlafenes Dorf am alten Rhein war, mit bald abzubauender Standleitung in die wahren Zentralen der Welt.

So dachte ich damals. Und ich könnte seitenlang weitere Details darüber ausbreiten, derart viel Unsinn war in meinem Kopf. Manchmal meinte ich, die Spatzen vom Dach pfiffen tatsächlich unsere Namen, und die Kinder in Kreuzberg meinten mit ihren Rollenspielen uns. Ich hörte es doch deutlich, jeden Tag durchs Fenster.

Fast jede fixe Idee eines Manikers hat eine solche Genealogie, eine zwar verrückte, nicht erklärbare, aber erzählbare Herkunft. Die meisten sind beängstigend albern, und es führt zu nichts, sie restlos aufzudröseln.

Als Gegengeschenk für dieses Alev-Porträt, in das ich mich, so ich dran dachte, weiter hineinsteigerte, hatte ich mir nun vorgenommen, die fiktive Ebene des Textes, den ich in Klagenfurt vorlesen würde, kurz zu durchbrechen. Ich tauschte an einer Stelle den Namen der Protagonistin Bianca kurzerhand durch ein bedeutungsschweres und doch leichtes, wie ein Anstoßen mit dem Ellenbogen gemeintes «Juli» aus. Es war eine Nacht-, eine Traumszene, in der die neurotisch-intelligente Bianca einen Albtraum hat, aus dem meine ebenfalls weibliche Ich-Erzählerin sie aufzuwecken versucht, Bianca, Bianca, wach auf. Ich schmuggelte den Fremdnamen an genau dieser Stelle in den Text und las ihn tatsächlich auch laut und gegen einen inneren Widerstand vor. Wenn ich mich recht erinnere, performte ich dabei auf besonders gehemmt-wilde Weise, drückte mit einem affektierten Rucken des Kopfes meine krasse Entschlossenheit zu diesem Durchbruch der Wirklichkeit aus dem Fiktiven aus, welchen ich als eigentliche Leistung meiner ganzen Klagenfurt-Erfahrung ansah. Wer es mitbekommen hat, fand es gewiss merkwürdig. Verständlich war das nicht. Aber so viele werden es nicht mitbekommen haben. Das Video ist noch im Netz. Ansehen kann ich es mir nicht. Beim Endlektorat des Erzählungsbandes, der Monate später erschien, bestand ich darauf, dass dieser Fehlname unbedingt auch ins Buch gedruckt werde. Dieses Fenster zur Wirklichkeit sollte unter allen Umständen offen bleiben.

Manche Sachen sind mir so peinlich, dass ich sie in meinem eigenen Worddokument vorübergehend kodiere.

11

Es ging zurück nach Berlin, ein Kritiker wollte mich am Umsteige-Flughafen bei der Hand nehmen, da ich mich schon wieder verirrt hatte. Ich war durch das für Durchrutschvorgänge berüchtigte Preisermittlungsverfahren durchgerutscht, wie genau, weiß ich nicht mehr. Burkhard Spinnen hatte noch bemerkt, er sei stolz auf mich, nur war mir nicht ersichtlich, weshalb. Vielleicht für den Namensdurchbruch? Ah, dort hinten stand auch der Lektor Thorsten Arend, dem ich inzwischen per Mail meine gesammelten Werke geschickt hatte, von heute aus gesehen: völlig wirres, diffuses Zeug. Ich hoffe, er hat es gelöscht.

Ein paar Wochen später schrieb ich Juli Zeh eine höfliche, schräge Mail, und sie antwortete offen und gleichzeitig distanziert. Meine eigentlichen Erkenntnisse auszusprechen, war mir verboten. Das waren die Spielregeln in diesem Spiel, das es nicht gab: Alles, was der Wahrheit zu nahe kam, war auf Distanz zu halten.

12

Mails. Es gibt keine Kommunikationsform, die für den gemeinen Maniker verführerischer und verhängnisvoller wäre. Es ist schlichtweg zu einfach, den plötzlichen Impulsen zu folgen und eine wirre Beobachtung oder einen schnell umkodierten Gefühlsausbruch in die Welt zu schicken. Gutgemeintes, ja, eigentlich Hingelachtes kommt auf der anderen Seite wie eine Drohung an. Dass die Sprache eh schon einen mächtigen Knacks hat, verstärkt die Inkongruenzen beim Verstehen. Die Sprache ist unsicheres Terrain, nicht mehr ganz verfügbar. «Strom» und «Wasser» heißen nicht, was sie hießen. Redewendungen werden nur noch wörtlich genommen. Die Kanäle sind bestürzend offen. So wird mit Bildern und Rätseln um sich geschossen, und Geheimnisse müssen in nochmals gedoppelte Metaphern gekleidet werden. Denn alles, was ich verschicke, ist potenziell jedem ersichtlich, es wird tausendfach kopiert und verteilt, und was ich heute in eine Mail schreibe, liegt morgen auf dem Tisch des Innenministers. Da, ich mache den Fernseher an, Schäuble, ich beobachte ihn, er scheint eine alte Fassung von «Samstagnacht» durchzublättern, tatsächlich, und grinst hämisch. Da muss ich gleich nochmal anders verschlüsseln, oder nein, alles anders aufziehen wieder, besonders dezidiert schimpfen und trashen, egal, in welche Richtung, denn es ist meine erste Bürgerpflicht und gehört zu meinem Rebellenethos, dieses hier und heute zu tun. Der Adressat, der dort in der Adresszeile steht, ist nicht der wahre Adressat, und wenn ich «Bresche» schreibe, wissen alle, dass ich mich indirekt auf «Breach» beziehe, meinen fiebrigen Text von 1997 in Austin. Selbst wenn ich mir dessen nicht bewusst bin – sie wissen es immer. Alle Texte stehen in einem kerkerhaften Verweisungszusammenhang, der mir Sprache und Kehle zuschnürt. Ich muss einen verzweifelten Karneval mit den Buchstaben feiern und werde darüber ganz kryptisch, bleibe aber unerbittlich ich selbst, auch wenn sich draußen alles verschiebt. Manchmal muss ich den Vorhang mit Worten zerreißen. Manchmal muss ich Sammelmails schreiben, die verlorenen Gestalten zusammenbringen, *under my wing*, unter meine Fittiche, Projekte anstoßen, Ideen entzünden.

Mails sind verheerend. Ein Schub mit Internetzugang, und du hast bei manchen Leuten für den Rest deines Lebens verschissen. Ein manischer Nachmittag mit Bier, und du hast dich erneut und für alle Zeiten zum Freak gemacht.

13

Die ersten Freunde gaben auf und wandten sich ab. Lukas hatte ich eh schon vor Jahren verloren. Es war einfach zu anstrengend und nervenaufreibend, zu erschütternd auch, und sie mussten ihre eigenen Leben vorantreiben. Meine Manie wies einige Phasen mit Mischzuständen auf, blieb aber ansonsten erschreckend konstant und widerständig. Und auch Phasen mit Mischzuständen sind alles andere als erholsam, nicht für den Erkrankten, nicht für seine Umwelt. Die Spannung zwischen akuter Manie und akuter Depression führt zu Aggressionen gegen sich und andere.

Immer wieder Freunde, Beziehungen und nahestehende Menschen zu verlieren, und zwar in einem Ausmaß, das die gängigen Verwerfungen und Entfremdungen des Lebens weit übertrifft, ist eigentlich unerträglich. Deshalb wohl werden sie hier dauernd heraufbeschworen, «die Freunde», als Leerstellen zumeist, als verlassene Stühle, kleine Illusionen aus der Einsamkeit heraus.

14

Das Geld ging aus. Meinen Freelancerjob als Industrietexter für den Mineralölkonzern hatte ich nicht mehr ausüben können, hatte schon in Erlangen hingeworfen, nicht mehr gekonnt, von einem Tag auf den anderen. Ich hatte die Arbeit von Anfang an nicht mit meiner Gesinnung vereinbaren können, aber jetzt war es mir nicht einmal mehr möglich, die Notizen, die noch aus dem Dezember stammten, in irgendeine sinnvolle Form zu bringen. Meine ehemalige Chefin meinte später, bei dem Abschiedsessen, zu dem ich mich mit ihr traf, hätte ich an der Hand geblutet.

Ich begann, meine Bücher zu verkaufen. Thomas Mann

musste als Erster dran glauben. Ich hatte ihn noch nie leiden können, fand seinen Stil unehrlich und parfümiert, und mit der vielgerühmten Ironie konnte ich schon gar nichts anfangen. Trickser hier, Trickser da, und alles in dieser Sublimierung altgriechisch verbrämter Pädophilie – weg damit. Weg mit den gesammelten Billigwerken von Goethe, Schiller, Mark Twain, die ich seit meiner Jugend mit mir herumschleppte. Weg mit Frisch, diesem senilen Identitätsstotterer und Erotomanen, weg mit Johnson, dem Alkoholchronisten, weg mit den Pfaffen Böll und Dürrenmatt. Fast täglich ging ich mit meiner schwerbeladenen Plattentasche in eines der weit verstreuten Antiquariate und trat mit kaum mehr als zehn Euro wieder heraus, die für Zigaretten, Essen und Bier reichen mussten. Es war ein Job, es war ein Sport. Aus der Notlösung war eine neue fixe Idee geworden. Ich wollte die Bücher loswerden, den Ballast, der mich vermeintlich beschwerte. Die Geistesgeschichte sollte nur in meinem Geist weiterbestehen, und sie war eh zur Gespenstergeschichte geworden, zu einem Spuk, der mich verfolgte. Die Bücher waren alle kontaminiert von der Heilserwartung, die – noch immer glaubte ich das an manchen Tagen, ohne es wirklich ständig präsent zu haben – in mir kulminierte. Ich musste aufräumen, abräumen, Tabula rasa machen. Langsam bekamen die Regale Lücken. Ich räumte alle Bände der analytischen Philosophie ab, der Dekonstruktion, auch Foucault. Mein ganzes philosophisches Studium kam mir vor wie eine Farce. Ich begann, auch Bücher zu verkaufen, die mir zuvor sehr wichtig gewesen waren: David Foster Wallace, Bret Easton Ellis, Adorno, Beckett, Vollmann, Wittgenstein, Pynchon, Grass, Goetz, Zeh, Bachmann, Bernhard. Cathy bat mich am Telefon, wenigstens die Nabokovs zu behalten. Sie wusste, wie sehr ich sie eigentlich liebte.

Und doch verkaufte ich sie später.

Ein Antiquar meinte eines Tages, das sei doch Quatsch, was ich hier mache, diese täglichen Besuche. Wenn ich wirklich verkaufen wolle, könnten wir einen Termin vereinbaren, an dem er bei mir vorbeikomme. Ich willigte sofort ein. Tage später stand er in meinem Berliner Zimmer und dezimierte meine Bibliothek: Gesamtausgabe Freud, Gesamtausgabe Benn, Gesamtausgabe Joyce und Proust und Kafka, überhaupt, alle Gesamtausgaben. Weg mit Handke, Strauß, Jelinek. Weg mit Houellebecq. Weg mit Schlegel, Schelling, Schleiermacher. Es war seinerseits kein schlechter Wille dabei, und ich war froh darüber, obwohl ein Rest an ungutem Gefühl sich meldete. Jedoch, ich wusste, mit meinem baldigen Reichtum würde ich mir wieder die schönste Bibliothek zusammenkaufen können. Und es standen ja auch, nachdem der Antiquar mit Hunderten von Büchern, den gewinnbringendsten, abgefahren war, noch immer genügend da. Es standen sogar viel zu viele da! Wieder schulterte ich die Tasche.

15

Und zog um. Jede Manie brachte mindestens einen Umzug mit sich. Mindestens. Diesmal ging es von Prenzlauer Berg hinunter nach Kreuzberg, direkt ans Kottbusser Tor. Ich hatte einen Zapf-Laster mit drei Möbelpackern bestellt, viel zu groß für meine Belange. «Das ist ja schrecklich hier», rief einer der Packer aus, und ich wusste nicht, ob er Kreuzberg, die Wohnung, meine paar Kartons oder mich selbst meinte. Aljoscha lachte fröstelnd.

Die ersten Wochen lebte ich aus diesen Kartons, hörte unsagbar laut Musik, um mich der Nachbarschaft vorzustellen, wogte als Phänomen durch die Straßen. Der Sommer war heiß, und das sogenannte Sommermärchen trieb mich weiter in den Wahnsinn. Es war zu bunt überall, es blendete, die Weltmeisterschaft gleißte, die Fahnen und Flaggen, die Fernseher und Fanmeilen. Ich wurde aggressiv, fuhr hin und her durch die Stadt, feuerte manchmal Deutschland an, manchmal irgendwen, spielte auf der Straße beim Fußball mit, bolzte den Ball gegen Autos.

In einem bestimmten Café in Kreuzberg begann ich, sesshaft zu werden, oder eher: mich einzuzecken. Die Bedienungen waren schnell genervt von mir, doch ich merkte das nicht oder blendete es aus. Tief drinnen und heimlich freuten sie sich doch, so wusste ich, und ihnen würde in meiner Anwesenheit auch nichts passieren. Ich übersommerte in diesem Café, ließ etwaige Beschimpfungen von anderen Stammgästen an mir abprallen, arbeitete am Erzählungsband, betrank mich, aß kaum mehr etwas. Schlief, nach Hause gekommen, so viel ich konnte, und das war wenig. Schleppte ein paar Frauen ab. Las die Chroniken. Verkaufte die Chroniken, warf sie weg. Nichts mehr wollte ich wissen und doch alles.

16

Schleppte ein paar Frauen ab. Denn es schien so einfach, und das war es dann meist auch. Das bloße Selbstbewusstsein des Manikers reicht schon aus, um ihn zum Erfolg zu führen. Er löst sich zwar auf, aber das mit Aplomb und Effekt. Ich konnte den größten Off-Topic-Schwachsinn erzählen, er wurde zum Witz umgedeutet, und die rhetorische Mimikry, das Verbot, die Wahrheit auszusprechen, das stillschweigende Anschmiegen ans «normale» Gespräch taten ihr Übriges, ließen mich als nicht völlig Verrückten dastehen, sondern als crazy Künstler, dessen abgefahrene Tendenzen mehr als verzeihlich waren. Ich neigte, klassisch-manisch, zur sexuellen Ausschweifung und kam mir im Bett wie Teufel und Tier vor. Endlich hatten sie ihren Satan, ihren Pornostar geschossen, und er performte wie ein überspitzer Irrer. Er war ja ein Irrer. «Ist das Übung, oder was ist das?», fragte eine Kurzaffäre. Dass die Performance wegen der zeitweise doch eingenommenen Medikamente bisweilen ein wenig litt, schrieb ich nicht den Medikamenten, sondern dem Druck zu, der auf meinen Schultern lastete. Schließlich musste ich Millionen Diskurse und Historien durchstoßen. Und unter mir immer dasselbe namenlose Fleisch.

Die Künstlerin mit den Rauminstallationen, burschikos und eigentlich unberührt; die nur mit zwei Sätzen Mitgenommene aus dem *Möbel Olfe*, die beim Anblick meiner Bücher auflachen musste; die verlorene Schönheit im *Roses*, die für mich zu dem Zeitpunkt einfach die Schauspielerin Carrie-Anne Moss war, was wegen der «Matrix»-Filme eine besondere Reunion im Realen darstellte; die Bekannte, Exfreundin eines Freundes, womit ich mich moralisch schuldig machte; die Journalistin, die selbst verrückt sein wollte; die Malerin; die schlechte Rechtsanwältin; die Eigenschaftslose aus dem *Bateau Ivre*; die Joblose mit den Narben unter den Brüsten, dann die und die andere, und die, und die.

Verrohung, Vereinsamung, der Versuch, durch Sex etwas zu lösen, fast gewaltsam. Morgens wieder alleine auf den Weg, morgens aus den Laken los ins Treiben dieser irren Stadt.

17

In Frankfurt war ich bei Suhrkamp zu Gast, dem Verlag, den ich inzwischen als den meinen ansah, und zwar auf nicht gesunde, sondern auf wirklich possessive Weise. Aus der Erfüllung des Jugendtraums war eine beiläufige Fußnote geworden. Wenn die Weltgeschichte in ihrer Gesamttektonik nämlich auf mich zulief, dann erst recht dieses rissige Bollwerk der bundesrepublikanischen Intelligenz. Denn jetzt wuchs zusammen, was zusammengehörte, und endlich vereint würden wir in neuem Glanz erstrahlen. Anstatt mich zu freuen, nahm ich die Aufgabe an, diesen Verlag zu retten. Oder, um es in der Machart des Chuck-Norris-Memes zu sagen: Ich war nicht bei Suhrkamp, Suhrkamp war jetzt bei mir.

Nach dem gefühligen Gespräch mit der Verlegerin, einem verstörenden Besuch in der Theaterabteilung und einer Führung durch den sachlichen, geschichtsträchtigen Sechzigerjahrebau fand ich mich in der Gästewohnung wieder. Jemand, ich glaube, es war die Unseld-Sekretärin Frau Becker, meinte, als ich den Kühlschrank öffnete: Ja, das sei alles für mich. Dort standen, wahrscheinlich vom Vorgast vergessen, ein paar Biere und eine Kornflasche, die ich im Geiste sofort die *Uwe-Johnson-Gedenkflasche* taufte. Frau Becker verabschiedete sich, und ich war nun angekommen, saß ratlos da und kippte Korn. Es war sehr bundesrepublikanisch hier, tatsächlich, man fühlte sich wie in den Sechzigern, Siebzigern, und die Last des Kalten Krieges, der mögliche Weltuntergang waren förmlich noch zu riechen, ein Altmännergeruch im Teppich, Koeppen, der in sich hineinkicherte, Handke, der augenblicksbeseelt auffuhr. Nach genügend Uwe-Johnson-Korn ging ich los, durch die Dunkelheit der hässlichen Stadt Frankfurt. Vor einem Restaurant fragte mich ein Koch, ob ich ihm zwanzig Euro leihen könnte, was ich umstandslos tat. Er kannte mich ja, wie alle, er würde mir das Geld schon wieder zukommen lassen. Ich lief zur Oper, dann wieder zurück. Eine leblosere Stadt hatte ich selten gesehen. Später, in der Gästewohnung, schlief ich mit der Zigarette in der Hand ein, hinterließ dicke Brandlöcher im festen Leinen, die ich erst morgens sah. Fortan war für mich in psychotischen Zeiten, auch 2010, klar, dass Ingeborg Bachmann nie so gestorben war, wie es überall geschrieben stand. Es war nicht möglich, durch eine Zigarette im Bett zu verbrennen, schon gar nicht in gesteiftem Siebzigerjahrebettzeug. Bachmann lebte, oder sie war irgendwann in den Neunzigern heimlich verschieden. Ich nannte das die «Bachmannlüge», und tatsächlich wurde ein entsprechender Kurztext von mir, eigentlich eine schnelle Celan-Verhöhnung, später in der «Zeit» abgedruckt.

18

Dass die meisten Toten noch lebten, war eine besonders hartnäckige Vorstellung innerhalb meines Wahnsystems. Der Tod war einfach zu traurig. Ich sah eine Galerie der Untoten vor mir, hatte den nicht abzuschüttelnden Verdacht, viele Tode seien von den Toten selbst nur vorgetäuscht worden, weil Bekanntsein, wie ich merkte, wie eine Vernichtungsmaschine wirkte. Der Anfeindungen waren einfach zu viele, dort draußen auf der Straße, in der Stadt. Der Faschismus lag allgegenwärtig in der Luft. Und so musste es irgendwo, wohl in den Alpen, ein suhrkampgestütztes Resort geben, wohin sich die Geisteskrieger nach dem erklärten Tod zurückziehen und Gebirgsluft atmen konnten. Dort saßen Bachmann, Bernhard, Beckett. Dort warteten sie auf die Stunde, da ich aus dem Tiefschlaf erwachen würde. Dort soff auch Werner Schwab noch, und Sarah Kane kam zum Frühsport vorbei. Bernhard allerdings war es wohl naturgemäß zu gemütlich geworden, weshalb er, wie es schien, kurz aus der Idylle ausreißen musste. Oder war er nur die Vorhut der Kommenden? Jedenfalls, man glaubt es kaum, sah ich ihn in dieser Zeit einmal beim Bahnhofs-McDonald's in Wuppertal sitzen und verdrießlich einen Big Mac verschlingen, den Blick skeptisch zur Seite gewandt, genau wie auf dem roten Cover des «Auslöschung»-Taschenbuchs. Es schmeckte ihm nicht. Ich ließ ihn in Ruhe weiteressen.

Die Stunde, da ich aus dem Tiefschlaf erwachen würde, war nun faktisch gekommen. Ich war mir meiner Rolle bewusst und sendete dementsprechende Signale aus, ins Netz, durch Briefe, auf den Straßen. Als Reaktion erwartete ich die Ankunft der Toten, die Wiederauferstehung, ihre Rückkehr aus den Ferien. Foucault war ja schließlich auch wieder da, als einer der Ersten, selbstverständlich, und zwar als Wirt der Gaststätte *Prater* in Prenzlauer Berg. Der Autor war also tot, der Mensch im Verschwinden begriffen wie am Meeresufer ein Gesicht im Sand?

Da stand er doch. Und nannte sich zu allem Überfluss auch noch «Thomas».

Alles klar.

19

Hey! Heute wird gefeiert. Ich habe die entsprechenden Leute angerufen, und sie werden kommen: Aljoscha, Patrick, Knut, Konrad, sogar Dagny. Es wird ein glamouröser, nicht zu toppender Abend, wir werden ins *Ball-*

haus Ost gehen. Denen habe ich schon vor ihrer Eröffnung Musik und Texte vorbeigebracht. Das scheinen engagierte, frische Leute zu sein. Es wird formidabelst.

Schon stehen wir in der Bar des Theaters. Gerade war ich alleine in der Uraufführung von «Die Ehe der Maria Braun» nebenan und kann mich schon jetzt an kaum etwas erinnern. An eine weibliche Hitlerfigur vielleicht, die anfangs an der Rampe kicherte. Aber sonst ist alles an mir vorbeigegangen. Ich habe den Veranstaltern ein Bier aus dem Kühlschrank klauen wollen und wurde dabei erwischt. Das sei kein «Style», so der Barmann. Verstehe ich. Aber hey! Ich habe ihnen doch meine Stücke samt Musik dagelassen, auf selbstgebrannten CDs, und sie haben auch ausgiebig daraus zitiert, nicht wahr? Ist das nicht so? Und heißen sie Pollesch, oder was? Mit ihm war vor Kurzem nämlich genau dasselbe. Er hätte wenigstens mal Bescheid sagen können, wo er sich bedient. Erst nicht melden, wenn die Mail mit dem Stück eintrifft, dann extensiv Ideen und Sätze zitieren. Das haben wir gern! Zu Recht zischte der Techniker ihm ein «Arschloch» zu, wie ich hörte, als ich die Aufführung verließ. Aber ist halt Pollesch, der Lausbub. Böse sein kann man ihm nicht. Und Hollywood macht es doch eh seit Jahren so, da werde ich mich wegen eines Kuhhandels in unserem Berliner Dorf hier nicht echauffieren.

Die Musik geht los, und sie erhebt mich sofort ins Abstrakte. Ich exe ein Bier, nehme ein zweites, verteile eine Flaschenrunde und fange an zu tanzen. Die Party hat noch gar nicht recht begonnen, aber ich habe keine Geduld, und wo ich bin, ist die Party. Das ist meine Natur, das ist die Natur der Party. Die Freunde stehen eher steif und wortlos da. Leute! Heute werden wir erlöst! Und sei es nur für ein paar Stunden. Also!

Dagny sieht wieder ganz reizend aus. Ich weiß nicht mehr genau, warum wir uns damals getrennt haben, aber jetzt fühlt es sich an, als wären wir just wieder zusammen. Da muss man keine Worte machen, da reichen Blicke und kleine Berührungen, da reicht Gesicht vor Gesicht. Ich tanze wild mit ihr, wirble sie herum. Das Licht hier hat die Farbstruktur und Konsistenz eines kleinbürgerlichen Partykellers, aber es kommt mir dennoch genau richtig vor, genau richtig gesetzt, gutes Understatement. Gute Leute. Mehr Leute kommen, auch gute Leute. Nur gute Leute. Ich schwalle kurz Anne Tismer zu, die lacht eingeschüchtert. Kein Wunder.

Irgendwann küsse ich Dagny, es fühlt sich richtig an, aber ich muss sie wieder von mir stoßen, denn dieser Augenblick soll anders knallen. Küssen können wir später. Doch wissen wir Bescheid. Kündigt sich da etwa eine weitere Hochzeit an, jetzt, nach dem Erwachen? Ich blicke mich um. Fremde tanzen um mich, und das versetzt mich in eine wahre Euphorie. Ich tanze mit, sie tanzen mit. Wie nah Fremde einander sein können. Was für eine Musik das ist.

Die Musik entführt uns soft in sanft entgrenzte Soziotope, denke ich und spüre jeden Beat. Der Beat geht in den Kopf, die Höhen in die Seele, und der Bass, der Bass geht in die Beine.

Kurz nicht aufgepasst, schon wird Dagny von einer Gruppe junger Kläffer umgarnt, nein, umhechelt. Ich sehe großzügig drüber hinweg. Doch zu frech sollen sie nicht werden! Meine Stimmung ist heilig, und die sollen mir nicht auf die Nerven gehen. Tun sie aber. Schon spüre ich den Beat nicht mehr, und die Stimmung fällt in sich zusammen wie der Bauklotzturm eines anämischen Helikopterkindes. Hey, hey! Dagny merkt gar nicht, sagt sie auf Nachfrage, dass die Kläffer, es sind Touristen, sie anmachen. Dennoch provoziere ich die Kläffertouristen ein wenig, werfe mit herausfordernden Gesten und Worten um mich. Erst machen sie mit und lachen. Dann verdüstern sich ihre Mienen. Ich trete nach ihnen. Erwische ich einen? Meine wahre Stärke halte ich zurück.

Plötzlich liege ich am Boden und schreie. So habe ich noch nie geschrien. Einer der drei hat mir seine Faust mit aller Wucht ins linke Auge gerammt. Erst wurden sie ernster und redeten konspirativ, dann haben sie mein Versöhnungsangebot mit diesem Faustschlag beantwortet, aus dem Nichts. Ich lächelte noch, dann lag ich am Boden. Der DJ hat die Musik ausgemacht, nur mein Schrei steht in der Luft. Die Freunde stellen sich um mich auf und drohen den Kläffern. Konrad sagt, wenn die Kläffer eine Massenschlägerei wollten, könnten sie die gerne haben. Aljoscha kniet nieder, um mich zu beruhigen. Das Auge ist sofort zugeschwollen.

Wir weichen in eine Bar aus, wo ich weiterrede, mit geschlossenen Augen, «wie ein Blinder», so Konrad. Ich muss tatsächlich aussehen wie ein kaputtes Orakel. Das Auge lässt sich nicht öffnen, schwillt weiter an. Ich halte beide Augen geschlossen, weil das weniger schmerzt, und rede und rede.

Später schlafe ich mit Dagny, das Auge zu und blutig. Wieso und wie es dazu kam, wieso sie es überhaupt mitmacht, und ich erst, weiß der Teufel.

Am Morgen in der Tram starren mich die Fahrgäste heimlich und erschrocken an, das Auge muss schlimm aussehen, immerhin wünscht mir ein Mädchen «gute Besserung», was mich sofort aufbaut. Aber ich finde mich nicht zurecht, treibe durch den Schnee in Prenzlauer Berg, verwehe selbst. Irgendwo hier war doch eine Klinik, oder nicht? Wo ist denn diese Klinik? Ich wusste es doch immer, wieso jetzt nicht?

Ich setze mich erschöpft in den Ernst-Thälmann-Park und weiß nicht mehr weiter. Der Körper ist müde und kalt. Mein Auge muss behandelt werden, aber ich schaffe es nicht zur Klinik, wo auch immer die sich befindet. Mit dem Handy rufe ich Aljoscha an, der eine kleine Telefonlawine auslöst: Konrad ruft Knut an, Aljoscha Patrick, der sich den Autobus von Seppl ausleiht. Ich habe kapituliert, kann nicht alles alleine bewerkstelligen. Eine Stunde später lesen sie mich auf und laden mich in den Bus. Ich will nur zur Augenklinik. Aber ihr Plan geht natürlich anders.

Sie fahren mich zum Klinikum Buch, wo mein Auge verarztet wird.

«Ja, da ist dieser Schmerz drin, dieser Schmerz im Auge, und den müssen wir rausholen», raunt die besorgte Ärztin, als sie im Untersuchungszimmer über mir hängt und sich aus nächster Nähe mein Auge ansieht. Ich verstehe gar nicht, warum sie so merkwürdig redet. Schmerz rausholen? Ist das eine Metapher oder Unbeholfenheit?

Dann geht es in die Psychiatrie nach Weißensee. Die Freunde haben anscheinend schon alles eingefädelt, ein Platz ist frei für mich. Eine Verschwörung, mal wieder. Ich wehre mich erst, gebe mich dann aber geschlagen, fühle mich enttäuscht und getroffen. Immer will man mich, wie Kevin Vennemann meinte, «deportieren». «Haben sie dich wieder deportiert?», so fragte er einmal unter den Hochbahnbögen am Kottbusser Tor. Dann entschuldigte er sich erschrocken, wahrscheinlich wegen meines Gesichtsausdrucks, der gewiss kurz aussah, als hätte ich mich verbrannt.

Der aufnehmende Arzt ist mir zutiefst unsympathisch mit seinen fisseligen Haaren und den dumpfen Fragen im Gesicht. Er fletscht die Zähne im Gegenlicht und scheint rein gar nichts zu verstehen. Keinerlei Empathie geht von ihm aus. Die Lichtreflexe auf seiner Fielmann-Brille verbergen seine verlogenen Augen nur unzureichend. Später werde ich erfahren, dass er meinen Freunden riet, beim nächsten Vorfall dieser Art sofort die Polizei zu verständigen.

Mein junger Zimmernachbar Christian dagegen strotzt vor Kraft und Elan, redet unentwegt intelligentes Zeug daher. Er ist, ich erkenne es gleich, ein Maniker vor dem Herrn, angeblich in allen Clubs der Stadt zuhause. Dennoch glaube ich ihm aufs Wort. Wozu Zweifel? Nichts ist erfunden.

Die Freunde verlassen mich, wahrscheinlich selbst erschöpft. Die Rettungsaktion hat jetzt, seit dem Morgen, fast einen ganzen Tag gedauert. Ich esse das Abendbrot und weiß: Nein, hier werde ich nicht bleiben.

Die Mitpatienten spuken an mir vorbei. Ich habe keine Wahrnehmungsressourcen mehr für sie, und kein Gedächtnis. Ihr Schicksal bleibt mir diesmal gleichgültig. Es ist unglaublich langweilig hier.

Zwei Tage später entlasse ich mich und gehe zurück in die wüste Wohnung.

20

Die Frage, wie Verrückte vor sich selbst zu schützen sind (und wie andere vor ihnen), ist nicht einfach zu beantworten. Rechtliche Grundlage ist hierbei das Psychisch-Kranken-Gesetz, kurz PsychKG, ein Ländergesetz. Wann ist es angezeigt, einem psychisch kranken Menschen seine Freiheitsrechte zu entziehen, eine Unterbringung anzuordnen und ihn einer Zwangsmedikation zuzuführen? Der Schlüsselausdruck lautet hier «Selbst- oder Fremdgefährdung». Wer sich selbst oder andere (oder Rechte oder Besitztum anderer) gefährdet und durch ärztliches Attest für psychisch krank befunden wird, kann durch Beschluss des Amtsgerichts «untergebracht», also de facto weggesperrt werden. Es gehe hierbei auch um die Wahrung der öffentlichen Ordnung, heißt es. Die öffentliche Ordnung wiederum ist die Gesamtheit der ungeschriebenen Gesetze, die ein gemeinschaftliches Zusammenleben ermöglichen. Schon sind wir in den unscharfen Gebieten des *Common Sense*. Wer definiert denn diese «ungeschriebenen Gesetze»? Ich muss doch erkennen können, welche Rechtsfolgen sich aus meinem Verhalten ergeben, was genau passiert, wenn ich die Ordnung störe – so will es jedenfalls der sogenannte Bestimmtheitsgrundsatz. Und «ungeschrieben» kann vieles sein. Im Grunde sind das alles gefühlte Grenzen.

Ich darf doch kaufen, was ich will? Manche machen bloß aus Steuergründen Schulden. Und ist das Wirtschaftssystem nicht ebenso manisch und irrational, wenn es fiebrig Schulden anhäuft und die Zukunft als Wette ansieht, man weiß nur nicht, worauf?

Haben die Aufenthalte mich denn an irgendetwas gehindert, Schlimmeres verhindert? Vielleicht haben sie das, ich kann es nicht wissen. Der Schaden danach war eh so riesig, dass sich die anfangs traumatischen Aufenthalte irgendwann wie Petitessen anfühlten. Nein, sie haben rein gar nichts gebracht. Oder doch: Die anderen konnten zeitweise aufatmen. Die Gesundung aber kam durch andere Faktoren.

Und was heißt das überhaupt: verrückt, psychisch krank? Ich finde einen Mord schon so verrückt, dass ich jedem Mörder sofort ein Verrücktheitsattest ausstellen würde. Und ihn damit vertrackterweise von seiner Schuld freispräche.

Als ein Germanwings-Pilot 2015 durch einen willentlich

herbeigeführten Flugzeugabsturz in den französischen Alpen einhundertneunundvierzig Menschen in den Tod riss, verfolgte ich die öffentliche Diskussion genau, durchkämmte mehrmals täglich die Meldungen und Kommentare, analysierte Vorverurteilungen und Argumente. Und wie unehrlich ich hoffte, dass der für mich damals offensichtlich bipolare Täter doch nur als depressiv und nicht als das festgeschrieben würde, wofür ich ihn im Grunde noch immer halte.

Ich selbst habe mich gefährdet, andere eher nicht. Anderen bin ich nur ungeheuer auf die Nerven gegangen, und manche hatten Angst. Ich bin mit allem einverstanden; ich verweise aber auf die Unschärfe der gesetzlichen Lage. Es gibt willkürliche Momente. Und der ganze Aufwand heilt keine Manie, er dämpft sie nur ab, verschiebt sie. Die Grenzen zwischen Hilfeleistung und Übergriff sind fließend, das macht die ganze Sache so kompliziert und heikel.

Dass die Art und Weise, wie man zum bürokratisierten Objekt wird, mit Würde nur noch wenig zu tun hat, ist eine andere Sache. Die Privatisierung und Kapitalisierung des Gesundheits- und Sozialwesens macht den Randständigen zur auspressbaren Ware. Denn plötzlich schubsen dich Leute herum, die du sonst nicht mit dem Arsch angesehen hättest, kleinkarierte, amtsmüde Funktionsträger, die dich ihre winzige, verrottete Macht spüren lassen nach Lust und Laune und unterm Strich auch noch auf den Umsatz achten müssen. Denn es darf kein Nullsummenspiel sein, Gewinn ist Pflicht.

Und willst du dich nicht fügen, schnappen sie langsam, aber unerbittlich zu wie Klemmbügel in alten Leitz-Ordnern. Die Bürokratisierung der Hilfestellungen mengt dem ganzen Komplex so viel Willkürliches und Unmenschliches bei, dass jeder, der diesen Zwängen entkam, sich wundern muss, wie er das bewerkstelligt hat.

Doch wie soll man es anders lösen?

21

Die Wunden heilten langsamer, die Narben wuchsen schneller. Weitere Klinikaufenthalte folgten, Stillstellungsmaßnahmen, Haldolgaben, Selbstentlassungen. Die Zeit rückte näher. Nur welche? Ich wusste nicht, dass ich krank war, verfeinerte ironischerweise manchen Text über die 1999er-Krankheit für den Debütband «Raumforderung» weiter, nur hier und da ein Wort, begeistert von der Genauigkeit, die möglich war. Dazu trashte ich noch ein, zwei, drei Storys raus, die an vielen Stellen keinen Sinn mehr ergaben, die nur noch das Krasseste durchbuchstabierten, etwa das «Kippy Game 2». Genau, von Martin Kippenberger war ich damals nämlich auch besessen, ebenfalls ein Untoter, den ich in der *Morena Bar* identifiziert zu haben meinte. Ich kaufte mir einen Bildband, einen Ausstellungskatalog, zwei wissenschaftliche Arbeiten über ihn, las gedankenflüchtig herum, schrieb und kritzelte hinein, lachte mich krank, sah in seinem Treiben und Wirken meine hysterisch-alkoholische Existenz genauestens vorweggenommen. Wo war er denn jetzt? Da! Da war er! Schon wieder weg. Ach, sie kamen mir alle zu Hilfe, sie waren doch da, die guten, untoten Geister.

Auch begann ich wieder zu malen, aber wie entbrannt. Als Jugendlicher hatte ich so einiges gemalt und gezeichnet, meist Gesichter, manchmal Städteausschnitte, erst aufs Handwerkliche aus, dann auf die Verzerrung. Jetzt wollte ich verschwenderisch meine Gabe als Gesamtkünstler ausleben, malte, wo ich konnte, komponierte dazu auf einer herumliegenden «taz» einen Remix von Kate Bushs neuem Album «Aerial» (schön, dass sie sich wieder meldete aus ihrer Festung, ich freute mich so, Grüße zurück!), die «taz» ließ ich im *San Remo Upflamör* liegen, den Remix erkannte ich am Abend dann in einem DJ-Set von T.Raumschmiere wieder. Wie sich alles vernetzte! Gottseidank hatten sie mich nicht rausgeworfen, dort aus der *Maria*, wie kürzlich noch bei Blumfeld oder Mia. Bei Blumfeld hatte mich ein Sicherheitsmann von hinten hochgehoben und einfach weggetragen, ich schrie, ich schrie sehr laut, und Distelmeyer unterbrach sein Konzert. Bei Mia., wieder in Hamburg, hatte der Türsteher angedroht, mir beide Arme zu brechen. So ließ sich doch nicht arbeiten, Leute. In meinem «Studio» genannten Kreuzberger Zimmer stellte ich, ganz ähnlich dem Psychotiker in Sven Regeners «Herr Lehmann», aus Kleidern, Bügeleisen, Farben, Bettfedern, Kleiderbügeln und Zeitungen eine Skulptur her, die sich irgendwann als mausähnliches Monster herausstellte. Eine Maus? Was sollte *das* jetzt? Schnipp, das Elektrokabel des Bügeleisens verkürzt, Schwanz fertig, aus die Maus. Gegenüber blickte eine türkische Nachbarin skeptisch herunter und schloss dann das mit Alufolie zugeklebte Fenster – wie mir schien, für immer.

Ein Wutanfall ohne besonderen Grund kam bald über mich, und ich zerfetzte die Skulptur in Stücke. Dann ritzte ich Beethovens Schicksalsmotiv gedoppelt in die Raufasertapete an der Wand über meinem Bett. Es brachte nichts. Dann fing ich an, Bücher und Platten aus dem Fenster zu werfen. Denn ich war ihnen wieder böse, den Erzeugnissen des Geistes und der Kreativität. Dieser bodenlose Vampirismus! Die Sachen krachten und knallten in den Hinterhof, machten großen Lärm; ich schmiss, was mir in die Hände kam, für etwa fünf Minuten weiter und mit großer Wut auf den Asphalt und ins Gebüsch, bis ich schließlich merkte, dass auch das rein gar nichts brachte. Nicht einmal ein Nachbar beschwerte sich. Ich schloss das Fenster. Stunden, vielleicht einen Tag später, sammelte ich die abgeworfenen Gegenstände dann wieder auf, stopfte einige der Bücher, die mir noch lieb waren, in meinen Rucksack, warf den Rest in die Mülltonne.

Und drehte als Lachfigur wieder meine zitternde Runde.

22

Fahrt nach Hamburg, Enzensberger, als Frau verkleidet, im Nebenabteil. Soll das schlau sein? So enzensbergerschlau, immer eine Wendung weiter? Dieser «Pfiffikus»! Er regt mich auf. Dabei morgens noch Kluge vor dem Kanzleramt gesehen, drehend, lächelnd. Von ihm ging eine Ruhe aus, die seinen «dctp»-Sendungen fehlt.

Jetzt aber Hamburg, immer zieht es mich dorthin, wenn ich die Wahrheit verstanden habe. Die Außenalster entlanggerast. Meine Lederjacke als Lockmittel für die Schwäne erkannt. Die Schwäne folgen mir, während ich in Richtung Zentrum gehe. Die Schönheit und Anmut dieser Vögel, kein Wunder, dass Hölderlin bei ihrem Anblick dem Wahn verfiel. Plötzlich hasse ich die Lederjacke und stopfe sie in einen Mülleimer. Sollen die Schwäne verrecken. Aber es ist kalt ohne Jacke, wo ist Wärme, ich laufe nun wie von Sinnen und komme wo unter, in einer Kneipe mit grauen, hageren Heroingestalten. Das sind Nutten? Einem Transvestiten aufgesessen, der einem der Patienten aus dem Urbankrankenhaus verdächtig ähnlich sieht. Wieso diese Zusammenführung? Er bläst mir einen. Oder bilde ich mir das nur ein? Beobachte Sadomasospiele, sehe einen Mann als Hund an der Kette auf der Straße, er wird am Nietenhalsband herumgezerrt, die Haut mehlig und fleckig. Ekel, Wirrnis, weg hier. Lieber wieder Sternschanze, durch die Bars und Kneipen. Seltsame Gespräche geführt. Irgendwem auf die Nerven gegangen? Absinth. Ich kann nicht mehr. Zimmer in Absteige gemietet, St. Georg, dort kaum Schlaf. Schlafen kann ich auch nicht, wenn ich tot bin. Kurzes Innehalten: Fetzen aus der Vergangenheit. Hier, in dieser Gegend, war ich exakt zweimal glücklich. Nichts davon aber jetzt.

In den falschen Zug eingestiegen und dort eingeschlafen, in Oldenburg angekommen. Was soll ich in Oldenburg? Wutanfall, Faustschlag in die Digitalanzeige zwischen den Waggons, sie zersplittert leider. Vor dem Oldenburger Bahnhof stehe ich wie eine Skulptur. Der Politiker Carstensen, der mithilfe der «Bild»-Zeitung eine Frau sucht, eilt vorbei (oder ist es ein Doppelgänger?) und zischt mir eine Obszönität zu. Kaum habe ich diese verstanden, entdecken mich zwei Polizisten und stürmen auf mich zu. Ich bewege mich kein Stück. Sie nehmen mich in den Polizeigriff und zerren mich zur Wand, drücken mich brutal dagegen, obwohl ich mich gar nicht wehre, das auch sage. Hektisch wollen sie mir Handschellen anlegen. Ich sage, ich komme ja mit. Sie schaffen es einfach nicht, die verdammten Handschellen um meine Gelenke zu kriegen, ritzen dabei meine Haut auf. Sie sind wohl aufgeregter als ich. Endlich gelingt es ihnen. Abgeführt, durch den Bahnhof, Spotlight auf mich, Blicke wundern sich, aufs Revier. Personalien aufgenommen.

«Wieso machen Sie denn sowas, Herr Melle?»
Schulterzucken.
«Das geht jetzt seinen normalen Weg.»
Sie lassen mich gehen, dabei ist es mir egal, ich könnte auch in einer dieser berühmten Ausnüchterungszellen lan-

den, ohne überhaupt betrunken zu sein. Stehe stattdessen wieder vor dem Bahnhof, starr wie zuvor. Scheißoldenburg! Wohin? Totale Verlorenheit. Frage einen Taxifahrer nach Hotels. Wir klappern drei, vier ab, nirgends was frei, angeblich. Er weiß auch nicht, was los ist, bietet mir an, mich zum Sonderpreis nach Bremen zu fahren. Seinem Sohn sei es auch einmal so ergangen. Dankbar nehme ich an.

Bremen, irgendein Hotelzimmer. Ich versuche, keine Spuren zu hinterlassen, warum, weiß ich nicht. Bin plötzlich ein Spion, gerührt und geschüttelt, Liegestütze und Fernseher. Beobachte die Straße durch den Gardinenspalt. Frühstücke spärlich, aber pompös. Bin dumm, aber schlau.

Schlage von einem Internetcafé aus (Gary Oldman neben mir, völlig versoffen) acht Dramatikerinnen und Dramatikern ein gemeinsam zu schreibendes Stück vor, mit allen und allem. Die Mail wird im Laufe des Tages von manchen beantwortet, und sie tauschen sich sogar über mögliche Themen aus. Ich bin begeistert, freue mich über den Zusammenhalt und erwarte das beste Stück seit '45.

Finde mich in Wuppertal wieder, feiere den «Triumph der Provinz». Sitze mit Coladose am Hang, starre auf die Schwebebahn und telefoniere mit meiner Lektorin, als wäre sie Miss Moneypenny – charmant und verschlüsselt. Später derselbe neue Spleen: Ich hinterlasse das Hotelzimmer exakt so, wie ich es vorfand. Keine Spuren, aber wirklich *keine*. Das macht mir Spaß. Den Zimmerschlüssel nehme ich mit. Gehört eh alles mir, bald oder jetzt oder irgendwann.

Kurz bin ich in Bonn, meine Mutter hat Angst vor mir. Ich zerschmettere das Glas des gerahmten Grass-Porträts, das ich mit vierzehn gezeichnet und auf das er einen Gruß geschrieben hatte, zerreiße das Porträt dann und werfe die Fetzen vom Balkon in den Garten. Er soll sich schämen.

In Berlin sterbe ich fast, als ich einen flüchtig Bekannten auf dem gegenüberliegenden U-Bahnsteig erblicke und, absurderweise einen Schritt auf ihn zugehend, hinunter ins Gleisbett falle. Die U-Bahn ist aber noch fern. Noch einmal sterbe ich fast, als ich auf der Warschauer Brücke den Verkehr nicht beachte und beinah von einem heranrasenden Auto erfasst werde. «Einen Schritt weiter, und du wärst weg gewesen», lachen zwei Jugendliche erschrocken. Abends falle ich in eine Galerie ein, stelle in der dort stattfindenden Diskussion über Computerspiele und Kunst eine sinnlose Frage zu Kippenberger und störe das nachfolgende Konzert. Eine Kuratorin zischt mir zu, noch ein Wort, und sie würde mich «ficken». Als ich ein Glas zerschellen lasse, bricht die Band das Konzert ab.

Nach Tagen laufe ich, wieder in Hamburg, irgendeinen steilen Erdhang neben einem Rummelplatz hoch, vergrabe die Finger in die Erde, schaufle mich aufwärts. Ich muss diese unbändige Kraft in mir loswerden. Oben angekommen, überblicke ich die Stadt. Wachsen mir Flügel? Ich springe in Gedanken, springe in echt. Nichts. Was suche ich eigentlich? Stürze den Hang hinab, rutsche aus. Später, in Berlin, werde ich den Dreck an meinen Turnschuhen «jene Erde aus Hamburg» nennen und ironischen Stolz versprühen. «Jene Erde aus Hamburg», so lache ich, und die Leute lachen mit.

23

Hamburg ist Fixpunkt und Symptom: Habe ich keinen Termin und bin trotzdem in Hamburg, so können Sie von einer manischen Phase ausgehen. Hamburg zieht mich an, wenn ich nicht mehr weiter weiß, in psychotischen Schleifen spinne. Ich unterstelle der Stadt dann, meine eigentliche Heimat zu sein. Woher diese Hamburgsehnsucht? Die Offenheit, das Bürgertum, die Hamburger Schule, der Hafen? Auch vermischen sich die Jahre. Manchmal weiß ich nicht mehr, was zu 2006, was zu 2010 gehört. Bei den Schwänen musste ich überlegen, jetzt weiß ich es wieder: ganz klar 2006. Oder? Ja. Nicht? Doch.

Vielleicht auch Hamburg, weil meine sogenannte Internetliebe 1999 daher kam. In meinen Schüben gibt es immer auch den Drang, zurück zu den Orten zu gehen, wo es begann: Bonn, Hamburg, das Netz, die Foren. Wie ein Brandstifter, der heim zum Ort seiner Tat muss – nur bei mir mit einer Verzögerung von mehreren Jahren. Oder es ist eben die Sehnsucht, die unbewusst daraus spricht, die Sehnsucht nach der Zeit vor allen Anfällen.

Hauptbahnhof Hamburg, immer wieder, die Anzeigen flirren, Aphex Twin kaufen im Karstadt, das Thalia besuchen, rumirren, Richard Powers flaniert vorbei, guten Tag. Gerade habe ich einer Familie, die ich flüchtig kenne, selbstgebackene Whiskeychips in Johnny-Cash-CD-Covern vorbeigebracht. Zurück zum Bahnhof, wieder Zug verpasst. Es ist nämlich gar nicht so einfach, in diesem wirren Zustand abzureisen, einen der richtigen Züge nach Hause zu erwischen, sich nicht dauernd im Bahnsteig zu vertun und nicht aus lauter Zorn und Ungeduld doch noch irgendwo abzustürzen. Hin geht es immer ganz gut, zurück ist die Hölle. Am Ende hat man alles verpasst und bibbert auf einer Parkbank, wo man die Nacht durchsteht. 2010 verbrachte ich so drei ganze Tage in Wien.

Dann doch endlich wieder in Berlin. Dort ständig unterwegs, mit wenig Geld, allerhand Hausverboten, noch immer nicht genug. Die Blumfeld-Sache geht mir nicht aus dem

Kopf. Wie kann es sein, dass ich gerade bei dieser Band verschleppt wurde, dass nicht einmal Distelmeyer einschritt? Selbst Kool Savas ist cool geblieben, als ich ihn zurück auf die Bühne schrie! Ich bringe Namen und Adresse des Blumfeld-Konzertveranstalters in Erfahrung, um das zu klären. Sie sitzen gleich um die Ecke. Ich gehe hin, lege mit einem bulligen Typen ein ziemliches Brüllduell hin, eine Angestellte hat die Nase voll und vermittelt. Als ich Tage später bei den Strokes auftauche, sitzt sie an der Kasse und sagt: «Ach, du bist das.» Sie geht kurz in sich und verkündet dann: «Ich lade dich jetzt zu den Strokes ein.» Dort kein Zwischenfall, nur Schönheit und Gitarren.

Ich verzweifle und kriege doch den Hals nicht voll. Es geht auf Weihnachten zu, das Jahr ist bald vorüber, das Buch ist fertig, die Kräfte schwinden endlich. Sie wollen im Verlag da eine Aktion machen, mit drei anderen Autoren, *Nichts an uns ist freundlich*, oder so. Ist okay, ist okay.

Ich fahre nach Bonn. Ich hasse Bonn so sehr, und doch muss ich hin. Das Buch über meine Herkunft kann ich erst in Jahrzehnten schreiben, wenn überhaupt. Ich komme an, alles wieder so klein hier, so gestrig. Mir kommt der Einfall, mich in Godesberg in ein Hotel einzumieten – sozusagen, noch immer die Spion-Idee, *undercover* da zu sein, ohne dass es offiziell jemand weiß. Es wird sich schon herumsprechen. In Bonn bin ich auch wieder von Juli Zeh affiziert, meine, sie überall zu sehen. Wir regieren hier, *Aggro Bonn*, oder was. Ich lache und checke in einem eher unprächtigen Hotel an der Koblenzer Straße ein.

Um sechs Uhr morgens sitze ich senkrecht im Hotelbett, an Schlaf ist nicht mehr zu denken. Checke aus, trinke beim Bäcker Kaffee und esse ein Croissant. Interessant, wie dünn ich geworden bin, da im Spiegelbild der Fensterscheibe.

Diese Stadt macht mich ganz kirre. Alles verkehrsberuhigt, neuerdings, und arabisiert. Ich habe einen neuen Einfall, will meiner alten Schule einen Besuch abstatten, oben auf dem Berg. Die Sozialisation, die ich dort erfahren habe, die Erziehung des Prollkindes aus der fremdverschuldeten Unmündigkeit, die Möglichkeiten, die mir sozusagen fichtemäßig eröffnet wurden – ein Besuch täte jetzt gut, wäre logisch und folgerichtig. Ich will gar keinen sehen oder treffen, nur auf dem Gelände sein und all dem nachspüren. Der Zeitpunkt stimmt.

24

Die Schule war meine Rettung gewesen. Genau dort setzt auch der gescheiterte Bildungsroman ein, der hier im ganzen Buch miterzählt wird. Zunächst noch, in den ersten beiden Grundschulklassen, von einem – ich unterstelle – alten Nazi als Direktor tyrannisiert, wurde mir das Lernen bald zum Glück. Eine Gegenwelt öffnete sich, in der ich die Enge und Brutalität zuhause zeitweise hinter mir lassen und im Kopf überwinden konnte. Ich begann, die Schule zu lieben, die Buchstaben flogen mir zu, ich schrieb sie begeistert auf das Papier, auf dem die Linien jedes Jahr mehr wurden, wollte früh Arzt werden, irgendetwas heilen. Doch die Buchstaben waren stärker, wurden dann auf dem Gymnasium zudem noch in Geschichten auf Latein gebündelt, die alte, neue Sprache, die eine Art von Tradition erspüren ließ und den Zusammenhängen, aus denen ich kam, völlig fremd war. Ich schrieb mein erstes Gedicht, «Ode an die Kohle», an die Briketts nämlich, die ich jahrelang aus dem Keller hochgeschleppt hatte, und erkannte, dass die Vieldeutigkeit dieses Lobgesangs auf etwas, das doch eine Art Schmach für mich gewesen war, die Vergangenheit zum Schillern bringen, sie fast schon bannen konnte. Das also war jetzt meins, war mir nicht zu nehmen, und der Infekt aus Sprache und Fiktion erfasste mich noch stärker. Gleichzeitig fand ich täglich meine offizielle Bestätigung in der Schule, eine Art von Identität wuchs heran: das Prollkind unter Bürgern und Adligen als Klassenbester – und doch immer auf der Hut. Die Coolnessgesten und Rebellionsanfälle der Pubertät mussten dann auch stets von einer gewissen inhaltlichen und schulischen Brillanz gedeckt sein. Fürs Erste wurde ich unverletzlich, zu allen Seiten hin, und ließ niemanden mehr an mich heran. Nur die Worte.

Und außerhalb des Sozialen immer schon der Eskapismus: erst eine Fernsehsucht als Kind, dann die Comics, Unmengen davon, dann die Astronomie, einen ganzen Winter verbrachte ich draußen zwischen den Wohnblöcken mit der Sternenkarte. Dann sämtliche der kleinen Kriminalromane à la «TKKG» und «Die drei ???», alles von Karl May, hin zu Jules Verne, und durch die bestaunte Bibliothek eines angeheirateten Onkels schließlich früh bei «Homo Faber», Brecht und der «Blechtrommel» gelandet. Da war es dann um mich geschehen. Es war vorbei. Genau *das* wollte und würde ich machen, der Weg war vorgezeichnet.

Einem Jungen mit meinem Hintergrund würde man an sich eher eine andere Berufswahl nahelegen, wenn er schon die Chance hat. Bürgerliche Berufe wie Jurist oder Arzt wären doch solide und ein Sprung nach oben gewesen? Oder vielleicht zum Fernsehen? Aber das wollte ich nicht, ja, ich konnte es schon nicht mehr. Ich wollte Schriftsteller werden. Dass es, gerade im Literaturbereich, ebenfalls krasse Klassenunterschiede gibt, war mir noch nicht bewusst, und falls ich es ahnte, war es mir in meiner bald antrainierten Arroganz egal.

Meine Mutter arbeitete zu dieser Zeit halbtags als Schreibkraft bei einem kleinen Ratgeberverlag, so dass ich, wenn ich Bücher kaufte, in den Vorzug eines Preisnachlasses kam. Ich kaufte und las alles. Dazu wünschte ich mir zu den entsprechenden Festanlässen immer mehr Gesamtausgaben, die ich meistens auch bekam. Darin las ich mich fest. Das war mit dem Leben draußen nicht mehr zu vergleichen. Es war einfach das Geilste, was mir je passiert war. Und zugleich spielte das Leben die größte Rolle in diesen Büchern, wurde verhandelt, gebrochen, reflektiert, noch das Hässlichste in Schönheit umgewandelt. Genau so, dachte ich, so und nicht anders.

Dazu gab es plötzlich das Theater. Ich ging in die Aufführungen des Bonner Schauspiels, wo der junge Wolfram Koch spielte, verstand noch nicht allzu viel, fühlte mich aber, wenn auch eingeschüchtert vom bürgerlichen Habitus der anderen, an der richtigen Stelle, einer Aufregungsmaschine nahe, an die man sich anschließen, von der man elektrifiziert werden konnte. Eine weitere Welt, die es zu erkunden galt. Am Jesuitenkolleg, das mich nach allen Kräften förderte und auf das ich jetzt, den alten Berg hoch, manisch zusteuerte, fing ich an, Stücke zu inszenieren. Da meine Mutter meiner Pubertät außer Hysterie nichts entgegenzusetzen hatte, ging ich mithilfe eines Stipendiums, das mir der Rektor verschaffte, für die letzten zwei Jahre der Schulzeit auf das angegliederte Internat. Dass genau dieses Kolleg später in einen Missbrauchsskandal verwickelt war, ist eine Geschichte, die andernorts schon erzählt wurde (und weiter erzählt werden muss). Ich selbst war, wenn, dann nur allgemein betroffen, als jemand, der in einem verhasst-geliebten Kontext aufwuchs, welcher ihm später unter den Füßen wegbrach, was zu einer Neubewertung der ganzen Jugend führte. Zunächst einmal aber war ich einfach nur dankbar, ohne meinen Stolz zu vergessen, nutzte die Möglichkeiten, wie ich nur konnte, und perfektionierte die krude Mischung aus Anpassung und Rebellion immer weiter – bis heute.

Hier hatte es angefangen, und hier wollte ich kurz hin.

25

Ich stampfe den Berg durch den Redoutenpark hinauf und denke über die Papsttreue der Jesuiten nach. Das hat ebenfalls etwas mit mir zu tun, dieses geheime Gebaren der Jesuiten über die Jahrhunderte hinweg, das Verschwörerische daran. Aber heute soll es mir gleichgültig sein. Heute habe ich frei. Dort stehen ein paar Jungen an der Pforte, und zwei Männer auch. Bald wird es acht Uhr sein, der letzte Schultag vor den Ferien, so scheint es. Ich gehe das Anfangsstück der Petersbergstraße hinauf, lasse diesen Namen, «Petersbergstraße», durch meinen Kopf hallen, «Elisabethstraße» ebenso, erinnere mich, wie diese Wörter sich im Kopf des Kindes von abstrakten Angstbegriffen zu schnöden Straßennamen wandelten und verfestigten. Ich gehe fast schon durch die Pforte. Ein dritter Mann taucht aus dem Nichts auf und bedeutet mir anzuhalten, was ich auch tue. Aus der Pforte tritt ein bebrillter Herr, gewiss ein Lehrer, und lugt zu mir herüber. Die Männer blicken ihn an, er zeigt auf mich und nickt. Dann verschwindet er. Die Männer packen mich und rammen mich mit voller Wucht gegen die Pforte. Was ist denn jetzt los?

«Hände hoch!»

Ein Film?

Ich wehre mich nicht, kenne das seit neulich. Zwei Plattentaschen habe ich dabei, bin schwer behangen, was, wie mir jetzt erst auffällt, auf andere vielleicht einen bizarren Eindruck machen könnte. In den Plattentaschen befinden sich Bücher, CDs, Computer, ein Kulturbeutel. In der Jackentasche meines Parkas ebenfalls Bücher und CDs. Die Taschen werden ausgeleert, der Zivilpolizist gibt sich keine Mühe, er lässt demonstrativ alles auf den Boden fallen, die Bücher kriegen Schrammen und Kitsche ab, die CD-Hüllen zerspringen.

«Was soll das?»

«Ruhe.»

«Gehen Sie mal besser mit meinen Sachen um!»

Keine Reaktion. Ein vierter Bulle sitzt uniformiert in einem Kleinwagen, die Tür steht offen, seine Polizeihose spannt über die fetten Oberschenkel. Er gafft mich dümmlich an und wartet. Herr Aufenanger kommt heraus, ich erkenne ihn, Lehrer für Musik und Philosophie, ein Feingeist.

«Wie geht's dir, Thomas?»

Er scheint das alles auch nicht zu glauben.

«Ganz gut, wie Sie sehen, Herr Aufenanger.»

Ich stehe noch immer an der Wand der Pforte, die Hände flach auf dem Gestein, der Polizist fingert an meiner Gesäßtasche herum. Ein anderer Polizist geht zu Aufenanger und flüstert ihm etwas zu.

«Ach, jetzt wollen Sie *mich* verdächtigen? Jetzt wollen Sie *mich* festnehmen? Das ist ja allerhand!», ruft Aufenanger empört aus. Er nickt mir noch einmal zu, wird aber zurückgedrängt, muss wieder gehen.

Hinter mir feixen, mit Sicherheitsabstand, irgendwelche Schüler, unter ihnen, wie ich später erfahren werde, mein Cousin Hendrik. Wir erkennen uns nicht.

Es dauert eine Stunde, bis es weitergeht. Handschellen an, ab. Ich verstehe nicht, warum. Endlich setzt der Rest normalen Menschenverstandes samt Rechtsempfinden ein, und ich frage, was ich denn eigentlich gemacht haben soll.

«Das klären wir gleich auf der Wache.»

Dann drifte ich wieder ab. Es wird schon seine Richtigkeit haben, rede ich mir ein, schließlich bin ich der perfideste Messias aller Zeiten, hege ja tatsächlich staatsfeindliche Gedanken. Sie dürfen meinen Geist gerne kurz verhaften. Denn bin ich schlau genug, mir nicht wirklich etwas zuschulden kommen zu lassen. Sie können mich ruhig durchleuchten, das ist eine meiner geringsten Übungen, nach dem ganzen Terror, den ich dieses Jahr durchlebt habe, ohne dass Erlösung in Aussicht steht.

26

Zuerst fahren sie mich nach Hause in die Haribo-Slums. Ich soll etwas im Internet gemacht haben. Schon wieder? Eine Amokdrohung gegen meine alte Schule soll ich abgesetzt haben. Habe ich aber nicht. Meine Mutter ist völlig aufgelöst und versichert, so etwas würde ich nie tun. Das sei nicht ich! Sie weint. Wann steht auch schon die Kriminalpolizei in der Tür, schaut sich um, vernimmt, fragt aus! Sie lassen sich nicht beirren und nehmen mich in die Polizeizentrale mit. Ich gehe in die innere Emigration. Joachim Fests «Ich nicht» habe ich dabei, für alle Fälle.

Was, wenn sie die Fakten verdrehen? Ich erinnere mich an Vollmann, an sein verschmitztes Grinsen, als er zu mir sagte: «Internet is evil. They change the data.» Tatsächlich: Sie könnten einfach alles behaupten, was sie wollten, alles manipulieren und ändern und gegen mich wenden. Ich bin ihnen ausgeliefert. Und haben sie mich nicht erst vor Kurzem, am ersten Mai nämlich, bis zur Gehirnerschütterung zusammengetreten? Denen ist alles zuzutrauen.

Auf der Wache dauert es unendlich lange. Der Polizist mit dem echsenartigen Gesicht und den dunkelgrünen, tiefgemeißelten Augenringen legt ostentativ seine Dienstwaffe ab, sieht mich dabei hochbedeutsam an und schließt sie in Zeitlupe in einen Safe unter dem Schreibtisch weg. Das ist wohl der Drohmodus. Ich lese derweil in «Ich nicht», ebenso ostentativ, und habe meine arroganteste Fresse aufgesetzt.

«Herr Melle, Sie machen mich verrückt», sagt er und meint es todernst.

27

Ich war es tatsächlich nicht gewesen. So verrückt ich auch war, ich wusste doch, was ich getan hatte und was nicht. Wochen später stellte sich heraus, dass irgendein Teen im Bergischen Land die Amokdrohung in einem Chat geäußert hatte. Der Junge hatte nicht einmal etwas mit der Schule zu tun. Doch der Zufall lotste mich, nach einer sinnlosen Hotelübernachtung, mit schwerbepackten Taschen unterwegs, psychotisch und irr in die Arme der Polizei, als diese auf einen potenziellen Amokläufer wartete. Und alle dachten ein paar Stunden lang, jetzt sei es so weit. Jetzt sei ich also zum Attentäter geworden.

Die Telefonlawine rollte erneut. Selbst in Berlin hatte es Radiomeldungen zum Vorfall gegeben, und Stunden später auch die Meldung, dass der mutmaßliche Täter gefasst sei. Während die Freunde mit der Schule telefonierten, untereinander konferierten, es nicht glauben wollten und doch taten, saß ich fast schon im Gefängnis. Sie spiegelten die Dateien meines Computers, durchkramten mein Portemonnaie, suchten alles ab. Auf der Wache ging es zu wie auf einem Comedy-Kanal: «Jaja, Frau Fenstermeister, so nicht, so nicht!», «Das haben wir gerne, der Kollege!», und ähnliche Frotzeleien. Der typische Bullenkaffee wurde geschlürft, die typischen Bullenwitze gerissen. Man sei hier «im Zentrum der Macht», wurde mir ironisch und bedrohlich zugleich zugeflüstert. Die Echse war mir nicht wohlgesinnt, sein Kollege mit der schütteren Krause dafür umso mehr. Sein Sohn ging ebenfalls auf besagte Schule. Mir wurde unterstellt, ein Problem mit der Schule zu haben. Ich hatte Derartiges wohl angedeutet, als ich unbekümmert über meine Vergangenheit plauderte, den Ernst der Lage völlig verkennend.

Warten, Blicken, *restless legs*. Polizisten kommen rein, stellen Fragen, gehen wieder: «Ich nicht». Stunden vergehen.

«Er war ett nich! Er war ett einfach nich!», schrie der Kollege mit den krausen Haaren irgendwann plötzlich den teppichdumpfen Gang hinunter. Das freilich hatte ich ihnen doch von Anfang an gesagt.

Sie behielten meinen Computer über Weihnachten ein und lieferten mich in der Psychiatrie des Rheinischen Landesklinikums ab.

«Ach, ihr seid jetzt Freunde?», pflaumte die Echse das Kraushaar auf dem Weg dorthin noch an, als ich mit diesem ein paar unfeindliche Worte wechselte. Ich sagte danach nichts mehr.

Der Pförtner blickte von seiner Zeitung auf.

«Ja, Kripo, guten Tag. Wir haben hier einen abzugeben.»

28

Stillgestellt erneut, Haldol, im Raucherraum geparkt, ein kleiner Trent-Reznor-Lookalike erblickte meinen Ingrimm, warf die Arme hoch und drückte den Alarmknopf an der bunten Wand. Der war aber nur aufgemalt. Fünf Minuten stand er davor und wollte es nicht verstehen. Immer wieder drückte er auf die Farbe an der Wand.

Meine Tante brachte mir ein Stück Seife und Zigaretten vorbei.

Sie roch an der Seife. Sie kannte die Räume.

29

Jahre später listete ich sämtliche Verstöße der Polizei gegen mich in einer Ausgabe des «Dummy»-Magazins vom Sommer 2010 auf, die sinnigerweise die «POLIZEI» zum Thema hat. Ich wusste schon immer, wo was hingehört. Das Heft besitze ich noch. Auf der zweiten und dritten Seite macht sich meine aufgeregte Handschrift in acht bis neun Punkten breit, und in der Mitte der Doppelseite, auf der man eine Anzeige des Bekleidungsgeschäfts «Herr von Eden» sieht, habe ich auch die Summe notiert, auf die sich mein manischer Schadensersatzanspruch, grob über den Daumen gepeilt, insgesamt beläuft: «1 000 000 €» nämlich.

Das finde ich alles in allem noch immer gerechtfertigt.

30

Man kann sich den folgenden, wochenlangen Zusammenbruch von einem hinabdröhnenden Soundtrack begleitet vorstellen, von dissonanten Streichern und

Synthesizerklängen, die alle eine einzige, zähe Abwärtsbewegung beschreiben. Die Manie lappte noch ins neue Jahr hinüber, wurde aber poröser. Ich traf mich in Berlin mit Bekannten und berichtete empört lachend von meinen Erlebnissen. Es regte mich auf. Ich war doch unschuldig gewesen. Keiner verstand mich, nur Gunther sagte: «Du wolltest einfach deine alte Schule besuchen!» Genau so, genau so ein Satz, und die sogenannte Seele atmet kurz auf.

Ich lernte Yvonne kennen: zwei völlig verworrene Psychen, vorübergehend ineinander verknotet. Schnell getrunkene Biere ließen mich noch einmal aufleuchten, aber ich erkannte bald, dass die Energie nur geliehen war. Die Dunkelheit der Stadt wurde schon fast stofflich und hemmte meine Schritte. Die Wohnung? Seltsam, was hatte ich hier gewollt, wieso war ich umgezogen? Und diese Federn überall, und diese Ritzmotive an der Wand.

Die Paranoia löste sich auf, die letzten Reste des wahnhaften Beziehungsnetzes zerfielen. Die gewöhnliche Kohärenz kehrte zurück, doch mit ihr zog auch eine Stille ein, eine Lähmung, die Körper und Geist betäubte. Dann wurde es noch einmal stiller, und die Gedanken und Gefühle stumpften ab. Wieder drängte sich die Lüftung im Badezimmer ins Bewusstsein; andere Wohnung, selber Effekt. Banal brauste sie auf, wenn ich das Bad betrat, mit einem Hauch unheimlicher Vernichtung darin. Den Klang kannte ich noch. Er erinnerte mich an die Abwärtsspirale, die im Nichts enden würde. Nach Tagen der Verpuppung nach außen und des gleichzeitigen, leisen Rückzugs in ein dumpfes Inneres wurde es mir schließlich innerhalb von Stunden bewusst. Das, was allen anderen seit einem Jahr so offensichtlich gewesen war, was ihnen so deutlich vor Augen stand, es war auch mir nun schlagartig klar: eine Katastrophe. Das ganze Jahr war eine Katastrophe gewesen. Ich war eine Katastrophe.

Es wurde schwarz.

31

Nutella und Zigaretten, schrieb Yvonne in ihr Tagebuch, er liegt da und ernährt sich von Nutella und Zigaretten. Ich fand es indiskret und taktlos, solche Dinge niederzuschreiben. Doch ich war wehrlos, und die Natur der Schrift ist Verrat, nicht zuletzt Selbstverrat. Wer wüsste das besser als der Verfasser dieser Zeilen.

Down, down: *down*. Es war nichts mehr da, was mich hielt. Die Wohnung am Kottbusser Tor war die Wohnung eines Fremden, und da waren Federn, nicht mehr wegzukriegen, ich hatte wohl ein ganzes Bett aufgeschlitzt. Die Bücher waren weg, der Bezirk verbrannt. Den Freunden ging ich aus dem Weg. Ich schlich zum Kaiser's, kaufte vielleicht etwas ein, Milch, Cola, Choco Pops, schlich zurück. Versuchte, ein wenig zu putzen.

Wieder traten zu den neuronal ablaufenden Prozessen der Depression die bedrückenden Schamgefühle, die erschreckenden Erinnerungen an jüngst Vergangenes. Ich wollte im Boden versinken. Ich wollte verschwunden sein. Jede Stunde drängten sich Selbstmordgedanken auf, blieben haften, ummantelten alle anderen Gedanken, lauerten hinterrücks, verfestigten sich schließlich als dunkler Grund jeder Regung.

Aljoscha saß vor mir, an meinem Schreibtisch, las die «taz». Ich verstand nicht, wie er dabei lächeln konnte, welchen Genuss ihm eine solche Zeitung allem Anschein nach verschaffte. Ich fasste und verstand nichts mehr.

Der Erscheinungstermin von «Raumforderung» rückte näher. Es löste nichts in mir aus, kein Gefühl, keine Freude, dabei kam darin doch alles zusammen, was ich immer gewollt hatte. Als das Paket mit den Belegexemplaren geliefert wurde, wollte ich fast weinen. Also löste es doch etwas in mir aus: die Metatrauer angesichts der Erkenntnis, sich nicht mehr freuen zu können, über nichts, selbst diesen Lebensanreiz verloren zu haben. Ich sah in das Buch hinein und wusste nicht mehr weiter. Es war der Verlust von allem, hier und jetzt, und es würde nie wieder anders sein.

Wie zum Alibi setzte ich mich noch an die Übersetzung von «Europe Central» von Vollmann, die ich zugesagt hatte. Doch kam ich nicht weiter als drei Seiten. Ich brach förmlich vor dem Ungeheuer an Text zusammen. Wo war eigentlich mein Internet hin? Abgestellt.

Dann die Leipziger Buchmesse, zu der das Buch erschien. Ich konnte nicht hin, meldete mich krank. Ich fraß die Antidepressiva, doch sie hatten keine Wirkung. Sie haben nie eine Wirkung bei mir. Doch: die Nebenwirkungen. Die Tage stockten. Die Tage fingen mit einer Verneinung an und endeten mit einer Kapitulation.

Einen Termin nahm ich noch wahr: die Buchpremiere zusammen mit drei anderen jungen Suhrkamp-Autoren, im *Roten Salon* der Volksbühne. Ich fühlte mich verpflichtet und nahm alle Kraft zusammen, haute mir Angsthemmer rein, um überhaupt, womöglich, vielleicht, ein paar schwächliche Worte äußern zu können. Seltsamerweise, und das sollte bei der Buchpremiere von «Sickster» 2011 ganz ähnlich sein, brachte ich den Termin trotz Depressionen und äußerster Seelenschwärze ganz passabel hinter mich, antwortete auf die Fragen des Popliteraturwissenschaftlers in halbwitzigen Stanzen, die mir wie eine aus Textbausteinen bestehende, verlogene Verlängerung des Buches vorkamen, wie vorgefertigt, dabei waren sie spontan. Dieser Nullpunkt, von dem aus ich sprach, ließ mich zusammen mit den Medikamenten sogar lockerer, wurschtiger reden als in vermeintlich gesunden Zeiten. Eine traurige Form der Freiheit.

Nichts passierte. Wieder dieses: noch ein Tag, noch einer, und noch einer. Schleppte mich durch die Zeit, immer beschwerter, verklumpter, immer zäher.

It didn't turn out the way you wanted it to
It didn't turn out the way you wanted it to, did it?

32

Mein Kopf hat die gar nicht so seltene Eigenart, unwillkürlich irgendwelche Songs abzuspielen. Ich sehe ein Bild, lese eine Textzeile, höre ein Motiv oder einen Namen und werde unbewusst getriggert. Dann gehe ich mit dem sogenannten Ohrwurm durch die Straßen, ohne dass ich von ihm weiß, und er begleitet mich als ständiger Remix, geloopt, beim Schreiben, Lesen, Essen. Die Abspielaktion wird mir erst verzögert bewusst, und ich wundere mich dann meist, wo genau dieser Song denn jetzt wieder herkommt.

«Fernando» von Abba nimmt innerhalb dieser Playlist einen besonderen Platz ein. Seltsam, denn dieser Song gefällt mir gar nicht, er ist zu süßlich, zu träge, zu Abba. Doch in einer bestimmten Situation kam er hoch, von ferne, wie eine vergessene Kindermelodie.

Ich schrecke zurück, das Folgende zu schreiben, denn obwohl keine unappetitlichen Details vorkommen, ist der ganze Vorgang in seiner Intimität ziemlich beschämend.

Es geht natürlich um einen Selbstmordversuch, einen

läppischen, der aber beinahe gelang. «Gelang», «von Erfolg gekrönt war», «zum gewünschten Ergebnis führte» – eigentlich verbieten sich solche positiv besetzten Vokabeln in dieser Sache. Da «gelingt» nichts mehr, «Erfolg» hat in solchen Beschreibungen nichts zu suchen, und ob der Exitus wirklich dem «Wunsch» des Suizidenten entspricht, ist mehr als fragwürdig, selbst wenn man, wie ich, ein Befürworter des Rechts auf einen möglichst unkomplizierten und schmerzlosen Freitod ist. Zudem unterstellt man im Subtext den hierin «Erfolglosen» Schwäche und Unfähigkeit: Nicht einmal ordentlich abtreten können die.

Ich hatte Angst. Ich wollte mich vor keine Bahn werfen. Ich wollte auch nirgendwo hinunterspringen, um als Blutmatsch zu enden. Diese Möglichkeiten kamen mir zu martialisch und drastisch vor, zu rücksichtslos auch. Zudem würde mir wohl der Mut zum letzten Schritt in den Abgrund fehlen. Und die Bedenken, die ich hatte, die wohl jeder hat, der sich mit solchen Ideen plagt, die Rollstuhlbilder im Kopf, Beinstümpfe und Querschnittslähmung – bitte nicht. Aber weg sein wollte ich sehr. Jedenfalls war die Sehnsucht groß, auch wenn ich immer wieder störrisch ausharrte, die Qual aussaß, ohne sie loszuwerden. Und vielleicht würde es doch noch einmal wiederkommen – das Leben, das Gefühl davon?

Selbstmordforen sind für den restlos Verzweifelten – man verzeihe mir diese Sichtweise, sie soll nicht zynisch wirken, im Gegenteil – ein Ort der Zerstreuung. Es ist fast wie Fernsehen, man zappt träge durch und vergisst sich. Eigentlich, wie alle dort Versammelten, auf der Suche nach der Exit-Strategie, ist man nach dem Besuch solcher Seiten schlichtweg zehnmal ratloser als vorher – was fürs Überleben ja zunächst einmal nicht der schlechteste Effekt ist. Und fühlt sich sogar auf perverse Weise unterhalten und verstanden. Bizarre Freitodarten werden minutiös erörtert, Ersticken durch Grillen im abgedichteten Badezimmer etwa, man will es kaum glauben, Gasmasken und Wasserüberdosis, all das, weitere Details erspare ich Ihnen. Dann sind einige Stunden vergangen, und der Schmerz ist vorübergehend zerstreut durch die Frage: Ja, wie denn jetzt?

Ich hatte erfahren, dass der Wirkstoff in einem frei erhältlichen Schmerzmittel, in großen Mengen eingenommen und dann mindestens einen Tag einbehalten, zu irreparablen Leberschäden und schließlich innerhalb von drei, vier Tagen zum qualvollen, aber unweigerlichen Tod führen sollte. Da dies schon länger die Runde im Netz machte, hatte das Unternehmen die Packungsgrößen bereits auf zehn Tabletten reduziert. Dass der Tod durch diese Tabletten allerdings doch eher unwahrscheinlich war, stand nirgends. Oder ich war einfach zu beschränkt, es zu lesen und zu verstehen.

Ich begann, die Apotheken abzuklappern, um einen großen Vorrat an diesen Tabletten zusammenzutragen. Große Eile hatte ich dabei nicht. Ich war mir auch nicht sicher, ob ich sie tatsächlich einnehmen würde. Aber ich wollte sie haben und horten, stapelte sie unter der Spüle. Und sobald ich wirklich die Kraft fände, wollte ich es unverzüglich tun können.

Zudem, und hier nähern wir uns Abbas «Fernando», hing vom Thermostatkopf meiner Badezimmerheizung ein Kabel herab, in das ich eine Schlaufe geknüpft hatte. Die Wohnung bot keine andere Möglichkeit, irgendwo ein Seil zu befestigen, und in den Wald zu gehen und einen geeigneten Ast zu finden, dazu fehlte mir die Kraft. Also probte ich den Tod im Badezimmer. Ich wollte mich dort immer näher an die Grenze führen. Und vielleicht darüber hinaus.

Mir selbst ist der damalige Zustand der dumpfen Todesnähe nicht recht zugänglich, obwohl ich es doch war, der da vegetierte und starb. Ich kann es mir nicht plausibel machen, wie dann erst Ihnen?

Doch, ja, jetzt erinnere ich mich. Ich erinnere mich an den Blick auf einen Sims an der Potsdamer Straße. Ich erinnere mich an das sinnlose Licht. Ich erinnere mich an die Sprödheit von Zeit und Raum, an das Gewicht der Leere, an das Rascheln der Jacke beim Gehen. Ich erinnere mich an jeden erschleppten Schritt. An die Schwere der Lunge, die Taubheit der Glieder, die Ungläubigkeit dem eigenen Schicksal gegenüber. An das bekannte Gefühl, nicht derselben Gattung wie die anderen anzugehören, versetzt von ihnen in einer zersplitterten Fuge zu leben, schon nicht mehr zu leben. Ich erinnere mich an das totale Außenvor.

Und beim Schreiben dieser Zeilen fühle ich mich wieder so.

Die oben beschriebenen Selbstmordmethoden werden «soft» genannt, und statistisch neigen diesen eher Frauen zu. Suizidtechnisch bin ich also eine Frau, und die Versuche, die ich hinter mir habe, haben von außen gesehen bloß «appellativen» Charakter: Sie seien Hilfeschreie, heißt es. So einfach ist das aber nicht, denn der Wille, weg zu sein, ist ja da, und stärker als alles andere. Nur will man nicht als Fleischhaufen enden. Und bei Misslingen bitte auch keine Behinderung davontragen.

Ein Bekannter bezeichnete den manisch-depressiven Schweizer André Rieder, der sich unter Beistand der Sterbehilfe-Organisation Exit das Leben nahm, als «feige». Auf YouTube kann man sich die Dokumentation über ihn ansehen. Wieso denn feige? Wieso diese überkommene Vorstellung eines Mannstums, einer Entschlossenheit und Konsequenz der Tat? Frauen dürfen sich still vergiften, Männer dagegen müssen sich in die Kreissäge werfen? Dann will ich sofort Frau sein. Wahrscheinlich ist es wirklich mutig, den letzten Schritt zu tun und sich vom Hochhaus zu stürzen. Den Umkehrschluss mache ich aber nicht mit. Wieso einer, der nach qualvoller Abwägung und angesichts eines zwanzigjährigen Martyriums den Entschluss fasst, mithilfe von Gift aus dem Leben zu scheiden, nun feige sein soll, erschließt sich mir ganz und gar nicht. Das ist doch viel konsequenter und auch menschlicher als der plötzliche Todesstreich.

(Übrigens ist André Rieders Erscheinungsbild weitaus typischer für einen Bipolaren als das ausgemergelte, nervöse und stets fiebrige Klischee: ein runder, als «Bär von einem Mann» beschriebener, träger und auch körperlich versehrter Klotz, der etwas von einem Beamten oder Versicherungsvertreter hat und dem man schon kaum mehr eine Regung im aufgequollenen Gesicht ansieht; dabei sind es doch die starken Regungen, die sein Leben zerstört haben. Kay Redfield Jamison hat eine ähnliche Mimik, eigentlich gar nicht vorhanden; und Sinéad O'Connor, die ihre 2007 an die Öffentlichkeit getragene, bipolare Diagnose 2013 wieder zurückgenommen hat, einstmals eine der schönsten Frauen überhaupt, tendiert inzwischen auch zur totalen Verklumpung. Dass die Physiognomien grob, gepanzert und gefühlsarm werden, ist kein Zufall, sondern erzählt von den vielen Toden, die diese Leute vielleicht nicht nur innerlich gestorben sind.)

Strangmarken am Hals suchte ich zu vermeiden. Es wurde mir öfters schwarz vor Augen, während ich dahockte und mein Gewicht in die Schlaufe hing, mich in halbe Ohnmachten zerrte, dabei an die RAF-Terroristinnen in Stammheim dachte, die es ja auch (oder doch nicht?) auf diese Weise vollbracht hatten. Und die Lüftung, immer wieder die Lüftung, zynisch, automatisch, um mich herum die weißen Fliesen.

Einmal war ich weit über die Grenze hinaus. Das Blut stockte, das Hirn setzte schon aus. Da kam dieses Lied zu mir: «Fernando». Ich weiß inzwischen, woher: Cathy hatte vor Jahren lachend zugegeben, wie sehr sie es mochte, und wir hatten es zusammen gehört, erfreut und befremdet. Ich hatte nie mehr an dieses Lied gedacht, und jetzt, schon nicht mehr da, hörte ich es, es klang herüber wie ein letzter Gruß des Lebens ins Totenreich: *There was something in the air that night / The stars were bright / Fernando*. Ich hievte mich wieder hoch aus dem Schwarzen, das mich bereits hinabgezogen und geschluckt hatte, und atmete ein. Das Licht kam zurück, das Blut strömte los, das Hirn fuhr wieder hoch. Verwirrt lag ich auf dem nackten Boden und verstand nicht, was dieser Song mir nun sagen wollte. Dabei ist es offensichtlich: Bilder des harmonischen Zusammenlebens waren damit verknüpft, eine Zeit, in der das Leben offen und auf der richtigen Spur war. Die Möglichkeit von Glück hatte sich im letzten Moment ins sterbende Bewusstsein geschoben, durch einen Song, den ich nicht mochte, durch ein flaches, plüschiges Popversprechen, das sich jetzt aber so richtig anfühlte wie lange nichts. Ich atmete durch und stand auf, ließ den Song weiterlaufen im Kopf. Dann baute ich die Kabelvorrichtung ab und warf sie weg. So nicht.

Diesmal gab es eine Strangmarke. Mein selbstverliebter Therapeut sah sie nicht, und ich ging nicht mehr hin.

33

Ich hatte mich nie ganz auf eine Therapie eingelassen, was im Freundeskreis allgemein als fahrlässig angesehen wurde. Einer wie ich, und keine Therapie? Verantwortungslos. Mein Widerwille gegenüber Psychoanalytikern und anderen Laber- und Schweigedoktoren bestand allerdings schon seit je. Man musste sich nur ansehen, wer sich solchen Seelenmassagen unterzog: fast jeder. Jedenfalls in Kreuzberg, wo ich lange gelebt hatte. Dort pimpten sie sich die eigene Biografie zum antiken Mythos hoch, hefteten sich gegenseitig Elektrakomplexe ans Revers, machten sich mit Ödipus gemein. Alltägliche Gespräche verformten sich zu hochkomplizierten Spiegelungen, und eine Sauftour wurde schnell zur Meditation verklärt. Anstatt die Konflikte auszutragen, gingen sie zum Therapeuten, bei dem die eigene Version der Dinge noch einmal aufgebläht und bekräftigt werden konnte. So wurden sie zu kleinen, ichigen Biestern. An sich liebenswerte Macken betteten sie in hochbedeutsame Menschheitsepen ein und blähten sie so zu Plot Points innerhalb einer tief im Unterbewusstsein schürfenden Psychodramaturgie auf. Die Banalität der stets begradigten Lebensläufe wurde einfach nicht ausgehalten. Stattdessen mussten mithilfe von Vaters Unterhalt dessen vergangene Untaten betextet und zersprochen werden, bis die Leere sich wieder einigermaßen vertrackt und interessant anfühlte. Sie rissen irgendwelche Abgründe auf, damit es halle, wenn sie riefen. Dabei war da nichts.

Sie hatten keine Probleme, nahmen sie aber sehr ernst.

Da war ich lange Zeit das genaue Gegenteil gewesen.

34

Es fand sich keine Lösung, kein Halt. Das Sterben war nur aufgeschoben. Der erste Mai kam, traditionell eine Kreuzberger Westentaschenrevolution mit inzwischen angehängtem Straßenfest. Ich ging hin und war völlig isoliert unter den Menschen, wieder gefangen in der Vorstellung, einen anderen Raum zu bewohnen als sie. Ich hatte nichts mit ihnen zu tun, und sie nichts mit mir. Ein Steak im Brötchen aß ich an und musste es dann wegwerfen. Irgendwelche Musik schallte von den Bühnen. Lebloses Gewimmel. Vor Jahren hatten wir hier Sekt getrunken, Bianca, Knut, Aljoscha und ich, und mit einem gewissen Glamour die Revolutionsfolklore mitgemacht. Jetzt aber war hier nur toter Rummel. Ich ging nach Hause und wusste: Das war's.

Es lief noch «Katze im Sack», ein Film mit Jule Böwe, die ich ja nun kannte. Den Film hatte ich schon gesehen, ließ ihn aber weiterlaufen, wollte noch einmal Jules Brüste sehen, masturbierte erfolglos und nahm danach die Tabletten. Weit über zweihundert, eine nach der anderen. Vielleicht würde ich ja auch einfach nie mehr aufwachen.

Als ich am nächsten Tag doch aufwachte, unter größten Schmerzen, mit einer ganzkörperlichen Übelkeit, die unbegreiflich war, redete ich mir ein, jetzt also einfach ausharren und warten zu müssen, bis die Leber nicht mehr zu retten wäre. Das erwies sich allerdings als schwierig. Ich stand den Mittag durch, den frühen Nachmittag. Der Zustand war nicht auszuhalten. Ich konnte mich nicht einmal bewegen. Es schmerzte und pulsierte, jedem einzelnen Nerv schien übel zu sein. Der Körper wollte wohl aus allen Poren kotzen. Ich wählte den Notruf, stammelte, mir gehe es nicht gut, ich hätte einen Selbstmordversuch hinter mir. Also doch appellativ, denke ich heute. Und absolut lächerlich. Aber ich bin nun einmal kein Held. Was ist das überhaupt, ein «Held»?

Der Mann am anderen Ende der Leitung sagte, ich solle mir ein Taxi ins Krankenhaus nehmen. Das war wiederum wunderbar grotesk. Ich packte ein paar Sachen in eine Tasche und versuchte loszugehen. Das Urbankrankenhaus war nicht weit. Aber nach zehn Schritten konnte ich schon nicht mehr und würgte. Ich rief tatsächlich ein Taxi, ich glaube, das Geld reichte gerade noch so.

In der Rettungsstelle gaben sie mir medizinische Kohle, die ich unter lautem Brüllen sofort wieder erbrach. Dann kam ich an den Tropf, ein Antidot wurde eingeträufelt. Eine Lebertransplantation schien notwendig, weshalb ich auf die Intensivstation eines anderen Krankenhauses verlegt wurde. Das mit der Transplantation wusste ich noch nicht, ich sagte und fragte nichts mehr, ich fügte mich nur und war geistig kaum präsent. Dann fand ich mich im dritten Stock des neuen Krankenhauses wieder, lag in einem Zimmer, dessen Fenster nicht abgeschlossen waren, was mir wie Ironie und die letzte Möglichkeit erschien, ganz unironisch doch noch Ernst zu machen. Aber ich sprang nicht. Solches wollte ich auch meinem Zimmernachbarn, einem älteren, schweigsamen Herrn, nicht antun. Es gibt immer Ausreden.

Ich wollte, dass Aljoscha kommt, und er kam. Ich telefonierte mit meiner Lektorin, deren inzwischen vertraute Stimme ein Trost war. Innerhalb von Stunden bekam ich Pusteln auf der Brust. Die Leber erhole sich aber schon wieder, hieß es. Eine halbe Flasche Wodka noch drauf, hieß es, und sie wäre endgültig hinüber gewesen. Ich hätte eine sehr robuste Leber. Was eine Farce mein Leben war.

35

Es folgten Monate auf der geschlossenen Station des Urbankrankenhauses. Ich machte alles mit und fasste sogar zu manchen der Ärzte Vertrauen. Sie pumpten mich im Gegenzug mit Medikamenten voll, die ich widerstandslos schluckte. Lag mit einem fahlen Riesenbaby auf dem Zimmer, das rassistische Gedanken gegenüber unseren Mitpatienten äußerte und ungefragt die besten Masturbationsplätze empfahl. Ertrug auch das.

Frau Unseld-Berkéwicz unterstützte mich mit einem kleinen Suhrkamp-Stipendium. Das muss ich erwähnen, denn später kam es zwischen uns zur Katastrophe, und ich will nicht so tun, als hätte das an ihr gelegen. Allerdings, erinnere ich mich, setzten diese Zahlungen noch nicht im Krankenhaus ein, denn da war ich noch auf Hartz IV, was mir später nämlich von einem Jobcentermitarbeiter am Telefon en détail vorgerechnet wurde. Denn wer im Krankenhaus ist, hat ja zu essen, so er, weshalb ich einen Großteil der Stütze zurückzahlen sollte, soundsoviele Tagessätze, Bettengeld mal Wochenzahl, wasweißich. Hilfreich war das nicht.

Nur Cola im Kiosk, keine Zeitungen. Nicht einmal Cola, meist. Vielleicht so Fruchtgummizeugs, und immer Zigaretten. Von Lowtzow war auf dem Titelblatt des Stadtmagazins, und ich spürte dazu keine Verbindung mehr, obwohl ich das letzte Tocotronic-Album doch noch im «Freitag» besprochen hatte. Jedes Fansein ist ausgeschlossen und, einmal zerstört, auch später kaum wiederherzustellen. Stattdessen war der gefallene Popsänger Joachim Deutschland in der Parallelstation untergebracht.

Und Şenol, der Sohn meines Spätkaufbetreibers von gegenüber, ein Schauspieler zwischen RTL und Indie-Film.

Manches Gespräch hatten wir auf der Station, auch wenn wir, wieder draußen, kaum so taten, als würden wir uns kennen. Diese Verschwiegenheiten sind ungesund, und Şenol würde auch aus anderen Gründen wahrscheinlich einiges darüber berichten können. Leider kann er es nicht mehr, er hat sich später umgebracht.

Dreibettzimmer. Mit einem paranoiden Schizophrenen, einem tapsigen, gutmütigen Anwalt, spielte ich regelmäßig Schach. Auch ihn hatte das Internet verrückt gemacht. Sagte ich, ich sei auf seiner Homepage gewesen, zuckte er zusammen, obwohl er mir die Adresse doch noch am Tage zuvor selbst gegeben hatte. Die Viren, die er im Netz vermutete, waren in sein Denken eingewandert. Ich vermute aber, er wird sich erholt und gefangen haben. Er war kein aussichtsloser Fall.

Ganz im Gegensatz zu etwa einem Drittel der Patienten. Die sogenannten «Drehtürpatienten» waren lautstark anwesend. Leute, die von ihrer Krankheit nicht mehr freikamen, die alle paar Monate wieder hier landeten, deren Existenzen schon völlig aufgezehrt von den Widrigkeiten waren, die diese Anfälle mit sich brachten. Aufgeplatzte Nasen, aufgequollene Haut, das logische Denken großflächig zerstört. Es tut mir im Herzen weh, rückblickend. Doch damals war ich fast schon einer von ihnen.

Und so verschleift sich die Erinnerung im ständigen Einerlei. Die Wahrnehmung ist gedämpft, der Kopf, eh von der Depression heruntergefahren, wird noch von Phasenprophylaktika, SSRIs und Stimmungsaufhellern in chemische Geiselhaft genommen. Unsere Dankbarkeit der Schwester gegenüber, als wir, ein Mitpatient und ich, «Schlag den Raab» zu Ende sehen durften. Frühstück (die Brötchen als einziges Highlight des Tages), Raucherraum, irgendein

Sport für zehn Minuten. Als ich in einer kleinen Halle abseits der Gruppe statt rhythmischer Gymnastik mit Keule, Ball, Band ein paar Würfe auf den Basketballkorb versuchte, mit einem Pilates-Softball, stand mir der Schmerz bis zum Hals. Das war ich nämlich auch einmal gewesen, ein Basketballspieler, seit Schultagen, und er war so fern wie nie.

Irgendwann holte mich mein Agent Robert ab und brachte mich zurück in meine Wohnung. Die Nachbarn, Karl-Uwe, ein alter Kreuzberger Sponti, der ein paar Stockwerke über mir wohnte, und Petra, die Künstlerin von gegenüber, erschraken, als sie mich im Hinterhof wiedersahen, erst aus Angst vor neuem Terror, der von mir ausgehen könnte, dann sofort wegen der Zerstörtheit, die ich ausstrahlte.

Ich machte alles mit, ratlos, aber am Leben. Ging sogar noch wochenlang in die Tagesklinik. Dorthin war inzwischen einer der Ärzte versetzt, die ich mochte, ein wirklicher Menschenfreund mit heller Stimme, der die Patienten mit genau der richtigen Mischung aus Humanität und Distanz behandelte. Die Sonne schien von oben, ohne etwas mit uns zu tun zu haben. Irgendetwas wurde immer gemacht, getöpfert, gehäkelt, gefeilt, auch wenn ich mich meist davor drückte und lieber zeichnete. Aber ich ging hin. Eine Manikerin wollte unbedingt zusammen mit allen «Momo» sehen. Ich seufzte und schaute mit. *Michael Ende, nur du bist schuld daran –*

Langsam begann ich wieder zu arbeiten. Nachdem «Europe Central» auf Eis gelegt war (und noch manchen Übersetzer verschleißen sollte, bis es ein paar Jahre später endlich ziemlich glorios gelang), wurde mir als Arbeitsbeschaffungsmaßnahme «Riding Toward Everywhere» angeboten, ebenfalls von William T. Vollmann. Zudem hatte ich in den letzten Tagen der Manie, angeregt von Yvonne, die sich selbst dort beworben hatte, meine Unterlagen für einen Aufenthalt im Künstlerdorf Schöppingen eingereicht, von dem ich vorher noch nie gehört hatte. Absurderweise war ich angenommen worden, sie nicht. Jetzt wusste ich nicht, was ich damit anfangen sollte. Es war eh alles egal, also fuhr ich hin.

36

Bahnhöfe, Kaufkammern in kaltem Licht, Waren darin, in Plastikfolie verschweißt, Kaufbefehl, Produktentfremdung, Verspätungsalarm. Warten an Gleisen, worauf, auf Züge angeblich. Man ist ein Gespenst und fühlt doch die Schwere des Körpers, kann also kein Gespenst sein, aber was dann. An unwirtlichen Orten, in Zwischenräume und Sitze gedrückt, von Trauer belagert, die nichts mehr freigibt, die bleiben wird, zwischen den Orten, die alle nichts bedeuten, mit einem Buch in der Tasche, das sich dem Lesen verwehrt, weil der Kopf verschlossen ist, isoliert von der Welt.

37

Im Künstlerdorf, einem verschlafenen, unspektakulären Haus mit ein paar Anliegerwohnungen, lebte ich so dahin, teilweise eingebunden ins Sozialleben: Grillen und Reden, hin und wieder Trinken. Die Tage tröpfelten gleichförmig und durchsichtig ins Leere. Einmal durch die Weizenfelder, dann nie wieder. Zähne zusammenbeißen, essen, mehr essen, nicht zu viel nachdenken, herumlaufen, liegen, zum Supermarkt gegenüber gehen, liegen, den Supermarkt gegenüber meiden.

Supermarkt, Supermarkt, Supermarkt. Eigentlich könnte ich mein ganzes Leben entlang der Supermärkte beschreiben, die ich in den jeweilen Phasen frequentiert habe, und anhand meines Hasses auf sie, eines Hasses, der bei jedem individuellen Supermarkt und in jeder Lebensphase seine eigenen, von der jeweiligen Beschaffenheit des jeweiligen Stammsupermarktes eingefärbten Nuancen aufwies. Die Frustrationen, Verzweiflungen, Höhenflüge, Gleichgültigkeiten, die sich in diesem unterschiedslosen Licht entluden oder nicht entluden, der Blick auf das nutzlose und doch notwendige Zeug im Einkaufswagen, das ich weiter über den verklebten Boden zerrte wie den nutzlosen und doch notwendigen Inhalt meiner Gedanken durchs verklebte Bewusstsein; allein diese Einkaufswagen, allein dieses Licht wie aus gelbstichigem Glas. Dort die Pizzen, da das Waschmittel, und das Meiste wird gar nicht erst registriert. Egal, ob höherpreisige Kaufparadiese oder ranzige Billigdiscounter – es ist immer dieselbe Demütigung. Seitdem ich einkaufe, kaufe ich ungern ein. Immer bin ich fehl am Platz und muss so schnell wie möglich wieder raus.

Den Supermarkt also meiden und liegen. Cornflakes schaufeln. Sterben wollen.

Der nachhallende Schock, im Vorjahr wieder verrückt gewesen zu sein, alles innen und außen verloren zu haben, saß mir in den Knochen. Um diese Knochen wuchs, aus Sucht nach Schokolade, schnell das Fett, legte sich um die alten Formen wie Mull. Es ist so ein träges Vegetieren. Nur Chatten geht, mit Phoebe in England etwa. Abends manchmal Gespräche, fremd dabei wie immer: alle.

Eines Nachts erreichte mich ein Anruf meiner aufgelösten Mutter. Sie wollte sich umbringen, auf der Stelle. Meine Tanten kümmerten sich um die Einlieferung.

Ich fragte mich, was denn noch.

38

Und erholte mich nur noch teilweise. Hatte ich mich in den Jahren nach 1999 völlig regeneriert, ein Leben geführt, das zukunftsoffen und voller Möglichkeiten war, echte Beziehungen zuließ und Geist und Stimmung eigentlich restlos wiederherstellte, nur leicht angeschrammt, erschrocken vom adoleszenten Abgrund – so blieb jetzt eine Grundzerstörtheit in mir übrig, die ich nicht mehr loswurde. Es war nicht mehr ganz zu kitten. Die Fetzen passten nicht zusammen. Und doch fasste ich neuen, angeschlagenen Mut, neue Kraft, zumal aus einem Widerstand heraus, dem Widerstand gegen das eigene Schicksal, aus existenziellem Trotz: Wollen wir doch mal sehen, ob so eine Fehlnummer wie ich nicht auch ihre Daseinsberechtigung hat.

Es war still in meiner Stipendiatenwohnung. Ich arbeitete, dachte an neue Texte, schaute auf dem Laptop das Frühwerk von Alfred Hitchcock, das ich mir in der Manie gekauft hatte, ohne zu wissen, warum. Las Kehlmann und Glavinic ohne Gewinn.

Ich nahm am Autorenlabor des Düsseldorfer Schauspielhauses teil, einer Runde aus teildepressiven Jungdramatikern, und erfreute mich am hellen, blitzgescheiten Wesen des Seminarleiters Thomas Jonigk. Es war also offensichtlich möglich, das gelungene Leben. Ein brauchbares Drama kam jedoch nicht zustande, nur dreieinhalb Versuche und ein flaches Kurzstück.

Das Theaterhaus Jena bot mir einen Schreibauftrag für eine weitere Stückentwicklung an. Ich willigte ein. Dort fand ich mich in einer Theatertruppe wieder, die mir Spaß machte. Die Stimmung hellte auf, nichts ging schief. Das Stück wurde okay, eine Frankensteinüberschreibung. Dazu kam die Dramatisierung eines Science-Fiction-Romans, durch die ich formal viel lernte. Die Arbeit half.

Und dann zurück nach Berlin, da wo die Deppen aus Stumpfsinn hinzieh'n. Ich harrte in der Kottbusser-Tor-Wohnung aus, die mir wie ein lädiertes Hotelzimmer vorkam, fühlte mich aber in Kreuzberg einigermaßen wohl, eine Art zweiter Heimat, voll von Freaks und Ausgeflippten, die selbst einiges hinter sich hatten. Manche Bar umging ich noch immer großräumig. Langsam übernahmen die Touristen.

Die Tage waren entweder voller neuer Arbeit oder, wahlweise, voller Nichts. Also entschied ich mich für die Arbeit. An den Theken der Stadt soff ich mich komorbide noch bisweilen in ein halbmanisches Delirium, das am nächsten Tag umso gnadenloser einen existenziellen Katzenjammer heraufbeschwor, der kaum auszuhalten war. Aber ich wollte vergessen, und was blieb mir denn noch an Spaß in dieser kaltgestellten Welt? Schon ohne Krankheit war sie oft kaum zu ertragen.

Um einmal einen Gewährsmann, nämlich Edgar Allan Poe, zu zitieren: «Aber ich bin von der Anlage her sensibel und nervös in sehr ungewöhnlichem Maße. Ich wurde wahnsinnig, mit langen Zwischenphasen grausamer Klarheit. In Anfällen absoluter Bewusstlosigkeit trank ich Gott weiß wie oft oder wie viel. Natürlich machten meine Feinde das Trinken für den Wahnsinn verantwortlich, nicht den Wahnsinn fürs Trinken.» Säufst du also noch oder rast du schon? Säufst du, weil du krank bist, oder bist du krank, weil du säufst?

Ich erhielt zwei Preise für «Raumforderung», was mich überraschte und freute, auch wenn die damit einhergehenden Erfahrungen viel schlichter, nüchterner und unspektakulärer waren als ursprünglich einmal ausgemalt. Die Rede für den Förderpreis zum Bremer Literaturpreis kriegte ich kaum hin. Was sollte ich denn sagen? «Wenn du ein Problem damit hast, thematisiere das Problem», riet Jonigk. Machte ich also. Mache ich auch jetzt. Damals bekam ich noch keine Panikanfälle bei Vorträgen und Lesungen, die Dankesrede brachte ich also schadlos hinter mich, vor mir honorable Senioren und zur Preisverleihung verdonnerte Schulklassen. Beim Essen im Rathaus saß ich neben dem Journalisten Lothar Müller, der Interessantes über Botho Strauß und Amerika zu erzählen wusste. Ich dagegen schwieg wie ein verschrecktes Kind.

Draußen vor dem Rathaus redete eine Irre auf mich ein. Die Schatten auf unseren Gesichtern liefen ineinander.

Der Sinn von all dem blieb mir verborgen. Aber so ließ sich einigermaßen weitermachen.

39

2008, 2009: angeschossen, aber nicht niedergestreckt. Ein Sommer, der sich in Ansätzen wieder nach einem solchen anfühlte. Abende am Kanal, abgetrennt von allen, aber dabei. Die Wohnung etwas hergerichtet. Meine Mutter erholte sich. Ich frickelte an «Sickster» weiter. Sah die Leute in den Cafés und fragte mich, was sie eigentlich dort machten. Ging meine Runden, noch immer verschämt. Las wieder viel. Auch wenn sich keine Form ergab, stellten sich doch zumindest bruchstückartige Inhalte ein.

Die Enttäuschung und Entfremdung von sich selbst, die Last, so viel Schwachsinn gedacht und getan zu haben, die Durchkreuzung der meisten Lebenspläne, das Durchhalten dagegen, das Aufstehen, das Erreichen von neuen Zielen, und doch immer dieser Verlust des allgemeinen Lebenssinns, der zielgerichteten Biografie, wenn es so etwas gibt. Risse innen in der Brust, maßlose Enttäuschung. Das Aufstehen, wieder und wieder, gegen die Schwerkraft, gegen das Bedürfnis, einfach liegenzubleiben für immer, bis heute. Nur drei Tassen Kaffee später dann das leichte Fieber, die erfreute Hektik – die Amplituden der Affekte sind noch immer da, noch immer findet, im Kleinen, dieses krankheitstypische Auffahren und Niedersinken statt. Sich eine Struktur auferlegen, auch wenn diese selten eingehalten wird; den Selbstverlust in der Arbeit suchen, diesen Moment der Pianisten beim Spiel, wenn man im Anderen versinkt. Die Struktur aber ist auch gefährlich: Wann wird sie zum Stress, wann die beamtische Pflicht zum deprimierenden Übel? Ausschlafen aus gesundheitlichen Gründen ist immer wieder angezeigt, bloß nicht dem Stress das Steuer überlassen; doch auch nicht zu viel schlafen, denn sonst ist die depressive Verstimmung da, und die Abwehrreaktion dagegen könnte eine Manie auslösen. Schläft man wiederum zu wenig, droht die Manie gleich unvermittelt. *Oh boy.*

Sich unter die Leute begeben wie in eine Pflichtaufgabe. Sich verlieren im Gespräch. Pragmatisch denken und irgendwie am Draußen teilnehmen. Dabei manchmal spüren, dass es alles vielleicht nicht so schlimm sein muss, wie es scheint.

40

Es war eine Idiotie, aber ich setzte die Tabletten ab. Ich wollte sie nicht ewig nehmen. Ich glaubte nicht daran, dass der Wahn bald wieder Besitz von mir ergreifen könnte, schließlich war ich von der letzten Episode noch viel zu zerstört. Wie sollte das System genügend Kräfte generieren, um wieder hochzufahren und anzugreifen? Zu träge, zu fett und schwach war der ganze Organismus, von den Medikamenten gelähmt, und quoll, genau wie das Denken, unförmig auf.

Es ist nicht einfach einzusehen, dass man lebenslang Tabletten nehmen soll. Auch die Ärzte sagen das einem nicht mit dem nötigen Nachdruck. Dabei ist es schlicht so: Die Bipolarität ist eine rezidivierende Krankheit mit oftmals schwerem und tödlichem Verlauf, und so besteht ihre Behandlung im Regelfall nicht in einer bloßen Intervallbehandlung, sondern in einer lebenslangen, medikamentengestützten Therapie. Aber schlucken Sie das erst einmal, wenn Sie sich eh nur noch vorkommen wie ein Bündel aus Nebenwirkungen. Je jünger man ist, desto weniger will man es wahrhaben.

Ich schlich die Medikamente aus, sowohl das Orfiril, ein Antikonvulsivum mit phasenstabilisierender Wirkung, als auch die Serotonin-Wiederaufnahmehemmer. *Brain Zaps*, kleine Elektroschläge in Kopf und Körper waren die Folge. Inzwischen sind diese Absetzerscheinungen von Serotonin-Wiederaufnahmehemmern anerkannt und beschrieben. Das war damals aber nicht der Fall, und wenn ich Ärzten davon erzählte, blickten sie mich ungläubig an. Eine befreundete Pharmakologin recherchierte und fand heraus, dass die Brain Zaps durchaus bekannt, aber nicht in den offiziellen Katalog der Nebenwirkungen aufgenommen waren – Lobby, Lügen, Geld. Sie verschwinden nach zwei, drei Wochen wieder, sind auch ungefährlich. Und bringen doch neben der bloßen, sehr unangenehmen Empfindung des Stromschlags im Kopf, der in alle Glieder ausstrahlt, erhebliche Irritationen mit sich. Habe ich denn noch immer keine Kontrolle über mich? Ist alles nur ein Glücksspiel der Neurochemie? Was soll das denn auch, Elektroschläge von innen!

Ich wartete, ohne es zu wissen. Ich harrte nur aus.

Um mich herum wurden bürgerliche Existenzen zusammengelötet, ich glaube, das nennt man Ehe. Darin gab es Kinder und Struktur und Zukunft. Bei mir gab es nicht einmal eine Gegenwart.

41

Als ich gerade von «bürgerlichen Existenzen» schrieb, dachte ich kurz über habituelle Differenzen nach und wollte unwillkürlich zu den «Feinen Unterschieden» von Bourdieu greifen, um drin zu lesen. Es war nur ein halber Gedanke, ein vorbewusster Wunsch. Er war nicht zu erfüllen. Denn wohin greifen? Da gibt es nichts mehr. Drei oder vier Bücher von Bourdieu hatten in meiner Bibliothek gestanden; alle sind sie weg. Sehe ich das Cover eines Buches, das ich einmal besaß, wie gestern etwa Dylans «Chronicles», durchfährt mich ein kleiner Schmerz. Stoße ich auf ein Exemplar eines Buches, das ehemals in meinem Besitz war, weiß ich es sofort. Passiv weiß ich nämlich noch alle Bücher, die ich je besaß. Es hört nie auf.

42

Aljoscha und ich flogen über Weihnachten 2009 in die Türkei, nach Istanbul. Wir bezogen unsere Zimmer im Grand Hotel de Londres, das im Film «Gegen die Wand» als Schauplatz dient, und erkundeten die Stadt. Istanbul war viel hektischer und voller als erwartet, tatsächlich eine Metropole, nur hing sie – so wie wir zwischen den Jahren – zwischen den Jahrhunderten, war weder heutig noch gestrig, oder war einfach beides. Wir streiften durch

Beyoğlu, waren mit Efes in der Studentenszene unterwegs, aßen Fisch auf der Galatabrücke und betrachteten Säbel im Topkapipalast. Auf den Fähren erst begriff man, was für ein Trubel in der Stadt herrschte, und es schien, als würden die Hektiker von Istanbul nur dort zur Ruhe kommen und durchatmen können. Es waren schöne Tage.

Auf dem Rückflug war ich von der Vornacht allerdings so hinüber, dass ein Passagier, der neben Aljoscha saß, ihn besorgt fragte, was denn mit seinem Freund los sei. Nichts, sagte ich, gar nichts. Was soll schon los sein.

Zu Silvester ging ich verloren, Schnee überall, fand die Freunde nicht mehr, obwohl ich mich in der Gegend um den Helmholtzplatz, wo eine Party stattfand, doch auskannte. Auf ein Taxi zu spekulieren, war ich zu ungeduldig. Ich ging los, das Handy hatte kein Netz, und fiel in den Schneematsch.

Die Zukunft war gehemmt offen, dachte ich zu Neujahr und schrieb die letzten Zeilen eines neuen Theaterstücks für Jena fertig, «Das Herz ist ein lausiger Stricher». Ein Boulevardmelodram war es geworden, Kreuzung also zwischen Boulevardkomödie und Melodram: *Tür auf, Tür zu* einerseits und hingehauchtes Zigarettenpathos im grünen Abendkleid andererseits. Ich hatte neue Ideen.

Dass diese Ideen bald darauf jäh gekappt und von der so albernen wie tödlichen Vernichtungsmaschine namens Manie weggeschreddert werden sollten, wusste ich nicht. Ich wusste so wenig. Die Tage zogen ins Land und durch mich durch. Vielleicht hing ein Countdown über mir. Ich traf mich noch mit Aljoscha und Knut im *Alt Berlin*, und sie meinten rückblickend (doch das ist immer einfach), ich hätte an dem Abend schon wieder wie «ein anderer» gewirkt. Schuld sei auch mein neuer Blog gewesen, von dem ich pausenlos gesprochen hätte. Das alles kann ich weder bestätigen noch bestreiten. Aber etwas braute sich zusammen, und ich forderte es, zumal mit dem Blog, zumal mit der Absetzung der Tabletten, sogar noch heraus.

Gott wartete. Die Katastrophe wartete.

2010

1
«Uh huh him

– bis sich eine Stimme zaghaft wieder erhob aus dem Meer der überall schon längst rauschenden, raschelnden, tickernden und fiependen Stimmen, noch reichlich brüchig, erstes Räuspern, Mikrofoncheck, one two, one two, ja, jaja, die Technik scheint zu funktionieren, immerhin, also geht es los, oder? Geht es los jetzt? Aber was? Die Marionetten nickten stumm: Red los. Ich bin ganz sicher schon einmal hier gewesen, summte ich, aber wo genau, war mir nicht mehr ganz ersichtlich, dachte ich, jede Silbe erst einmal ein Schritt in moorigem Gelände, während jenseits der Baumgrenze die letzten Silvesterknaller laut zerknallten, von Türkenjungs ganz rabaukig gehortet und just jetzt in diesem Augenblick zur Zündung und schneezermatschten Explosion als genau geeignet befunden.

Und das soll jetzt weitergehen bis zum Tage des Erscheinens?
Und Sie, gerade Sie: wagen sich wieder ins Internet?
Sie wissen doch, dass Sie, wie soll ich sagen – nein?
Und sonst geht es Ihnen aber gut?

Derweil ein erster Druck im Kopf und Kryptik die Atemnot sanft linderten. Ach, die Verschwurbeltheit wird sich auch noch legen, nachdem sie paar Einträge lang bisschen Staub wird aufgewirbelt haben, beruhigte ich mich verschwurbelt: und der Drang, alles auf einmal zu sagen, auch. Herzlich willkommen zurück beim Sickster, sprachen dann die Finger, Blog zum Buch zur Zeit seiner Entstehung, aller Schwächen und Brüche eingedenk, allem

Großen und Groben zugeneigt. Sie waren noch nie hier? Machen Sie es sich nicht zu bequem. Schon wollte man den eigenen Tonfall als falschen maßregeln, als geklauten, als allzu soignierten oder gar blasierten, als fälschlich dem Nicht-Eigenen einen falschen eigenen Ort zuweisend. Aber Platz ist reichlich, oder, dachte ich, Platz ist dermaßen viel da, keine Sorge, Junge, fang einfach an, *feel free to feel free and feel weird*, und lass auch gerne die Krankheit langsam ihr Rederecht zurückerlangen; lass hörbar werden, was dich verstummen ließ.

Meine Zeit wird kommen im Jahr 2010 – wenn wir uns wiedersehn; und der Konditional dieses Wenns, der mir vorher nur als ein hochexklusiv ausschließlicher und eigentlich schon gänzlich unwirklicher, im Innern sogar völlig irre-irrealer Irrealis denkbar gewesen war, hatte sich glücklicherweise doch noch zu einem sehr gut möglichen Temporal gewandelt, einfach so, mit der Zeit. Am Ende wird alles in der richtigen Schwebe kalibriert vorhanden sein, am Ende werden genügend Worte gesagt, genügend Reflexionen verbraten sein, am Ende, irgendwann; kleine, virenartige Partikel, die, hierin wieder ganz Elektro, sich in Reibung und Spannung gegenseitig verstärken oder aufheben werden, meist beides, und endlich also zum Roman meines, leider, Lebens erstarrt hingeschrieben worden sein werden, und dieser Blog wird mitsamt allen Funktionen, den tatsächlichen und den gedachten, weg sein; und dann sehen wir weiter und sehen den Horizont und ziehen ein ins Reich der Fiktionen, endlich, endlich. *Schaun mer mal, dann sehn mer scho*, diktierte der Kaiser in gewohnter Selbstverliebtheit und Lockerness den Pagenschnitten ins Gerät, und zwar natürlich kursiv gesetzt, genau, total kursiv, Ladies and Gentlemen, kursivkursivkursiv, *exactomundo*; Steigleitung trocken, fügte er, schon kahl und debil, schnell hinzu, wegen Wittgenstein, der Fliege im Glas und der steigleiterartigen Natur der genannten Funktionen, die schon jetzt dem Verschwinden versprochen waren; denn was steigt, wird schnell zerschossen; und der Narr, noch lockig und arglos, horchte auf und spitzte den Stift. Nacktscanner zoomten heran. Die freudige Melancholie des Anfangs wehte durch eine ‹Loch› genannte Wohnung.»

(Erster Eintrag meines Blogs vom 1. Januar 2010)

2

Wir saßen in einer Gaststätte namens *Kuchenkaiser*: die Dramaturgin, der Regisseur, der Bühnenbildner und ich. Ich muss schon recht abgeriegelt gewesen sein. Wieder gärte etwas in mir.

Ich versuchte mich dennoch an einer Diskussion, einem Gespräch, hielt mich offen, stieß dabei auf Widerstände. Es hatten sich nämlich bereits Fronten gebildet, bevor ich dabei gewesen war, und die Fronten hießen: Dramaturgie und Text versus Regie und Bühnenbild. Die beiden, Regisseur und Bühnenbildner, waren augenscheinlich gegen den Text, sie mochten ihn nicht, aber sie wussten nicht, warum. Oder sie wollten es nicht sagen. Oder sie mochten ihn, hatten aber beschlossen, irgendwie dagegen zu sein. Oder sie wussten es einfach selbst nicht, hatten noch keine Haltung und schotteten sich als Vorsichtsmaßnahme in eine alberne Unnahbarkeit ab. Ziemlich verblasen saßen sie mir gegenüber und strahlten eine fahrige Arroganz aus, die mir auf die Nerven ging, da sie keinen Punkt und keine Richtung hatte.

Der Bühnenbildner, den ich flüchtig kannte, hatte seinen Metallerzopf abgeschnitten und trug nun eine funky Undercut-Tolle zu Schau. Es wirkte wie einer neonverstrahlten New-Wave-Kneipe aus den Achtzigern entsprungen, in der verunsicherte Provinzler erste Großstadtposen probten. Nur dass wir in den Nullerjahren waren, in Kreuzberg, in einer etwas piefigen Wirtschaft, und lediglich einen neuen Text und seine Umsetzung besprechen wollten. Es war bizarr.

Solche Fronten sind allerdings Alltag am Theater. Regisseure halten Autoren für natürliche Feinde, Autoren Regisseure für notwendige Übel. Nichts Besonderes war das, nur die alltägliche Eitelkeit der Orchestergrabenkämpfe, die von den beiden ein wenig überstrapaziert wurde. Die Dramaturgin regte sich später entsprechend über «diese Jungkünstler» auf. Ich grinste, erleichtert darüber, dass ich nicht allein in meiner Wahrnehmung ihres Gebarens war.

Und doch war da eine Empfindlichkeit in mir. Ich reagierte auf den Auftritt der beiden besonders pikiert und beobachtete ihre Eitelkeiten anders als sonst. Die gehemmten Gesten sendeten überstark, das blasierte Mienenspiel stieß mich vor den Kopf. Die Lächerlichkeiten waren so eindrücklich. Ich suchte nach Gründen für dieses Verhalten. Es konnte doch nicht nur mit dem Stück zusammenhängen? Das wäre albern gewesen. Ein Gedanke kam mir: Hatten sie etwa schon meinen Blog gelesen und deshalb Angst?

3

Am Blog hatte ich im Dezember herumprogrammiert, wenn man das so nennen kann. Jedenfalls hatte ich den Quellcode tagelang bearbeitet, die vorgegebenen Farben verändert, mir unliebsame Einblendungen im

HTML-Modus gelöscht, all das, learning by doing. An Neujahr sollte er online gehen, und das tat er dann auch, unter Begleitung eines Livevideos von Nine Inch Nails' «Somewhat Damaged». Reznor vollbrachte dort eine kraftvolle Uhrzeigergeste mit dem linken Arm; es hatte also zwölf geschlagen. Ich schickte eine Rundmail an Freunde, Bekannte und sogenannte Multiplikatoren und begann, freudig loszutexten. Der Blog sollte meine wiederaufgenommene Niederschrift von «Sickster» begleitend kommentieren, mich auch zur täglichen Arbeit verdonnern, ein Work-in-Progress sein, ein Arbeitstagebuch, dabei das schwierige Verhältnis zwischen Autobiografie und Fiktion erhellen. Zudem sollte er einfach erzählen, wie es sich lebte mit der Bipolarität. Er sollte, unwissend, dieses Buch hier vorwegnehmen und gleichzeitig ein anderes Buch befeuern und reflektieren, zudem ein gewöhnlicher Blog sein, wie ihn andere mit offensichtlicher Freude unterhielten. Ziemlich viel Holz für eine Seite.

Ich glaubte mich nicht in Gefahr. Dabei hätte ich doch wissen müssen, dass das unmittelbare, unredigierte Veröffentlichen im Internet schon einmal die Falltür zur Krankheit gewesen war. Aber ich war arbeitsgeil, wollte wieder loslegen, sah, wo das Leben träge an mir vorbeifloss, im konsequenten und schnellen Schreiben die Lösung des Stillstands. Die Freunde waren skeptisch.

Bereits mit den ersten Einträgen begann das Ganze zu kippen. Ich feilte an den Texten herum, ohne mich um das Buch zu scheren, überlegte stundenlang, mit welchen Musikvideos ich sie illustrieren sollte, schrieb Dinge nieder, die schon mehr als einen Hauch zu intim waren. Plötzlich war mein Sickster-Protagonist ein Filmemacher, der seinen, aber eigentlich meinen Hass auf die sogenannte «Berliner Schule» ausschütten sollte. Ich schrieb darüber, dass Entschuldigungen gar nicht so gut ankämen, weil die Leute noch immer nicht glaubten, dass der Irre wieder ein Mensch sein könnte; lieber werde alles totgeschwiegen und hinter dem Rücken des Schuldigen mit Grusel belacht. Ich schrieb etwas über meinen Großvater, eine beklemmende Szene aus meiner Kindheit, in der er seinen Penis in der Küche gewaschen und mich dabei angegrinst hatte. Aufgewühlt stellte ich sie online. Das Grinsen meines Großvaters war gar nicht so schlimm gewesen, denke ich heute, aber in der aufgeheizten Stimmung, die mich ergriffen hatte, wurden die Dinge der Erinnerung unwillkürlich ins Monströse vergrößert. Ich hatte mich schon verloren.

Dann wachte ich eines Morgens auf, es muss um den zehnten Januar herum gewesen sein. Ich habe die Szene schon, verfremdet, variiert, verkürzt, in «3000 Euro» beschrieben.

4

Noch einmal zum Verhältnis zwischen mir und meinen Figuren. Meine Protagonisten sind bisher allesamt Wiedergänger von mir, die die Grundausstattung, das Basisschicksal teilen, aber sonst mit neuen Eigenschaften ausgestattet werden, bis sie eigenständige Figuren ergeben und selbstbestimmt losgehen können. Manche Details in den Fiktionen stimmen mit meinem Leben überein, viele nicht. So zu schreiben, ist eine recht übliche Vorgehensweise, denke ich.

Doch ich will nicht auf immer im eigenen Sud festhängen. Von daher ist dieses Buch auch ein Versuch, mich von diesem ewigen Wiedergängertum freizuschreiben. Wenn ich mich nämlich nicht freischreibe, bleibe ich stecken, das weiß ich, und meine Texte würden weiter von diesen Doppelgängern bevölkert und beschwert sein, die letztendlich stets nur auf mich verwiesen, mich bloßstellten und gleichzeitig verbärgen.

«Ich» zu sagen, ist unter den gegebenen Umständen gar nicht einfach, umso entschiedener tue ich es. Wenn ich nicht wirklich versuche, meine Geschichten einzusammeln, sie zurückzuholen, die Stimme in eigener Sache unverstellt zu erheben, bleibe ich, auch und gerade im Leben, ein Zombie, ein Wiedergänger meiner selbst, genau wie meine Figuren.

Gleichzeitig schreibe ich mich natürlich noch weiter ins Abseits, als ich eh schon stehe. Dann bin ich endgültig als «der Manisch-Depressive» festgesetzt und stehe alleine in der Ecke. Umso besser: wieder etwas, gegen das ich anschreiben kann.

Und doch ist es auch genau andersherum: Ich stand seit Jahren schon in der Ecke und verlasse sie jetzt.

5

Es muss also um den zehnten Januar herum gewesen sein. Ich wachte auf und war sofort panisch. Das Hirn drückte gegen die Schädeldecke. Ich fasste mir an den Kopf. Meine Glieder kribbelten taub. Was war das? Von meinem Kopf ging ein Übel aus. Ich sprang auf, die Panik hielt an. Wohin mit mir? Da war zu viel Energie. Mehr konnte ich nicht sagen. Ich konnte gar nichts sagen, war ohne Worte. Ich wusste nicht, wohin mit all den schlechten Kräften, die durch mich hindurchschossen. Ich hechtete hin und her, durchs Zimmer, überbordend alles, aufgebracht, was war denn los? Stand lange unverständig vor meiner vollgehängten Kleiderstange. Da war auch keine Sammelstelle namens Ich mehr. Da waren nur Qualia, Sinneseindrücke, um einen tierischen Instinkt herum, und Gott.

Gott? Ich blickte zum Fenster, sah hinaus in den grauen Himmel. Er blickte zurück. Da war tatsächlich Gott. Welcher Gott denn? Was? Ich spürte ihn, *es*, seinen Blick. Der Himmel starrte mich wirklich an. Verdammte Scheiße: Gott. Mir wurde schlecht.

6

Gott hatte ich verloren, als ich das Beten optimierte. Seit frühester Kindheit hatte ich jeden Abend zwei lange Normgebete gesprochen, und zwar mit enervierender, masochistischer Langsamkeit, um bloß nicht der Eile und Oberflächlichkeit bezichtigt werden zu können. Zwischen beiden hatte ich immer ein ziemlich langes Zwiegespräch mit Gott geführt, eine tatsächliche Rekapitulation des Tages vorgenommen wie auch eine Wunschliste für den nächsten Tag und die nähere Zukunft erstellt. Die Gespräche bildeten das Kernstück dieses Rituals im Dunkeln, die beiden Standardgebete den Rahmen. Irgendwann mit elf oder zwölf Jahren dann fingen die Gebete an, sich immer schneller abzuspulen, auch das Zwiegespräch beschränkte sich nun auf das Wesentlichste und arbeitete bald mit Wiederholungen und Textbausteinen. Ich war dabei, das Beten zeitlich und formal zu optimieren. Der Pragmatismus zog in mein Kinderbett ein. Die Rahmengebete wurden immer rasender und schneller heruntergerasselt, das eigentliche Gespräch kaum mehr durchdacht. Das Kreuzzeichen war ein kurzes Fingersteppen auf der Brust. Als das Ganze schließlich nur noch einem schludrig hingerappten Sprachwirrwarr glich, ließ ich das Gebetsritual sein. Damit starb aber auch

Gott. Das schockierte mich, doch es führte kein Weg zurück. Mit der Ansprache der Instanz fiel auch der Glaube an ihre Existenz weg. Als mich dann noch ein uralter, hagerer Pater, der mich an den Reverend aus «Poltergeist II» erinnerte, Pater *Hunger*, ich weiß es genau, in der Beichte fragte, ob Masturbation denn schon ein Thema für mich sei, hatte es sich auch mit der Institution erledigt. Ich ging nicht mehr zur Beichte, die baldige Firmung schlug ich aus. Die Kommunion in der obligatorischen Schulmesse ließ ich ebenfalls bleiben. Es gefiel mir nicht, aber ich war nun Atheist. Und ahnte: Wo die Form zerfällt, zerfällt auch der Inhalt.

7

Jetzt aber zerfiel wohl ich. Meine Existenz war für Minuten ausgelöscht. Und doch, draußen im gleißenden Grau noch immer diese Kraft, stärker als ich, in der Luft, der Atmosphäre, der Weite des Himmels. Ich war verbunden damit, ich war *gemeint*, auf seltsame, allumfassende Weise vom Draußen gemeint, vom All erkannt, herausindividuiert, gefasst. In der Auflösung noch fand es mich und nahm mich auf, aber feindlich. Es gab keine Konkreta dabei, keine Ansatzpunkte, die auf eine äußere Realität und deren Kausalitäten oder Zusammenhänge verwiesen. Es war noch keine Paranoia, keine Psychose, nur das Umschlagen in Reinform. Etwas war in mich hineingefahren, hatte kein Ventil und kochte hoch, bis die Ichgrenzen zerschmolzen. Der Wahn war noch herrenlos und ungebunden, stand für sich, nackt, blank, ohne Begriffe.

Mir wurde wieder schlecht, nicht so, als müsste ich mich übergeben, sondern schlecht am ganzen Körper, im ganzen Körper. Ich wusste nicht, wohin mit mir, hierhin, dorthin, alles falsch. Ein innerer Druck hämmerte nach allen Seiten. Atem und Herz rasten. Im Kopf brodelte ein Matsch aus Gedanken. Was war da an meinem Fuß? Ich war bereits sehr viel gelaufen, schien es. Wer war gelaufen? Ich? Erste Erinnerungen und Begriffe kehrten zurück. Ich! Ich und mein Fuß. Ich hatte noch meine Socken an. Von gestern? Gestern! Ja, gestern, das gab es, da war ein anderer Tag gewesen. Ein Tag? Tage! Die gab es. Ich fuhr herum und sah wieder zum Fenster. Draußen noch Gott?

Ein Krampf entstand in der Wade, als ich den Bewusstseinsfokus auf sie richtete. Psychosomatischer Gottesbeweis, dachte ich. Ja: Gott war als Feind in mein Bewusstsein eingedrungen. Und jetzt war ich ebenfalls göttlich, bekam einen Krampf, sobald ich einen imaginierte, an genau der Stelle, auf die ich meine Wahrnehmung lenkte. Ich warf meinen Körper weg auf die Matratze.

Lag da, noch lange nicht bei mir. Doch eine Identität schloss sich langsam wieder um die Empfindungen, hielt sie lose zusammen. Nicht das «Ich» von gestern Abend und nicht das «Ich» von vor einer Woche war es, was sich hier neu bündelte, schon verwickelte, schon mit Falschem verzurrte. Aber: «Ich» war «hier». War das nicht die These eines ehemaligen Dozenten gewesen, sein Cogito, auf das man eine ganze Erkenntnistheorie bauen könne: *I am here?* Hatte er mir das damals als Geisterspruch mitgegeben, oder was, als Stoßgebet, falls es mich einmal treffen würde, dieses Bewusstsein der absoluten Nullung?

Schon wieder weg, der Gedanke. Aber: Ich schien eine Vergangenheit zu haben. Es hatte den Dozenten Soldati gegeben, und es hatte dieses «I am here» gegeben. Das war Jahre her. Mich gab es also schon seit Jahren. Kurz hielt mich das zusammen. Der Krampf war jedoch noch immer da und wurde stärker. Ich wusste nicht mehr, dass ich die Wade nur dehnen musste, um zu entkrampfen. Doch, jetzt wusste ich es wieder, aber ich zog sie stattdessen zusammen. Der Schmerz wurde immer heißer. Ich konnte mich nicht wehren oder bewegen. Endlich löste sich der Krampf.

Ich lag und lag. Dann bekam ich wieder Panik. Ich hatte etwas, das war klar. Ich hatte irgendeine Krankheit, irgendetwas sehr Akutes. Wenn ich jetzt keinen Notarzt riefe, würde ich mir das nie verzeihen. Dann drohte wohl die Lähmung für immer. Dann fiele mein Bein ab. Dann bliebe Gott als Feind im Körper. Ich griff zum Telefon und wählte.

Während ich auf den Arzt wartete, beruhigte ich mich etwas; wollte den Notruf schon rückgängig machen. Als die Sanitäter kamen, kein Arzt, sondern bärtige, mächtige Männer, wusste ich kaum, was ich ihnen sagen sollte. Nur panisch war ich noch immer. Sie untersuchten mein Bein, fanden nichts. Doch, da, sagten sie, das sei wohl ein Fußpilz.

Sollte das ein Witz sein? Und wenn ja, von wessen Seite?

Sie hockten über mir und blickten mich skeptisch an, apathische, aufgedunsene Gesichter hinter struppigen Bärten. Meine Stimme zitterte, als ich mich entschuldigte. Ich wisse nicht, was los sei, sang ich heiser, ich sei wohl ein wenig in Panik geraten.

Dann gingen sie.

Sie werden von Drogen ausgegangen sein. Vielleicht haben sie auf der Rückfahrt gelacht oder geschimpft.

Ich lag da, lag einfach still, und langsam stülpte sich die altbekannte Messiasparanoia wieder über mein Denken, diesmal aber verdreckter, verwaschener, unförmiger als früher, ohne die ständig changierende Exaktheit von damals, eher als roher, wiederkehrender Gesamtimpuls. Die Paranoia war schon abgenutzt und fast zerfallen wie ein alter

Handschuh, den man sich überzog, den man kaum mehr auf der Haut merkte.

Ich sprang auf, schlüpfte in meine Schuhe und stürzte aus der Wohnung.

Und Gott war vergessen.

8

Die Ereignisse dieses Jahres sind teilweise durch die kulturellen Veranstaltungen rekonstruierbar, die ich besuchte. Zunächst war da die Premiere eines Stücks von René Pollesch. Ich muss nachsehen, wann genau sie stattfand: am zwölften Januar 2010. Wir hatten uns verabredet. Ich stand mit Patrick vor der Volksbühne und war unruhig. Ich weiß nicht, wie abstrus mein Verhalten schon wirkte, vielleicht simulierte ich noch gewöhnlichen Smalltalk. Es war spät, wir warteten noch auf Aljoscha. Der todkranke Schlingensief fuhr im Taxi vor und stieg aus, ging die Stufen hoch, sah uns mit aufleuchtendem Gesicht an, nickte uns offen zu.

«Wie freundlich», sagte Patrick, «ich kenne den gar nicht.»

Ich aber. Wir kannten uns schon lange, so dachte ich, seit 1999 nämlich. Und natürlich, so ging einer meiner Gedanken im halbbewussten Bodensatz, war Schlingensief auch wegen mir ausgetickt und erkrankt.

Denn krank war auch ich. Meine systeminterne Suche nach einem Grund für das plötzliche Unwohlsein hatte die Selbstdiagnose Aids ergeben. Ich hatte also Aids, war ich mir sicher, die Krankheit, deren Existenz ich 1999 noch geleugnet hatte. Den Virus hatte ich mir wohl in der Türkei eingefangen, so fantasierte ich, und zwar bildete ich mir ein, absichtlich angesteckt worden zu sein. Aljoscha hatte nicht genügend auf mich aufgepasst, hatte mich der vermeintlichen Virusquelle, einer türkischen Studentin, sogar regelrecht zugeführt, so ich in meiner Fehldeutung. Der Zorn, der sich in mir ansammelte, hatte so einen Grund und ein Ziel.

Aljoscha kam die Treppe heraufgerannt, und wir gingen hinein.

Wir mussten es uns in Sitzsäcken bequem machen, ich fand keine richtige Position, musste mich, noch bevor das Stück anfing, ständig neu hinlegen. Eine fremde Frau drückte mich schließlich in den Sitzsack, was mich seltsamerweise beruhigte. Allgemeine Heiterkeit war die Folge.

Mich interessierte schon nicht mehr, was vorne gezeigt wurde. Die Faxen von Fabian Hinrichs ließen mich kalt. Bestimmte Sätze regten mich auf, sie hatten entweder zu viel oder gar nichts mit mir zu tun. Ich konnte nicht stillhalten und verließ nach etwa zwanzig Minuten die Aufführung, knallte dabei laut mit der Tür. Historisch, würde Aljoscha später spötteln. Oder nicht spötteln? Ironie konnte ich immer weniger gut erkennen.

Ich vertrat mir die Beine, trank wo ein Bier, wartete draußen auf das Ende der Premiere, tauchte auf der Party wieder auf. Redete auf Aljoscha ein, dass die Aidserkrankung gewiss sei, dass ich Panik hätte. Aljoscha streifte seine spöttische Haltung ab und versuchte mir zu versichern, wie gering die Chance einer solchen Ansteckung sei. Er drang nicht mehr zu mir durch. Ich ging zu Schorsch Kamerun hinüber und gestand ihm, einen Song der Goldenen Zitronen auf meinen Blog gestellt zu haben. Kamerun meinte, jetzt sei es ja eh zu spät, ich hätte vorher fragen sollen. Ich titschte hin und her, und Patrick und Aljoscha beschlossen, mich ins *Prassnik* zu versetzen, um dort zu reden. In dieser das Ost-Ambiente nur fakenden Kneipe angekommen, steigerte ich mich weiter in meine Aidspanik hinein, dazu in ein Gefühl des jahrelangen, unerhörten Verraten-worden-Seins. Die Nächsten waren wieder die Fernsten, waren die, die mich bewusst im Zustand des Nichtwissens und somit kleingehalten hatten. Wut brandete in Wellen auf, ich schwieg oder schimpfte, prophezeite: «Jetzt werde ich wieder dünner.» Patrick machte sich irgendwann auf, übrig blieb Aljoscha, der mir ins Gewissen redete. Ich wurde immer wütender. Dann zügelte ich mich wieder und versuchte, ruhig zu bleiben. Keine Chance.

Draußen schließlich haute ich Aljoscha eine runter, eine Ohrfeige so heftig, dass es ihn auf die Straße legte. Damit war eine Grenze überschritten. Aggressiv war ich in Schüben oft gewesen, aber nie hatte sich die Aggression in körperlichen Angriffen gegen Freunde niedergeschlagen. Jetzt war es passiert. Die Freundschaft mit Aljoscha sollte nach diesem Schlag nicht mehr dieselbe sein. Und das war nur der Anfang der kommenden Zerrüttung. Ich sah in ihm einen Verräter, der mir nie gesagt hatte, was wirklich los war. Er sah in mir einen Verrückten, der nicht mehr zu berechnen war, der die eigenen Freunde attackierte. Meine Sicht war falsch, seine richtig. Zwei Einsamkeiten begannen, sich zu formieren.

9

Doch ein Maniker fühlt sich nicht einsam, auch wenn er es auf absolute, eigentlich unfassbare Art und Weise ist. Ich stand mit allem und allen im Dialog, zumindest in meinem Kopf. Diese «Kopfdialoge» waren schon immer Bestandteil meiner Gedankenwelt gewesen.

Jeder kennt sie auf seine Weise: die Antizipationen, Nachbearbeitungen oder eben völlige, nicht an wirkliche Ereignisse gekoppelte Erfindungen von Gesprächsabläufen mit irgendwelchen Personen, mal hitzig, mal cooler als in der Wirklichkeit je möglich, mal korrektiv, mit der verpassten, nachgereichten Pointe am Ende. Doch jetzt hatte ich keine Macht mehr über diese Kopfdialoge, in wilden Fetzen stürzten die nicht abschließbaren Diskussionen durch meine Gedankenwelt, nicht zu steuern. Überdies sendete die Kultur wieder massiv in meine Richtung, die Nachrichten auch. Ich reagierte in meinem Blog, in Foren darauf, war mit Gespenstern im Gespräch. Aber die Sprache entglitt mir von Anfang an, schriftlich kamen nur noch Dada-Schnipsel heraus, die selbst für mich kaum mehr Sinn ergaben. Und der große paranoide Überbau war sofort reinstalliert, wurde aber kaum mehr als Schock oder Spektakel wahrgenommen. Es war eigentlich schon Routine.

Die Premiere in Jena rückte näher. Ich hörte, dass die Proben sich schwierig gestalteten, dass der Regisseur mit kleinteiligen Strichen in Stil und Mikrostruktur des Textes eingreife. Das machte mich, der ich mit großzügigen Strichen leben kann, aber im Kleinen auf meinen manchmal überladenen Stil bestehe, gleich rasend. Es ist ein regelrecht gegensätzlicher Unterschied, ob eine Figur sagt, sie wolle jetzt «klischiert klassische Musik» oder eben nur «klassische Musik» hören. Das schien dem Regisseur aber nicht einzuleuchten. Und der Maniker hatte die nächste Baustelle für seinen durchgeknallten Bulldozer gefunden.

Retour wurde anscheinend nach Jena zurückgemeldet, der Autor des Theaterstücks sei verrückt geworden. Manche Schauspieler fragten sich umgehend, was eine solche Erkrankung denn eigentlich für den Text, den sie spielen sollten, zu bedeuten habe, ob dieser Text damit nicht auch unheimlich und verrückt sei. Ich kann mir vorstellen, dass das eine Hemmung gegenüber den Worten auslösen kann. Die Vorzeichen hatten sich verändert: Die Zeilen könnten vergiftet sein.

Unangekündigt machte ich mich nach Jena auf, störte die Proben, einmal, zweimal, dreimal. Die Theaterleute wussten nicht, wie mit mir umzugehen. Der Intendant, Marvin, ein lässiger, guter Typ, blieb ruhig und versuchte, die Wogen zu glätten. Ich erinnere mich an einen Abend in der Küche der Theaterwohnung, an dem ich völlig ausflippte. Es ging dabei gar nicht mehr um das Stück, mich hatte einfach eine große Trauer und Angst ergriffen, und ich zeterte und heulte los. Der Bühnenbildner schrie mich an, ich solle das Maul halten. Vielleicht ein guter Versuch, vielleicht ein Versuch, die Verrücktheit anders zu brechen. Der Regisseur blieb ruhig, die Dramaturgin sagte schon nichts mehr. Ich war in völliger Panik, als ich in das Wohnungszimmer ging, das für mich vorgesehen war, nahm an, man wolle mich hier umbringen. Um diese Furcht auszuschalten, müsse ich wohl etwas Zerbrechliches vor die Tür stellen, hatte der Regisseur im Scherz gemeint. Das tat ich in meiner Wirrnis sogar, dann kam es mir absurd vor, und ich stellte das Glas wieder auf den Tisch. Ich hörte die Diskussionen in der Küche, die ratlosen Debatten, was jetzt zu tun sei, sprang wieder auf und redete, im Türrahmen stehend, irgendeinen Müll. Ich meinte, hier könne ich nicht schlafen, ich könne wahrscheinlich überhaupt nicht schlafen, aber hier, im Feindesland, auf keinen Fall.

Sie brachten mich in ein Hotel, das mir wie ein bösartiges Bordell vorkam. Ich nahm eine Tavor zu mir, die ich noch von Aljoscha übrig hatte, und bildete mir dann ein, der Angsthemmer wirke halluzinogen. Ich sah Muster und Bilder vor meinem inneren Auge vorübergleiten. Dabei ist Tavor alles, nur nicht halluzinogen. Die Frage ist nur, ob eingebildete Halluzinationen nicht eben auch Halluzinationen sind. Ich bildete mir jedenfalls ein, jetzt würde ich sterben, Aljoscha hätte mich stillschweigend vergiftet.

Ich wählte den Notruf, sie kamen vorbei, wollten mich abholen, dann weigerte ich mich mitzugehen. Am nächsten Morgen wurde Hauke alarmiert, ein dem Haus verbundener Regisseur, der mich wieder nach Berlin, dort ins Krankenhaus bringen sollte. Ich flüchtete. Die Leute suchten mich. Jemand hatte ein Hinterfenster im Theaterhaus eingeschlagen, ich wurde verdächtigt. Derweil preschte ich durch die Gassen Jenas und dachte an die Frühromantiker, an Schiller, fühlte mich in die damalige Zeit versetzt, wirklich in der Vergangenheit lebend, und konnte die Gedankengänge von Fichte so plastisch nachvollziehen wie nie, eine Tathandlung, hier, in mir, Setzung des Ichs, unhintergehbar, und noch eine Tathandlung, jetzt, und noch eine. Irgendwie fand Marvin mich. Er war einer der Letzten, denen ich vertrauen konnte, so dachte ich noch in dem Augenblick, als ich in sein Auto stieg, dann fiel mein Blick auf ein Kabel, das an der Fensterscheibe entlanglief. Wahrscheinlich war es ein ganz normales Radiokabel. Aber Moment – hatte nicht jemand am Vorabend mit Seitenblick auf mich gescherzt, Marvin sei bei der Polizei? Was war das also für ein Kabel? Sicher kein gewöhnliches! Doch wohl eher ein Draht zur Zentrale. Plötzlich, ohne dass die Absurdität dieser Unterstellung auch nur aufblitzte, war Marvin für mich kein Theatermacher mehr, sondern Polizist. Er war schon immer Polizist gewesen, das ganze Theater nur Tarnung für ein Doppelleben, von dem viele wussten. Nur ich wieder nicht.

Ich gab mich geschlagen. Sie hatten mich. Marvin lieferte mich geduldig in die Psychiatrie von Jena ein. Dort übernachtete ich. Die Psychiatrie ist, wenn man schon so oft drin war, der langweiligste Ort der Welt. Es passiert nichts dort.

Am nächsten Tag brach ich wieder aus.

10

Cornelia fing mich ein, ich haute ab. Hauke fing mich ein, ich haute ab. Hauke fing mich nochmal ein und brachte mich im Zug nach Berlin zurück. Einsperren lassen wollte ich mich dort aber noch immer nicht. Alles gute Zureden war umsonst.

Ich fuhr wieder in der Weltgeschichte herum, zeitlich wie räumlich. Schaute noch in manche «Chronik», suchte Daten, fand sie, vergaß sie wieder. Denn es war einerlei, seit wann diese Sache vor sich ging, klar war, *dass* sie vor sich ging, und das war eine Unverschämtheit seitens der Welt mir gegenüber. Aber ich regte mich nur noch unscharf auf; das Aggressionspotenzial war höher als zuvor, fand aber keine Ziele in der Vergangenheit mehr, nur noch Impulse in der Gegenwart. Ich war ein verlorener Tourist in der eigenen Manie. Sie stand nicht mehr so umrissen, nicht mehr so offensichtlich und kantig an der Oberfläche, hockte innen dafür umso tiefer, dumpfer, düsterer, hartnäckiger.

Leipzig hatte neuerdings für mich an Sogkraft gewonnen, also trieb ich mich dort herum und «sah nach dem Rechten», wie ich es doppeldeutig nannte. Ging in eine Gaststätte, in der ich schon einmal vor Jahren mit Bekannten gewesen war. Redete mit der Bedienung über Sido. Fuhr wieder zurück. Kam für zwei Tage bei einer Kreuzberger Band unter, gleich aus der Kneipe zu ihnen in die Wohnung. Fuhr wieder nach Leipzig. Lungerte am Bahnhof herum.

11

«Du wirst dich nicht dran erinnern, aber du bist hier das letzte Mal nach ein paar Jägermeistern rausgegangen und hast in den Verkehr eingegriffen, sozusagen den Verkehr geregelt. Du hast da ein Schild auf die Straße geschleppt und einen Stau verursacht. Momentan kriegst du hier nichts mehr. Über später reden wir ein andermal.»
«Okay!»
«Sie stehen unter Beobachtung. Sollten Sie noch einmal gemeldet werden, müssen wir einen Betreuer einsetzen, der sich um Sie kümmert.»
«Okay!»
«Weißt du, was man mit dir machen sollte? Vergasen sollte man dich.»
«Okay?»
«Komm, nimm mich.»
«Okay!»
«Diagnostisch stehen Sie mit zwei bis drei von sechs Kriterien der ICD-10 am Übergang vom Alkoholmissbrauch zur Alkoholabhängigkeit. Eine leichte Leberenzymerhöhung und Laborergebnisse einer makrozytären Anämie sind ein weiterer Anhaltspunkt für Ihren offensichtlich konstant hohen Alkoholkonsum.»
«Okay!»
«Dir sollte man echt eins in die Fresse geben.»
«Warum?»
«Ach, nur so. Dies und das.»
«Okay!»

12

Das Ticket nach London hatte ich mir noch in Hamburg gekauft, aus einer Laune heraus, denn ich musste unbedingt nach London, in die Geburtsstadt des Pop, so lautete die nächste fixe Idee. Dort war ich, wie absurd, noch nie gewesen. Berlin war inzwischen zu klein für mich, die Hausverbote wurden nur noch abgenickt, und der Verkehr würde auch ohne mich seinen fatalen Kreislauf unterhalten.

Während des Flugs, natürlich *business class*, kaufte ich mir mit meiner neuen Kreditkarte ein Aftershave und eine externe Festplatte, hauptsächlich, weil die Stewardess so einen charmanten britischen Akzent hatte. Drei Reihen schräg vor mir saß (tatsächlich) Andrew Fletcher von Depeche Mode. Meine Plattentasche, die ich in den letzten Tagen mit den Logos und Namen von zig Bands beschmiert hatte, darunter auch das «DM» von Depeche Mode, postierte ich so, dass er sie sehen musste, sollte er sich umdrehen. Und dafür würde ich, dezent zwar, aber sorgen.

Dann schliefen wir alle ein, durch einen Knall betäubt, der mir wie der Durchbruch durch die Schallmauer vorkam. Hatten wir sie vielleicht wirklich durchbrochen? Es galten nämlich keine Erfahrungswerte mehr, und kein Wissen war sicher. Wir waren in einer Zeitkapsel, auf dem Weg ins All, und vielleicht freute der Pilot sich über diese zufällige Zusammenkunft so sehr, dass er besonders viel Gas gab. Ich murmelte Formeln in den Orbit.

Als ich aufwachte, blickte Andrew Fletcher mich nachdenklich an. Vielleicht hat mich nie wieder ein Mensch so nachdenklich und ernsthaft angesehen wie Andrew Fletcher von Depeche Mode damals auf dem Flug nach London.

Ich sprach kein Wort.

Nach der Landung stieg ich in ein Taxi, Peter Gabriel fuhr mich. Rauchen war dennoch nicht erlaubt. Wohin, wollte er wissen, ins Zentrum, sagte ich, in irgendein Hotel. Gebucht hatte ich nichts. Irgendwann lud er mich ab, vor einem teuer wirkenden Hotelkomplex, und ich checkte ein. Dann rief ich sofort Cornelia in Jena an, würde das noch drei-, viermal tun in dieser Nacht, telefonierte mich dadurch arm, wie ich später an der Rezeption feststellen musste. Cornelia besprach alles mit mir, redete beruhigend auf mich ein. Währenddessen sah ich mich im Hotelzimmer um, großflächige Gemäldereplikas, feinstes Tuch als Tapete. Ich legte auf und ging los, in drei oder vier Clubs, und tanzte dort wie ein Derwisch. Wenn man nämlich erst kürzlich verstanden hat, dass die Partys für einen selbst sind, dass man mitgemeint ist sogar in Abwesenheit, dass beispielsweise Ecstasy keine echte Droge, sondern eine Art Oblate ist, die von den anderen wie bei der Kommunion im Andenken an einen selbst und mit den entsprechenden Glücksgefühlen als Belohnung geteilt wird – dann will man natürlich erstmals richtig mitfeiern, so exzessiv, wie es die Jahre zuvor aufgrund des fehlenden Bewusstseins nur begrenzt möglich war.

Das tat ich.

Tagsüber ging ich durch London wie durch ein Schulbuch. Trafalgar Square, Piccadilly Circus, Speakers' Corner, Buckingham Palace – es kam mir vor, als würde ich diese Sehenswürdigkeiten mehr durchblätternd betrachten, zweidimensional, als wirklich vor ihnen zu stehen. Irgendwann checkte ich aus dem Hotel aus, die Rechnung war imposant, und wollte mir ein anderes suchen. Diesen Plan verlor ich aber aus dem Blick, trank vor einem Pub zwei Pints, neben mir nippte der noch lebende Kurt Cobain griesgrämig an seinem Bier. Dann ging ich wieder in die Nacht hinein, sprach mit jungen Leuten, die ich von Myspace zu kennen glaubte, das ich neuerdings nutzte, weil Conrad Keely es mir einmal, in gesunden Zeiten, backstage nach einem Trail-of-Dead-Konzert empfohlen hatte. Dann verlor ich mein neues Smartphone und meine Jacke. Nachts noch wollte ich neues Geld ziehen. Der Automat gab aber nichts mehr her. Ich versuchte es noch einmal, hatte kurz Furcht, die PIN-Nummer zu vergessen, was dann auch prompt passierte. Jetzt spitzte sich alles zu.

Es wurde wieder Tag, und ich musste mir irgendwie Geld beschaffen, da mein Rückflug erst in drei Tagen ging. Aber das gestaltete sich schwieriger als gedacht. Ich taumelte durch die schnelle Stadt, wäre zigmal beinahe überfahren worden. Ein Mädchen riet mir, als ich sie nach einer Deutschen Bank fragte, doch in ein Geschäft zu gehen, dort etwas mit der Kreditkarte zu kaufen und mir mehr Rückgeld auszahlen zu lassen. Das gelang mir allerdings nicht, da ich schon fast gelähmt war, völlig dumm und schwer von Begriff. Ich trat in eine Bank, an den Schalter. Die Angestellte erkannte mich durch die Alkoholfahne sofort als «naughty boy», flirtete sogar mit mir, sagte immer wieder, was für ein böser Junge ich wohl gewesen sei. Aber die Karte konnte sie seltsamerweise nicht annehmen. Sie meinte, ich solle auf einer bestimmten Parkbank im Hyde Park auf sie warten, sie würde mir privat helfen, in zwei Stunden. Das war wohl mehr ein geglückter Schachzug, mich loszuwerden, als ein echtes Angebot. Im Hyde Park setzte ich mich irgendwohin und schlief ein. Penner mit russischem Akzent kamen zu mir und meinten, sie wollten mir helfen. Das glaubte ich ihnen nicht. Ich stapfte wieder los, wenige Pfund in der Tasche, und legte mich woandershin. Ich wusste nicht einmal mehr, wo in London ich überhaupt war.

In den Banken hatte ich keine Chance. Die Karte war völlig nutzlos.

Schließlich fuhr ich mit dem Bus schwarz nach Heathrow. Dort war ich derart erschöpft, dass ich mich erst einmal hinsetzte und döste. Dann schreckte ich auf und wurde mir schlagartig meiner Lage bewusst. Ich saß am Londoner Flughafen fest, hatte kein Geld mehr und noch drei Tage zu überbrücken. Nicht mehr normal!, dachte ich. Wo war Damon Albarn, wenn man ihn brauchte?

Ich versuchte, meinen Flug umzubuchen, was ohne Aufschlag natürlich nicht möglich war. Den Aufschlag konnte ich aber nicht bezahlen, ich hasste meine Karte, die überall abgelehnt wurde, was für ein sinnloses, absurdes Stück Plastik. «That's a case for the manager», wiederholte die Dame hinter dem Desk immer wieder. Aber der Manager war nicht aufzufinden, und sie ließ mich unverrichteter Dinge wieder abziehen. Sollte ich vielleicht zur deutschen Botschaft, mich dort als Notfall melden? Dass das ging, wusste ich noch aus meiner Jugend, als wir einmal in Prag gestrandet waren. Aber mein Handy war weg, und ich hatte keine Kraft mehr, mich irgendwohin, fern in der Stadt, aufzumachen. Ich war völlig orientierungslos. Und hatte Hunger.

Über meinen neuen Facebook-Account war ich mit zwei Britinnen befreundet, die mich sogar in Berlin besucht hatten. Ich kramte meine letzten Pence zusammen und suchte ein Internet-Terminal, loggte mich bei Facebook ein und sandte einer dieser Bekannten, Phoebe, die in London studierte, einen Hilferuf zu. Sie müsse mir das Geld für den Rückflug leihen, das sei wirklich eine Notlage und kein Witz, bekräftigte ich. Dann loggte ich wieder aus, streunte durch den Flughafen, schnorrte mir Zigaretten. Nach zwei Stunden loggte ich wieder ein, keine Antwort. Das Geld würde jetzt noch für genau einmal Einloggen reichen. Ich zählte die Minuten, hatte Hunger, versuchte irgendwie, die Zeit totzuschlagen. Nach zwei weiteren Stunden der letzte Login. Phoebe hatte geantwortet, war sogar online. In drei Stunden sei sie da, schrieb sie. Ich gab ihr den Eingang durch, an dem wir uns treffen würden, und schrieb ihn mir selbst auf die Handfläche.

Als sie schließlich durch diesen Eingang in die Flughafenhalle trat, kam sie mir vor wie eine Königin. Und das war sie auch. Triumphal schob sich die automatische Tür auf, und im Gegenlicht schälte sich ihre Silhouette heraus wie eine Epiphanie. Ich konnte mein Glück kaum fassen. Wir stellten uns bei der Fluglinie an, redeten, scherzten. Wieso ich denn nicht Ruby Bescheid gesagt hätte, fragte Phoebe, die hätte mich doch mit Kusshand durch London geführt. Stimmt, wieso eigentlich nicht, fragte ich mich selbst. Phoebe ließ sich nicht anmerken, wie seltsam das alles, wie seltsam auch ich war. Vielleicht war dieses Seltsame ja auch fast schon wieder britisch? Endlich kam ich an die Reihe und erfragte den nächsten Flug. Es klappte. Als der Betrag auf dem Display erschien, lächelte Phoebe nur und sagte: «That's my treat.»

Wir aßen noch etwas, und Phoebe sorgte dafür, dass ich meinen Flug nicht verpasste. Sie war unglaublich. Tage später überwies ich ihr das Geld zurück und dankte ihr überschwänglich.

Und im Rückblick habe ich das Gefühl, noch nie in London gewesen zu sein.

13

«Kennen Sie eine Merle? Kennen Sie eine Merle? Sind Sie mit ihr verwandt? Das ist gut, zu gut, haha. Bald geht es auch Ihnen an den Kragen!» Die Botschaften, die in den Popsongs steckten, offenbarten sich mir jetzt wieder in voller Bandbreite. Je genauer ich hinhörte, desto mehr hörte ich natürlich auch heraus. Und ich hörte obsessiv genau hin, unterwegs mit den Kopfhörern, mit stets neuen Kopfhörern, da der Verschleiß enorm war. Meine ruckhaften Bewegungen zerrten an den Kabeln, bis sie immer wieder rissen. Nur wegen eines annähernden Gleichklangs ihres Vornamens mit meinem Nachnamen war also eine Schülerin, besagte Merle, in den Achtzigern umgebracht worden, und der danach stattfindende Telefonterror, dem sich die trauernde Familie auch noch ausgesetzt sah, war aus Ermittlungsgründen von der Polizei veröffentlicht und von den Einstürzenden Neubauten teilweise in ihrem Song «Merle (Die Elektrik)» verarbeitet worden. Genauso hatten die Neubauten offensichtlich anonym bei mir angerufen und mein mit der eigenen Sonorität noch nicht ganz vertrautes «Hallo?», kurz nach dem Stimmbruch, in ihren Song «Ich bin's» integriert. Von den Veröffentlichungsjahren her passte das genau zusammen.

Da alles mit mir zusammenhing, mich mitdachte, mir Botschaften anbot, die ich akzeptieren und weiterspinnen konnte oder nicht, waren die gesamte Kultur und vor allem, wegen ihrer Zugänglichkeit, die Popmusik ein unerschöpfliches Feld an Referenzen für mich. Zufällig hatte David Bowie meinen Namen in «Space Oddity» (1969) erraten, ihn dann, über den Zufallstreffer beglückt und gleichzeitig meine Junkie-Zukunft vorausahnend, 1980 in «Ashes to Ashes» wiederholt, was Peter Schilling bald darauf zu seinem

NDW-Hit inspirierte: «Major Tom (völlig losgelöst)» (1983). Der Song «Sex Crime (Nineteen Eighty-Four)» (1984) der Eurythmics warf in euphorischen Beats ein Schlaglicht auf die Gewalttätigkeit in meinem Herkunftshaus wie auf den Beobachtungsapparat um mich herum, während Madonna sowas von verknallt war, meinen Namen heimlich, nur in den Höhen hörbar, in jede notgeile Strophe hechelte und die allgemein um sich greifende Sexualisierung nutzte, um ihren Status als Popstar zu festigen und auszubauen. Die Smashing Pumpkins dagegen baten mich, noch ein wenig weiter zurückzugehen, nämlich nach «1979», wo wir uns treffen sollten.

Es war in jedem Song, jedem Track, noch in den dunklen Elektroschwärmereien von Fever Ray, deren Sirenengesänge in «Coconut» mich beim Namen ansprachen und auf Deutsch aufforderten, genau so weiterzumachen, sie alle weiter «abzuwichsen» (verkleidet natürlich in einen Heiratsantrag knapp unter der Wahrnehmungsgrenze). Die Songs von …And You Will Know Us by the Trail of Dead waren allesamt Grüße von Conrad aus Austin («will you write again for me?»), und Conrad fragte mich nicht nur, ob ich wieder für ihn, ja, genau für ihn schreiben würde, sondern auch, wann denn die Gefühle aufgehört und das Schreiben begonnen hätten, wer mir bloß befohlen habe, mit dieser lebendigen Kunst aufzuhören, und ob ich jetzt also wirklich völlig selbstvergessen sei und nicht mehr wisse, wer verdammtnochmal ich bin. Die Trauerepen von Nine Inch Nails dagegen waren schmerzliche Identifikationen mit mir («you can't help my isolation»), in süßlich-dunkle Melodien gegossenes Leid in seiner reinsten, paranoiden Form. Oder wie ich einmal durch Köln ging, die sonst nicht gerade geschätzten Kings of Leon auf den Ohren, immer die Zeile «This could be the end» in den Gehörgängen und Hirnwindungen, und mich also nach dem schnellen Ende dieses Trips sehnte: bitte endlich ankommen. Gespenstisch allerdings, wie Distelmeyer in seinem «Eines Tages» betitelten Prolog zum Album «Old Nobody» mich direkt in lyrischen Bildern ansprach, als Deutscher ja eigentlich schwierig: «Eines Tages / Du wirst ihn vergessen / Du trittst aus dem Schatten und siehst Dich verlassen / Es war'n keine Geister.»

Das Adressierte, die Du-Form der Popsongs, die den Hörer als Leerstelle wie Variable direkt ansprach, war eh schon sehr geeignet, der Paranoia noch weitere Minischübe zu versetzen. Jedes Du konnte Ich sein, und also wurde ich stets umworben, angegriffen, verachtet oder geliebt – wo ich auch hinhörte. Die Shuffle-Funktion wurde mein Orakel, und zunehmend gab es auch mehr und mehr verborgene deutsche Fetzen in diesem durch viele Effekte gejagten Pop-Englisch herauszuhören, wie mir schien, Fetzen also in der verbotenen Sprache aus dem «land of a thousand guilts». Eminem, «The Way I Am». Gonzales, «Take Me to Broadway». David Bowie, «Hallo Spaceboy». PJ Harvey, «Rid of Me». Archive, «Fuck U». Kate Bush, «Wuthering Heights». Madonna, «Celebration». Massive Attack, «Inertia Creeps». Leslie Feist, «Mushaboom». The xx, «VCR». Bushido, «Sonnenbank Flavour». Yeah Yeah Yeahs, «Zero». Rihanna, «Umbrella». Tocotronic, «17». Tocotronic, «This Boy is Tocotronic». Thom Yorke, «Harrowdown Hill». Camille, «Pâle Septembre». Prince, «I Would Die 4 U». Michael Jackson, «They Don't Care About Us». Michael Jackson, «Stranger in Moscow».

Die Beatles, die Stones, die Doors.

Justice.

Das Gesamtwerk aller zu allen Zeiten.

Alles, alles, alles.

14

Nur ein genaueres Beispiel: «Ich hab's gesehen» von Kante. Ich hörte darin eine lyrische Reminiszenz an ein Wochenende im Jahr 2001, an dem Knut und ich Aljoscha in Hamburg besucht hatten, der dort gerade ein Fernsehpraktikum machte; kurz vor dem elften September war das gewesen, mitten im Wahlkampf zur Hamburger Bürgerschaftswahl. Der Sänger und Songwriter Peter Thiessen hatte uns wohl, so dachte ich, beobachtet und Jahre später dann beschlossen, mit diesem Rocksong zur großen Gegenaufklärung beizutragen.

«Es war ein Rausch / Es war ein Fest / Ich sah den Karneval durch Hamburgs Straßen zieh'n»: Wir, drei Rheinländer und somit für den noblen hanseatischen Blick sicherlich grobschlächtige Karnevalisten, hatten tatsächlich ein spektakuläres, verrauschtes Wochenende hingelegt; waren durch die einschlägigen Bars und Clubs samt *Pudel* und *Tanzhalle St. Pauli* gepilgert und morgens, weil der Fischmarkt noch nicht geöffnet hatte, auf dem Großmarkt gelandet, wo uns nichts Besseres einfiel, als eine Kiste voller Bananen zu kaufen. Mit dieser Kiste dann zum Hauptbahnhof gefahren, um die Bananen an morgendliche Passanten zu verteilen, die zunächst zögerten und erst unter Zuhilfenahme eines schnell ausgedachten Slogans zugriffen: «Bananen gegen Schill». Da wurde uns das Obst aber aus der Hand gerissen, eine Banane nach der anderen. Es war wirklich ein Karneval, und seltsamerweise waren es die Bahnhofspenner, die, besoffen wie wir, unsere Aktion großmäulig verdammten. Die Passanten grinsten und griffen zu.

«Ich sah die ungebetenen Gäste / An den goldenen Büffets»: Unser Ruf als Hotelcrasher wird uns vorausgeeilt sein, so wie mir mein ganzes Leben immer alles vorausgeeilt ist, was ich je war und tat. Oft hatten wir uns an den Büffets der Nobelhotels von Berlin unser Frühstück erschlichen, nach durchtanzten Nächten, uns mit Rockstarattitüde und einer vorher ausspionierten Zimmernummer Makrelen und Macchiatos ergaunert. Einmal war Knut dabei lachend vom Stuhl gefallen. Alles das war hart erkämpft, und Thiessen wusste ein Lied davon zu singen.

«Ich sah den Teufel an sich zweifeln / Und die saure Milch im Tee»: offensichtlich ich. Der «Teufel», seit Menschengedenken unterwegs, schon immer der Gegenspieler Gottes, eine Projektionsfigur, ein Verführer und Verwalter des Bösen, das doch oft nur die Befreiung des Guten bewirkt: kreative Potenz der Zerstörung. Und eben auch ein armer Teufel, am Rand der Tanzfläche zusammengesackt im Moment, da der Rausch in die Depression kippt, am Rand des Bahnhofs kauernd und melancholisch, mit der Anti-Schill-Banane in der Hand, ins Leere stierend, die ewigen Selbstzweifel wälzend. Die «saure Milch im Tee» dann ein gegenläufiges, milderes Bild: der Schuss Unverträglichkeit in der Hochkultur, abgelaufen mein Leben bereits und angesäuert, auch giftig – oder sollte Thiessen tatsächlich dabeigesessen haben, als ich Knut und Aljoscha von der flockenden Milch in der Teetasse meiner Tante erzählte?

«Ich hab's gesehen / Ich war vor Ort»: gegen alle indirekten Überlieferungen, Überschreibungen, Gerüchte und Stille-Post-Effekte – das Beharren auf Augenzeugenschaft. Er hat uns gesehen, er weiß wirklich davon zu berichten und schmückt sein Wissen in zwar unscharfe, aber suggestive Bilder.

«Und wenn ich will / Geh ich zurück / Ich kenn die Tricks / Das Schlüsselwort / Ich weiß den Weg / Denn ich war dort»: eine unterschwellige Botschaft an mich, ein Zunicken nach dem Blick in den Abgrund. Auch ein Geständnis, jederzeit wieder vom Wahn, der von uns ausging, gepackt werden zu können, wenn man nur will. Dem «Schlüsselwort» kommt dabei eine zentrale Funktion zu: Es ist nicht unbedingt ein bestimmtes Codewort zum Eintritt in irgendeine dunkle Party gemeint, nein, es legt die Emphase auf die Komplizenschaft in der Schrift, um den absoluten Moment erneut heraufzubeschwören, die Verhältnisse zum Tanzen und Bersten zu bringen, ganz im Sinne Novalis': «Dann fliegt vor Einem geheimen Wort / Das ganze verkehrte Wesen fort.»

So deutete ich alles um, und immer in Sekundenschnelle. Andere Songs, meist von Trail of Dead, aber auch von ABBA, von U2, von wemauchimmer, waren noch viel konkreter, sprachen auch Jahreszahlen und mögliche Treffpunkte aus. Ich könnte ein ganzes Buch mit solchen Fehldeutungen füllen. Reflexe davon wehen mich immer wieder an, wenn ich diese Songs irgendwo auf der Straße oder in einer Bar höre, und kurz weiß ich wieder genau, wie es war, als die ganze Welt nur noch aus Rückkopplungen bestand. Ich kann diese Paranoia antriggern und verstehe wieder, wie schlimm es war. Denn wenn ich will, geh ich zurück. Ich kenn die Tricks, das Schlüsselwort. Ich weiß den Weg. Denn ich war dort.

15

Es folgte die Premiere in Jena. Ich tigerte vor der Vorstellung ums Theater herum, ging ins Theatercafé, wollte dort eine Flasche Whiskey mitgehen lassen und wurde erwischt. Man legte es mir als Scherz aus. Ich trank Bier und wartete, die Aufführung begann, dann ging ich auf die Hinterbühne. Marvin beruhigte mich und machte bei jedem Lacher des Publikums einen imaginären Strich an die Wand. Wie ich erst jetzt, Jahre später, erfuhr, habe ich den Schauspielern noch während der Vorstellung Kurzkritiken in der Maske gegeben; über den Monitor konnte man die Aufführung verwaschen mitverfolgen. Die Schauspieler hassten mich sehr. Beim Verbeugen, erinnere ich mich, machte ich mit den Worten «Das war ich» einen Ruck nach vorn, um die sich bei den Händen fassende Gruppe daran zu erinnern, was sie gerade eigentlich gespielt hatten: den Weltkomplex. Die Eitelkeit lag so nackt und krank zutage.

16

Jetzt war ich einer derer, die ich früher für untot gehalten hatte. Einer im Exil, einer, der nicht mehr lebte, der in das Alpenresort gehörte, das ich mir vor Jahren für Bernhard, Beckett, Kane vorgestellt hatte. Wo würde ich es finden? Ich fühlte mich kaum mehr, war anscheinend mundtot gemacht und in eine Parallelwelt abgestellt worden. Mich erreichten keine Reaktionen mehr.

Dem wollte ich Rechnung tragen, es abbilden. Wahrscheinlich war es manchen der Untoten genau so ergangen: Sie hatten sich in den gefakten Tod zurückziehen müssen, weil sie aus dem täglichen Leben in eine Nebenwelt verbannt worden waren. Es war, so wurde mir klar, nicht in allen Fällen eine freiwillige Entscheidung gewesen.

Ich schrieb einen Nachruf auf mich in meinen Blog («unser treuer Gefährte und Kämpfer ist von uns gegangen») und manipulierte meinen von mir sonst nie angerührten Wikipedia-Eintrag dahingehend, dass ich in Leipzig von einem Polizisten erschossen worden sei. Ein paar Stunden lang war ich also offiziell tot.

Telefonlawine. Hauke bekam es als Erster mit und rief gleich Robert und Aljoscha an. Sie nahmen es ernst und alarmierten die Polizei. Die brach meine Wohnung auf und fand nichts. Ich war ja in Leipzig, und mein Handy war aus. In einem Forum kam ebenfalls das Gerücht über meinen Tod auf, und manche gestanden unverhohlen, sie würden sich ja nicht unbedingt freuen, aber ... – Ja, aber was? Aber eben doch.

Ich hing am Bahnhof Leipzig fest, mit Eminem im Ohr, und lag auf einer Bank ausgestreckt, die spillerigen Beine der Leute staksten an mir vorbei. Ich fühlte mich tatsächlich jenseitig, schien in einem völlig anderen Raum als die restliche Menschheit zu leben, in einer Zwischenfuge verklemmt. Ich war tot, nicht mehr wahrnehmbar, ein Geist. So fühlte es sich also an.

Als ich wieder in Berlin ankam, stand meine Wohnungstür offen. Die runde Fräsung um das Schloss herum sah brutal aus. Ich konnte es nicht einschätzen, war der Staatsschutz da gewesen? Alles war möglich und egal.

Nur: Jetzt hatte ich ihnen ein rechtliches Mittel an die Hand gegeben. Mein Nachruf konnte als Selbstmorddrohung ausgelegt werden, auch wenn ich, hier im Zwischenreich, weit entfernt davon war, solche Absichten zu hegen. Aber jetzt, wo offiziell Eigengefährdung vorlag, bestand die Möglichkeit, mich gegen meinen Willen unterzubringen, also zwangseinzuweisen und festzuhalten, so lange man wollte. Was umgehend geschah.

17

Ich traf Aljoscha in einer Bar namens *Trödler*, Hauke stieß bald dazu. Sie checkten meinen Zustand, besprachen sich wohl kurz draußen, was ich kaum mitbekam, hielten mich dann bei der Stange, mit Bier und Nachfragen. Ich zog vom Leder, redete irgendwas. Nichts kam mehr bei mir an.

Dann erfolgte der tatsächliche Zugriff. Plötzlich standen Polizisten in der Kneipe. Aljoscha war selbst von der Menge überrascht. «So viele?», entfuhr es ihm. Eine ganze geschlossene Einheit war das, in voller Riot-Gear, wenn ich es recht in Erinnerung habe, echte Bereitschaftsfighter in schwerer Schutzkleidung. Oder waren es doch nur fünf bis sechs Straßenpolizisten? Sie hatten wohl das Wort «bipolar» nicht richtig verstanden.

Selbst damals, im Zustand größter Selbstvergessenheit, war mir der Vorfall unangenehm. Der Wirt und die anderen Gäste blickten mich verdattert an. Ich wurde hinausgeführt. Draußen versetzte Aljoscha nochmal, dass er selbst erschrocken sei angesichts «so vieler Bullen», eine Wortwahl, die ihm von einem der Gemeinten sofort unter die Nase gerieben wurde. Man sei ja jetzt auf seinen Anruf hin hergekommen, da wolle man sich nicht gern so bezeichnen lassen, ja?

Die Polizei war selbst etwas ratlos. Vielleicht hatten sie sich unter «bipolar» tatsächlich eine neue Unterform des Islamismus vorgestellt. Wenn ich mich recht erinnere, stieg ich ein, ohne dass mir Handschellen angelegt wurden. Neben mir am Steuer saß eine blonde, hübsche Polizistin, die ein Namensschild trug, so dass ich, während ich seltsamerweise einen Witz nach dem anderen riss, ihren Namen immer wieder einflechten konnte. Frau Hauenhorst, das haben Sie jetzt aber ganz hervorragend gewuppt, da werden wir nachher noch drauf anstoßen, Frau Hauenhorst, da vorne rechts, ich kenne den Weg. Sie musste tatsächlich immer wieder laut auflachen, auf eine sympathische, offene Art. Die Streetfighter hinten in der Wanne schwiegen dagegen griesgrämig. Sie fragten sich wohl, was für einen Idioten sie da festgenommen hatten. Oder gerettet?

18

Im Urbankrankenhaus wurde mir eine Dosis verpasst, die mich für die nächsten Tage völlig außer Gefecht setzte. Ich weiß nichts mehr davon, und ich wusste schon damals nichts. Hochdosiert wurde mir Haldol gegeben, das mich ausknockte, und wer weiß, welche anderen Neuroleptika und Sedativa noch dazu. Es war der Hammer.

«Da haben die Sie aber krass ruhiggestellt», sagte Dr. Neumann, der behandelnde Arzt, als er Wochen später meinen Krankenbericht las. Ich hatte das schon wieder vergessen. Die Zeit war einfach weg, und ich dümpelte noch lange danach in einem Halbdämmer durch die Tage. Das Zwischenreich, das ich mir in meiner Gedankenwelt zurechtgezimmert hatte, die Spalte zwischen Leben und Tod, sie hatte nun auch auf schlicht neurochemische Weise mein Hirn erreicht. Die übergroße Aktivität dort war abgetötet worden. Ich sabberte wohl.

Aber schon regte sich Widerstand. Ich malte einen Tisch im Raucherraum voll, skizzierte eine riesige Weltkarte, die ich mit Indizes bestimmter Popbands ausstattete. Johanna, die mich an dem Tag besuchte, beschrieb es mir zwei Jahre später genau: Dort, bei New York, siedelte ich die Beatles an, und in Nordpolnähe warteten Tocotronic. Eine Schwester regte sich wahnsinnig über das Werk meiner «Narrenhände» auf. Ich versuchte daraufhin vergeblich, das expansive Bild wieder wegzuwischen. Ich machte Fotos von den verriegelten Fenstern und stattete meinen Blog damit aus, als schönes Framework, in dem mein Text, also mein Leben gefangen war. Mit meinem Smartphone, das sie mir abzunehmen vergessen hatten, konnte ich nämlich auf ihn zugreifen. Der Blog war freilich kein Blog mehr, sondern nur ein irres Flackern, manchmal stand etwas Sinnloses darin, dann löschte ich es wieder und stellte vielleicht ein Lied ein, dann wieder seltsame Fotos. Irgendwann löschte ich ihn ganz. Und saß täglich um vier Uhr in der Frühe im Raucherraum, rauchte, dachte und las herum. Die Putzfrau, die morgens um fünf mit der Arbeit anfing und immer ein paar Worte mit mir redete, empfahl mich einer Krankenschwester, die ich allein aufgrund ihres Nachnamens für die Schwester des Journalisten Peter Richter hielt, als «Traummann». Da mussten wir lachen. Ich mochte die Putzfrau, und sie mich wohl auch.

19

Absurderweise gehörte dieser Aufenthalt zu den erträglichsten innerhalb meiner inzwischen beachtlichen Psychiatriekarriere. Ach, «erträglich» kann ich kaum sagen. Aber trotz des ganz gewöhnlichen Geschlossenenhorrors, trotz der chemiezerballerten Hilflosigkeit, in der ich gehalten wurde, bewahre ich einige positive Erinnerungen an diese Zeit auf. Und das lag an zwei, drei Mitpatienten.

Da war Czaikowski, ein Mann von etwa fünfundsechzig Jahren, den ich zunächst nicht recht einschätzen konnte. Er rauchte seine billigen Zigarillos und blickte stoisch aus dem Fenster. Die Nase hielt er dabei hoch wie ein stolzer Hund, der in der Ferne erblickt, was kein anderer sieht. Er rümpfte dabei sogar unwillkürlich die Nase wie ein Hund. Und strahlte eine Ruhe aus, die ungewöhnlich für diesen Ort war. Man sah kaum Anzeichen einer Krankheit an ihm. Wenn er sich, ins Gespräch gekommen, abschließend äußerte, tat er dies meist in aphoristischer Form. Als er mir etwa erzählte, warum er hier war – seine Exfrau hatte ihn all seiner Ersparnisse beraubt, da wollte er sich den Strick nehmen, «da hatte ich keine Lust mehr» –, fügte er mit einer zum Boden weisenden Geste hinzu: «Unten, in der Erde, da ist es kalt.» Dann blickte er mich bedeutsam bis erheitert an, wandte seinen Blick wieder nach draußen in die Ferne, zog an seinem Zigarillo und rümpfte die Nase. Solcherart waren seine Aphorismen. Ich verstand nicht ganz: War es denn jetzt gut, dass die Temperaturen im Grab eher winterlich sein würden? Einerlei. Es war eine Perspektive, wahrscheinlich. Vielleicht bedeutete Kälte ja Frieden. Vielleicht nicht. Doch schon allein, dass er in Aphorismen sprach, spendete Trost.

Czaikowski hatte schon einiges an Leben hinter sich, samt Republikflucht durch die Spree, von der er detailliert erzählte. Er habe sich seine erste Frau, inzwischen tot, auf den Rücken geschnallt und sei dabei fast ertrunken. Aber sie hätten es geschafft. Ich staunte benebelt. Dann schwieg er und sah mich amüsiert an, bis sein Blick sich wieder dem Himmel draußen widmete, mit der größten Gelassenheit. Czaikowski war der Ruhepol, der allein durch seine Anwesenheit Frieden stiften konnte, durch seine Aufmerksamkeit, weshalb sich eine gewisse Harmonie einstellte, sobald er nur den Raum betrat und die Stimmungen in sich sammelte. Ich freute mich immer, wenn ich ihn sah. Und dank Lina kamen wir uns näher.

Denn Lina sprach alle an, vernetzte sich mit jedem, bis sie jeden wieder vor den Kopf stieß. Sie war ein Wirbelwind, getrieben, ständig unterwegs, explosiv, fast epileptisch, in den Schritten die Sehnsucht nach der Quadratur des Kreises. Als Sonderfall bewohnte sie ein Einzelzimmer, aus dem sie häufig nicht herausdurfte. Dann unterhielten wir uns an der Türschwelle. Oder sie hockte da, an ihrer Schwelle, wie in den Startlöchern auf einer Tartanbahn, und grinste verwegen, die Arme gestreift von den Schnittnarben. Ich nannte sie «Tigerin», und sie lachte sich schlapp. Mitte zwanzig war sie etwa, hatte ein scharfkantiges Otto-Dix-Gesicht mit Wolfszähnen, war immer unter Strom, kam vom Kottbusser Tor, ein Junkie. Sie war intelligent, viel zu schnell für alle, viel zu impulsiv. Sie wurde fixiert, ohne dass man etwas dagegen machen konnte. Wenn sie über die Pfleger herzog, die ihr angeblich sexuelle Beziehungen zur halben Patientenschaft unterstellten, wusste man nicht mehr, was der Wahrheit entsprach. Tatsächlich war sie mit einem Mitpatienten zusammen, wenn man es so nennen konnte, sprach mich aus Witz aber ebenfalls mit dessen Namen an und frohlockte, so viele Boyfriends wie hier habe sie selten gehabt. Überall seien «Fränkies»! Ihr gutes Wesen wurde ständig von ihrer Hysterie attackiert. Borderline, hieß es, Heroinsucht, hieß es. Als ich Dr. Neumann auf sie ansprach, seufzte er und sagte, ja, das Leben würde gerade den Talentierten oft in die Quere kommen. Auch bei mir sei das ja so, ich hätte diese Krankheit, und diese Krankheit stelle mir manchmal ein Bein, und das sei scheiße. Genauso drückte er sich aus: der beste, schlichteste Satz, den ich in meiner ganzen Krankenhauskarriere aus dem Mund eines Arztes gehört habe.

Mit Lina konnte man wunderbar herumspinnen. Einmal saßen wir auf einem Tisch im Esszimmer und starrten aus unserem zweiten Stock hinaus auf die schneebedeckten Uferwiesen am zugefrorenen Landwehrkanal, kleine, schwarze Menschen auf ihnen verstreut. «Oahr, geil, wir fahren gerade Schlitten», sagte sie, und tatsächlich spürte auch ich ihn kurz, diesen Ruck, diesen Moment, wie die Vorstellung des Schlittenfahrens für ein paar Atemzüge Wirklichkeit wurde, in einem irren Anfall von akuter Gedankenfreiheit. Wir mussten gar nicht dort draußen sein, wir konnten auch hier abfahren, die Hänge hinuntergleiten, herumtollen, und es fühlte sich überhaupt nicht so an, als ob es nur im Kopf passierte. Der Hügel lag doch genau vor uns. Der Hügel war doch unter unseren Füßen.

Gökhan wiederum war einer der freundlichsten Menschen, denen ich je begegnet bin, aber reden konnte man nicht mit ihm, so abgeschlossen hing er in seiner Welt fest. Und seine Welt drehte sich nur um eine Frage: Wie viele Kinder habe ich eigentlich? Er wusste es nicht, konnte es nicht wissen. Vielleicht neunzehn Jahre alt, fettleibig, ein junger Danny-DeVito-Verschnitt als Elefantenjunges, saß er da und lächelte fröhlich, wenn man ihn ansprach. Dann begann er sofort, in sich hineinzubrabbeln, teilweise auch zu einem hin, völlig erfreut über die Ungewissheit seiner Fortpflanzungsbiografie: «Weiß ich nich, wie viel Kinder ich hab. Sechshundert? Siebenhundertzehn? Weiß ich nich!» Und irgendwo verstand ich ihn. Man konnte es ja tatsächlich nicht wissen. Wer weiß denn, was schon bei einem One-Night-Stand so alles passieren kann. Ich begann selbst zu rechnen. Wie oft hatte ich denn Sex gehabt? Und wie viele Kinder hatte ich wohl? Wusste ich nicht!

Als Verrückter erkennt man oft die Verrücktheit der anderen, nur die eigene ist einem völlig unersichtlich. Einem Mädchen, das Osama bin Laden für ihren Vater hielt, sagte ich auf den Kopf zu, dass das nicht stimmt, dabei vermutete ich zu dem Zeitpunkt selbst, der Sohn des Popstars Sting zu sein. So ging es rund, und ich hatte recht viel Spaß mit diesen entwurzelten Verrückten. Natürlich gab es auch das gewöhnliche Inventar der Psychiatrie, Menschen, die nicht nur verrückt, sondern auch bösartig waren, die einem wahnsinnig auf die Nerven gingen (und wie oft hatte ich dazugehört!), auch wenn immer wieder ein kleiner Kern des Guten in ihnen aufleuchten mochte. Der hackfressige Nachwuchspimp zum Beispiel, der mit seiner idiotischen, schweigsamen Tussenfreundin ständig den Gang auf- und abschritt, die Kangoe-Mütze schräg auf dem Kopf, als würden sie irgendeinen Boulevard entlangflanieren, und dabei, wie es ihm passte, willkürliche Verbote und Rüffel gegen seine Mitpatienten aussprach. Ich begegnete ihm später einmal zufällig in Dahlem wieder, wo er sich bei einer sozialen Einrichtung melden musste, und er meinte, wir sollten uns doch einmal treffen, er könne Koks und Frauen organisieren, und zwar alles vom Feinsten. Ich schüttelte nur den Kopf und sagte: «Machen wir.» Dann der runde, schwabbelige Riesentyp, den ich wahlweise für einen Nazi oder einen Kinderschänder hielt, der kein Wort sagte, immer linkisch in sich hineingrinste und aß wie ein Schwein. Der ätherische Jüngling, der behauptete, Sven Marquardt, der bekannte Türsteher des Berghains, habe ihm so sehr geholfen, so sehr geholfen, und damit dreimal am Tag wirklich jeden zutextete, auch Lars von Trier, der in meiner Wahrnehmung ebenfalls unter den Mitpatienten weilte. Ich war sauer, dass von Trier sich so schamlos an mich dranhing, und sprach kein einziges Wort mit ihm.

Irgendwann wurde Czaikowski abgeholt, in eine Siedlung am Stadtrand versetzt, ins betreute Wohnen. Ihm war das nur recht, und er rümpfte zum Abschied die Nase und zwinkerte uns zu. Lina dagegen wurde immer öfter fixiert. Einmal standen etwa zehn Pfleger und Sicherheitsleute um sie herum und zwangen sie zu Boden. Ich konnte nichts dagegen machen. Es war eine Szene äußerster Brutalität, und sie setzte die ganze Station unter Schock.

Ich hoffe, sie leben noch. Ich denke gerne an sie zurück.

20

Einmal herrschte Quarantäne. Irgendeine ansteckende Krankheit zirkulierte. Jeder musste der Reihe nach für ein, zwei Tage in seinem Zimmer bleiben, das für diese Zeit zum Einzelzimmer wurde. Eintretende hatten Mundschutz, Kittel und Handschuhe zu tragen. Mir kam das natürlich wie eine große Simulation vor. Dieser Effekt wurde noch von Ingo Niermann verstärkt, der mich just in meiner Quarantäne besuchte. Ich halte Niermann für einen schlauen Prankster, der auf seinen Reisen durch die Wüsten, Tropen und Diktaturen dieser Welt schillernde Effekte produziert, die sowohl fake als auch hyperreal sind. Jetzt saß er mir also mit Mundschutz und im Kittel gegenüber wie in einem verseuchten Dritte-Welt-Land oder einem schlechten Science-Fiction-Film. Sehr fake, sehr hyperreal. Was für eine Maskerade im Namen der Wahrheit.

Ich glaubte nichts, bezweifelte alles, zog jeden Tag ein Dutzend Fehlschlüsse, die nirgendwohin führten. Doch ich schwieg darüber und kam langsam wieder zu Kräften. So gelang es mir nach und nach, die Ärzte davon zu überzeugen, dass meine Todesanzeige natürlich keine Selbstmorddrohung gewesen war, sondern ein Witz. Es lag keinerlei Eigengefährdung vor, machte ich ihnen klar. Und das stimmte auch. Um in meiner Argumentation auch wasserdicht zu sein, hatte ich mir sogar das betreffende Gesetz besorgt, das sogenannte PsychKG, und es fast auswendig gelernt. Dazu hatte ich mir das BGB und das StGB gekauft, die ich beide erratisch und ohne Zusammenhang studierte. Denn neuerdings hielt ich mich auch für einen Anwalt, und die Verletzungen, die der Staat mir und vielen anderen zugefügt hatte, wollte ich irgendwann einmal aufgerechnet und vergolten wissen. Meine Manie war also noch wirksam, wenn auch abgedämpft. Und so wurden die Fesseln gelockert. Man ließ mich des Öfteren in meine Wohnung gehen, die ich zur abgedichteten Künstlerzelle ausbauen wollte. Niemand dürfte hier rein, dachte ich. Ich lag auf der Matratze und schmeckte der Freiheit nach. Die Gedanken waren wirr, aber eins stand klar vor mir: Ich wollte nicht mehr zurück. Lina war wegsediert und totfixiert worden, Czaikowski woanders untergebracht. Wofür zurückgehen? Ich hatte schon bemerkt, dass etwaiges Wegbleiben anderer Patienten selten geahndet wurde. Dem wurde einfach nicht nachgegangen, wie auch, sollte man immer die Polizei rufen? Wir waren nicht in der Forensik. Warum also sollte auch ich nicht einfach wegbleiben?

21

Ich weiß nicht mehr, wie ich es tat, ob ich eines Tages einfach nicht mehr zurückging oder mich doch gegen ärztlichen Rat entlassen ließ. Letztendlich kommt es aufs Gleiche hinaus. Irgendwann war ich jedenfalls wieder in meiner Wohnung, nervös, hochnervös, noch lange nicht bei Trost, ganz im Gegenteil. Die Medikamentenexzesse hatten den Schub nur zeitweise zurück in seine Löcher gestopft und behelfsmäßig zugespachtelt. Jetzt platzte er wieder druckvoll hervor, und die zwischenzeitlich betäubte Krankheit blühte ungehindert auf. Ich postete durchgeknallte Sachen ins Netz und knallte selbst wie eine stotternde Explosion durch die Tage und Straßen, immer wütender und wütender auf nichts Bestimmtes. Dabei hing schon wieder ein Countdown über mir. Ich hatte ihn nur vergessen.

Im Februar nämlich hatte ich meine Wohnung gekündigt. Dieses sogenannte «Studio», ein, wie ich es jetzt sah, heruntergerocktes Loch, war meiner nicht mehr würdig, und glücklich war ich hier noch nie gewesen. Also hatte ich sie gekündigt, einfach so, zack. Dann hatte ich die Kündigung vergessen oder, wenn ich an sie dachte, schnell verdrängt – es würde sich schon etwas Neues finden, und derzeit hatte ich doch so viel zu tun jeden Tag. Am Ende würde ich sowieso reich sein und mir einfach schnell etwas *kaufen*.

Dieser unglückliche Schritt, unter all den unglücklichen Schritten ein besonders folgenreicher, sollte bald zu einer verqueren Form des Exils führen. Im Grunde dauert dieses Exil bis heute an.

Dann wurde ich verhaftet.

22

Dies sei keine Verhaftung, ruft Karl-Uwe, im Morgenmantel die Treppe hinunterkommend, mir und den Polizisten zu. Ja, was denn dann? «Das ist keine Verhaftung», ruft er uns noch einmal hinterher, während sie mich abführen. Das soll mich beruhigen, schätze ich. Petra von gegenüber eilt über den Hinterhof zu mir, küsst mich auf die Wange und versichert, dass sie mich liebe. Auch das soll mich irgendwie stärken. Als wir auf die Straße treten und zwei Passanten die Szene beobachten, komme ich mir vor wie Johnny Cash auf dem ikonischen Foto von 1965.

Die Augen der Vorübergehenden sind dabei die Kamera. Cash wurde in El Paso wegen Drogenschmuggels verhaftet, und das Foto sieht gestellt aus, zu cool, zu vorteilhaft, um nicht inszeniert zu sein, die Handschellen wirken lediglich wie ein besonders lässiges Accessoire. Zudem tragen sie alle Sonnenbrillen, die Marshalls wie Cash selbst. Wir hier tragen keine Sonnenbrillen. Wir sind auch nicht cool. Und die Handschellen, merke ich jetzt, sind einfach nur eine Schmach. Ich bin nicht Cash, ich bin ich, und das hier ist nur ein weiteres Desaster.

Ich werde in den Streifenwagen hinabgedrückt, die Hand des Polizisten liegt auf meinem Kopf auf und presst mich hinunter, damit ich mich nicht stoße, gleichzeitig eine Machtausübung, man kennt das Bild. Einer der Polizisten sagt, er müsse die Handschellen noch einmal sistieren. «Sistieren», sagt er tatsächlich, dabei trifft das Wort nicht. «Sistieren» bedeutet: die Personalien auf der Wache feststellen. Aber doch, er müsse die Handschellen jetzt «sistieren», so er. Vielleicht habe ich das Wort selbst fallen lassen, ein Fehler von mir, und er hat diesen Fehler aufgenommen und macht jetzt einen Witz daraus. Die Handschellen sind schon so eng, ich frage, wieso noch enger, er sagt: *sistieren*. Er schraubt herum, zieht sie straff, bis sie mir ins Fleisch schneiden. Dann fahren wir los. Vorne sprechen sie eine slawische Sprache, die ich nicht verstehe. Ich lasse alles einfach zu. Es wird schon seinen Grund haben. Sie fahren mich ins Urban.

Was war passiert? Musik. Ich hatte Musik gehört. Es war laut gewesen. Da meine alte Anlage bereits seit Langem durchgebrannt war, hatte ich die Musik über Fernseher und DVD-Player laufen lassen. Und sonst? Ich weiß es nicht. Sie klingelten, es war noch vor zehn Uhr abends, genauer gesagt war es halb zehn, wie ich in besagter «Dummy»-Ausgabe nachlese. Ich öffnete die Tür. Sie sahen mich an, zwei, drei Sekunden. Ich blickte zurück. Dann, ohne ein Wort, nahmen sie meine Hände, drückten mich gegen die Wand und legten mir sofort diese Handschellen an, die mich jetzt wohl ein Leben lang begleiten würden.

Ich frage: «Was liegt gegen mich vor? Gibt es eine Anzeige?»

«Es gibt tausend Anzeigen», antwortet der Polizist.

Draußen zieht die schwarze Stadt vorbei, die Fassaden, die Ampellichter, die Dunkelglasur überall auf dem Beton. Es glitzert und funkelt und dröhnt. Gleich bin ich zurück im Gefängnis.

23

Es war noch etwas passiert, vorher. Eines Morgens war ich besonders zittrig aufgewacht. Dann hatte mich ein Wutimpuls aus dem Bett geschleudert. So stand ich da und wusste nicht weiter. Ich nahm den Stapel an Briefen vom Tisch und ging ihn durch. Ein Beamtenschreiben erregte meine Aufmerksamkeit. Es ging darin um einen Termin, vor einer Richterin, irgendwo in Nähe der Möckernbrücke. Sie wollten mir etwas entziehen? Meinen Bürgerstatus? Sie wollten mir Betreuer auf den Hals hetzen. Ich ging nach unten und warf den Schrieb in die Papiermülltonne. (Auch krasse Menschen trennen den Müll.) Dann holte ich ihn wieder heraus und zündete ihn an. Wieso, weiß ich nicht, aber ein verschrobenes Interesse ließ mich das angesteckte Papier zurück in die Mülltonne werfen. Würde es brennen? Was war noch real? Ich nahm insgeheim in Kauf, dass die Tonne abfackelte, wollte den Brand zugleich aber auch löschen. Ich schaufelte die brennenden Papiere aus der Mülltonne heraus, aber die Glut hatte schon um sich gegriffen. Ich spuckte hinein. Brachte nichts. Es brannte. Ich wollte Wasser von oben holen, aber das hätte zu viel Zeit gekostet, die Mülltonne wäre längst in Flammen aufgegangen. Ein Typ, den ich noch nie gesehen hatte, kam dazu und versuchte ebenfalls zu löschen, er hatte eine Wasserflasche dabei. «Junge, willst du uns abfackeln?», schimpfte er. Ich schüttelte den Kopf: nein, natürlich nicht. Der Brand kokelte weiter, unten in der Tonne schmolz sich ein Loch ins blaue Plastik, warf kleine Blasen. Der Typ und ich, wir schafften es irgendwie. Das Feuer war gestoppt, es glomm noch nach. Eine Rauchsäule über Kreuzberg. Ich dachte an die Papstwahl, *habemus papam*, und ging hoch in meine Wohnung. Ich hatte ein schlechtes Gewissen, wollte beichten, aber ich glaubte schon lange nicht mehr an dieses Sakrament, selbst jetzt nicht, auch hier nicht.

24

Es war noch etwas passiert, vorher. Die Mieterin unter mir war ausgezogen. Als ich zufällig am Tag des Umzugs dazukam, von einer weiteren Stadtexkursion heimkehrend, wollte ich den Freunden und Helfern beim Kistenschleppen zur Hand gehen.

Sie flippte aus: «Jetzt musst du nicht auch noch helfen!»
«Wieso das?»
«Weil ich wegen dir ausziehe, Mann!»
Das war mir neu. Ich verstand es nicht.
Ein Freund von ihr sah meinen Gesichtsausdruck und sagte: «Jetzt bin ich aber auf seiner Seite.»
Ich wusste gar nicht, dass es Seiten gab. Wir hatten doch

nichts miteinander zu tun gehabt. Sie hatte sich nie wegen der lauten Musik beschwert.

Wie unheimlich ich ihr gewesen sein muss.

25

Und es war noch etwas passiert, vorher, und noch etwas. Jeden Tag passierte doch irgendetwas. Aber diese Ereignisse schoben sich zu einem einzigen, unscharfen Filmstill ineinander. Ich sitze im Polizeiwagen, gleich sind wir da. Ja, sie fahren mich ins Urban und nicht in ein Gefängnis. Ich spiele mir vor, erleichtert zu sein. Dann die Notaufnahme, eine der vielen, sie unterscheiden sich schon nicht mehr. Oben wird mir wieder etwas gegeben, intravenös. Ich bin weg.

Für die nächsten Wochen bin ich weg.

Keine Erinnerung.

26

Doch, an die Ärztin vom SPD, dem Sozialpsychiatrischen Dienst, an sie erinnere ich mich vage. «Es brennt, Herr Melle, es brennt!», schrie sie mich an, auf dem Gang der Geschlossenen. Manchmal trug sie ihre Zähne, manchmal nicht.

«Sie lungern da vor den Wohnungen von Frauen!», schrie sie. Das hatte ich schon ganz vergessen. Ich war von einer Gruppe von Theatermachern, unter ihnen eine Regisseurin, die ich flüchtig kannte, zu einer Lesung eingeladen worden. Etwas daran hatte mich aufgebracht, vielleicht die schnoddrige Formulierung der Einladung. Ich war zum Studio dieser Leute gegangen, hatte wütend an die Tür geklopft und, als mir niemand öffnete, einen Brief hinterlassen, der sicherlich wirr und bösartig gewesen sein muss. Dabei mochte ich diese Leute an sich doch.

Als mich die zahnlose Ärztin, einmal die Woche nur zu Besuch auf Station, um ihren Schäfchen die Leviten zu lesen, daran erinnerte, wusste ich kurz wieder, dass etwas nicht mit mir stimmte, und zwar massiv. Ich stutzte und fühlte mich schuldig. Dass ich in einer Geschlossenen untergebracht war, hatte längst nicht diesen Effekt. Das verbuchte ich unter geheimer Staatsfeindschaft, die mir angekreidet wurde, eine Feindschaft, die der Staat wiederum auch mir entgegenbrachte. Aber jetzt, wo Bekannte, mit denen ich doch im Theater gewesen war, mich anscheinend bei offizieller Stelle als Gefahr meldeten, geriet ich ins Grübeln.

Dann sengte ein neues Neuronenfeuer den Zweifel wieder weg.

27

Die Manie geht bei mir, wie schon beschrieben, mit einem gewissen Jesuswahn, einem Retterkomplex einher, der sich in noch anderen Skurrilitäten niederschlägt. Ich denke dann, ich müsste mich mit allen Kranken und Vergessenen der Welt gemein machen, schließlich seien sie ja auch durch mich krank und vergessen; ich müsste den Verlorenen und Gestrauchelten, den vom Leben Entfremdeten und Gebeutelten einen Zufluchtsort bieten, und sei dieser auch nur virtuell, imaginär, in Fiktionen erbaut, sei es nur ein Wort, das ich spräche. Es kann schon ein Satz sein, der mir auffällt in einem Buch, in einem Song oder Post oder Blog, und ich verweile dort und biete in Gedanken meine Hilfe an, nehme manchmal sogar tatsächlich Kontakt auf.

Aber die Sprache ist inzwischen unzuverlässig und kodiert sich ins Groteske, die Gedanken sind verdreht, und so kommen solche Nachrichten meinerseits bei den anderen als Bedrohungen statt als Hilfsangebote an, zumal bei Frauen. Dass der Maniker sich unwiderstehlich fühlt und im Unbewussten vielleicht auch amouröse Interessen anklopfen, biegt das Ganze ins völlig Fatale. Da ist der Schritt zum Kurzzeitstalker nicht weit, und derartige Vorwürfe schwirren noch heute durch die Welt und die Netzwerke. Auf den Krankheitszusammenhang hinzuweisen, sich zu entschuldigen, bringt da, jedenfalls ist das in meinem Falle so, wenig. Manche hängen vielleicht sogar an diesen Geschichten und vergessen, dass am anderen Ende trotz aller manischen Fehltritte ein Mensch sitzt, der seit Jahren mit genau diesen Sachen bis aufs Blut, bis auf sein eigenes, verseuchtes Blut nämlich, kämpft.

28

Die Wochen waren zerschossen von den Neuroleptika. Ich weiß nicht mehr, wie ich wieder freikam. Anstatt die Psychiatrie als Möglichkeit der Heilung anzunehmen, sieht der Kranke sie als Gefängnis, aus dem es auszubrechen gilt. Jetzt war ich bald völlig ungebunden, die sozialen Beziehungen lösten sich auf, wahrscheinlich, weil ich es so wollte, die Leute vor den Kopf stieß. Mit Aljoscha hatte ich keinen Kontakt mehr. Andere besuchten mich noch, aber es wurde weniger, immer weniger, und die Besuche sind für die Besucher ja auch höchst unangenehm. Man geht da nicht einfach ins Krankenhaus und stellt dem Freund, der sich das Bein gebrochen hat, Blumen hin. Man geht als ungewollter Elendstourist ins Zentrum aller Unheimlichkeiten und wird von den Unheimlichen auch noch angepflaumt. Manche können damit nicht umgehen, und ich verstehe es. Ich könnte es vielleicht auch nicht.

Als tatsächlich freier Radikaler schwirrte ich durch die Gegend und wurde immer unberechenbarer. Ich reise nach Köln, auf irgendein Literaturevent, obwohl ich diese Veranstaltungen sonst meide. Ich sollte dort lesen. Auch diese Lesung war ein halbes Fiasko. Ich kam zu spät, weil ich den Zug wieder verpasst hatte, rauchte blasiert, obwohl es verboten war, gab aggressive, unsinnige Antworten, hätte fast das Mikro zerstört. Wäre der Moderator, Patrick Hutsch, nicht so ein besonnener Mensch, wäre ich wohl noch heftiger ausgerastet. Dass meine Mutter, meine Tante und deren Mann der Lesung überraschend beiwohnten, fand ich absurd. Auch gegenüber den Organisatoren verhielt ich mich grundlos aggressiv. Abends schüttelte ich (tatsächlich) Patti Smith die Hand, grüßte Alice Schwarzer, morgens sagte ich Roger Willemsen irgendeinen Unsinn über Charlotte Roche, setzte mich dann ans Klavier im Hotelfoyer und spielte drauflos. Dass ich nicht Klavier spielen kann, muss ich wohl kaum erwähnen.

Dann blieb ich noch zwei Tage in Köln, wohnte im Chelsea Hotel, weil ich schon wieder von Martin Kippenberger infiziert war, der mit dem dortigen Besitzer bekanntlich einen seiner Deals eingetütet hatte: Kunst gegen Logis. Was Kippenberger recht war, konnte mir nur billig sein, und so ließ ich nach zwei Tagen Herumgestreune meinen vollgekritzelten Notizblick im Zimmer zurück und machte mich aus dem Staub, ohne zu zahlen.

29

Es war Mittag, als ich vor dem Berghain stand. Aljoscha und ich waren schon vor Jahren öfters hier gewesen, vor dem Hype, und hatten über die dunkle, tiefwummernde, erhabene Stahlkathedrale gestaunt. Jetzt stand ich wieder davor, seltsamerweise mit Helene Hegemanns «Axolotl Roadkill» in der Hand, ein Buch, das ich als Geschenk an mich empfand, das mir aber auch verheerend volksbühnenvergiftet vorkam. Ich hielt die Lektüre kaum aus. Ja, es war von diesem allgegenwärtigen Pollesch-Sprech durchsetzt, der längst auch die Gespräche meiner Freunde infiltriert hatte, der sich zwar als bescheidwisserische, identitätsleugnende Attitüde ganz gut machte, im Grunde aber nur ein hohles Einverständnis mit den Umständen zum Smartsprech aufmotzte. Im Spiegelkabinett subversiv verbrämter Bürgerlichkeiten versicherte man sich gegenseitig der harmlosen Entfremdung und machte danach umso beschwingter und konsolidierter weiter. Und das auch noch augenzwinkernd.

Ich stand da, keine Schlange weit und breit. Sven Marquardt kam heraus, sah mich an, wollte mit Blick auf das Buch wissen, ob ich hier jetzt Hegemanns Geburtstag feiern wollte, oder was. Ich musste lachen. Er grinste und winkte mich rein.

Drinnen erwartete mich das finster tobende Paradies. Die Musik drang mir sofort durch alle Poren. Ich war eine Funktion der Musik. Wirre Pulse kamen woher, durchfuhren mich. Irgendwo schien etwas zu *rechnen* und zu *pumpen*. Es trieb und schleuste mich tief hinein in diesen Organismus aus Stahl und Fleisch, durch die Bahnen, mit dem Bass als Wegweiser, der mir überall, in jeder verlorenen Ecke wie in der vollsten Mitte der Tanzfläche sein Glück in die Fresse wummerte. Ich kippte zwei oder drei Drinks, mein Hirn wurde von der Musik direkt angerüttelt, ich tanzte. Ich tanzte, schlug mit fremden Mädchen im Takt des Beats ein, zack hin, zack her, High five, High five. Trank Longdrinks und Bier, verlor mich im Beat, liebte diese Musik, wollte mir vor Euphorie am liebsten den Schädel an einer der schweißbetauten Wände aufschlagen. Verlor fünfzig Euro im Zigarettenautomaten, egal jetzt, tanzte rum, küsste wen. Tanzte weiter, saß wo, redete, ging, stand, ging und tanzte, machte es mir schließlich auf einem pyramidenähnlichen Gebilde, einem Thron quasi, bequem. Um mich herum verteilten sich die Frauen wie Nixen zu meinen Füßen, legten sich also nieder vor und auf Neptuns Altar. Ich war erleuchtet, weil ich es sein wollte. Tatsächlich stellten sich Assoziationen griechischer Mythen ein, wunderschöne Halbwesen, Moiren und Nymphen, Wasserspiele, wo kein Wasser war, Luftaquarium. Ohne Worte fanden die Tiere zueinander, vereinigten sich, gingen ohne Leid auseinander. Etwas Urarchaisches war hier am Werk, und ich ging darin auf.

Ich muss vierundzwanzig Stunden dort drin gewesen sein.

Dann sah ich Picasso und wurde fuchsteufelswild. Man muss sich vor Augen führen, wie irre jemand sein muss, wenn er sich einbildet, den maßgeblichen, längst verstorbenen Künstler des vorigen Jahrhunderts als mitteljungen Mann in einem Berliner Technoclub zu erblicken. Picasso saß also auf der Toilette und unterhielt sich schwerzüngig mit irgendwelchen Metrohipstern, trug einen Gürtel, dessen Schnalle aus den goldenen Lettern F.U.C.K. bestand. Er gab sich dabei besonders schwul-viril und sah mich, als ich vor ihm innehielt, mit seinen runden, kindlich forschenden Augen an. Sofort regte ich mich auf. Was machte er hier?

Ohne einen weiteren Gedanken schüttete ich ihm meinen Rotwein in den Schoß. Sollte er abkühlen, der Jahrhundertkünstler!

Wieso überhaupt Rotwein, frage ich mich heute, ich trinke fast nie Wein. Vielleicht verleitete mich die altgriechische Stimmung im Club zur schweren Traube. Picasso jedenfalls rastete natürlich aus, sprang auf, und ich haute ab. Er verfolgte mich, Treppe rauf, Treppe runter, und ich dachte schließlich: Verdammt, wenn du schon so einen Scheiß machst, wenn du schon fucking Picasso fucking Wein in den Schoß schüttest, dann musst du dich dem auch stellen. Also blieb ich auf einer Metallbalustrade stehen und blickte ihm kalt ins Auge. Wie vorgespult zackte er auf mich zu. Es kam zu einem Gerangel zwischen uns. Ich konnte Picasso noch nie ausstehen, das war alles zu organisch, zu banal, zu natürlich aus ihm herausgeflossen und ohne Brechung oder Reflexion, ein urwüchsiges Aussuppen hochpotenten Honigs. Im Stillen und eher unbewusst beneidete ich ihn vielleicht auch um diese von mir so getaufte *Kreanatürlichkeit*. Letztendlich war das alles aber nur Sperma. Einer von der Security trennte uns, und ich entschuldigte mich bei Picasso, meinte zum Sicherheitsmann, er müsse gar nichts sagen, ich hätte genug jetzt und würde den Laden freiwillig verlassen. So entspannten sich alle. Ich holte meine Jacke und ging.

Picasso also. Das muss man sich mal vorstellen.

30

Dieser megalomanische Boulevard der Superstars, den ich immer wieder entlanggrase in den Schüben, offenbart natürlich eine Fixiertheit auf Berühmte und Prominente, die auch schon in meinen gesunden Zeiten über das gewöhnliche Maß hinausgeht. Eine seltsame Eitelkeit spricht daraus, eine Sehnsucht nach Zugehörigkeit und Größe.

In der Jugend standen in meiner unmittelbaren Umgebung zunächst keine Vorbilder zur Verfügung, es war einfach alles eng und klein und furchtbar, also mussten sie aus der Ferne herbeigeschafft werden, die Vorbilder, die Stars. Die evangelische Leihbücherei wurde wöchentlich aufgesucht, die ehrenamtlichen Mitarbeiterinnen raunten schon, das *werde was mit dem*, und das Ferne in den Büchern war ein Versprechen, eine Wette auf die Zukunft, ein Raum, der mir offenstand, ein Weg aus dieser Enge der Unmittelbarkeit. Denn die Künstler hatten aus ihren Schwächen und Beschränktheiten doch selbst etwas anderes, etwas Öffnendes, über sich selbst Hinausweisendes gemacht, Kunst, drastische Kunst, die mir die Spucke wegbleiben ließ. Ich las wie verrückt und schottete mich mehr und mehr ab. Inneres Exil, Doppelleben, schon früh verstand ich, überspitzt gesagt, was vielleicht damit gemeint war.

Die Begeisterungsfähigkeit in der Jugend, was Musik, Literatur und Stars anging, war sie denn schon ein Vorbote der späteren Krankheit? Diese Vertiefung, dieser Eskapismus, hatten sie schon manische Züge? Und ist der gegenläufige Befund, dass mich inzwischen nur noch wenig berührt oder überhaupt erreicht, nicht nur ein gewöhnliches Resultat des fortschreitenden Alters, sondern auch Folge der Medikamente, die allzu große Empfindungen von vornherein ersticken?

Einmal krank, wird alles verdächtig.

31

Eine interessante These, auf die ich stieß und die mir sofort einleuchtete, verbindet den Ausbruch der Bipolarität mit einer sonstigen Tendenz der Persönlichkeit zur Überanpassung. Die starken inneren Impulse, die eine solche Disposition mit sich bringt, werden in gesunden Zeiten zugunsten des sozialen Funktionierens rigide unterdrückt. Mehr noch, man will es den Mitmenschen allzu recht machen, grenzt sich nicht genügend ab, spürt Irritationen auch da, wo kein anderer sie wahrnimmt, will die Aufgaben und Pflichten allesamt perfekt erfüllen, bis, wie ein Experte es ausdrückte, man «erschlagen» wird «von allen Ansprüchen, den fremden und den eigenen». Dann ist das Maß voll, und die ehedem so erbitterte Selbstdisziplin zerspringt in tausend Fetzen Selbstverlust.

Das Gefühl, *jetzt erstmals wirklich zu leben, jetzt erstmals wirklich die eigene Stimme zu erkennen und zu erheben*, begleitet die Manie. Bisher war ich still, jetzt rede ich. Bisher wurde ich um alles betrogen, jetzt nehme ich, was mir zusteht. Und sei es durch Klauen, Krakeelen, durch Ausraster, deren Intensität sich von Mal zu Mal steigert. Angelegte, kaum vorhandene Eigenschaften, bisher nur Nuancen der Persönlichkeit, wachsen sich ins grotesk Verzerrte aus. Das innere Korsett explodiert.

Neigungen zur Revolte gab es bei mir zwar immer, dank eines überzogenen Gerechtigkeitsgefühls, das sich, solange noch bei Sinnen, in einer zickigen Widerständigkeit niederschlug. In jeden Dazugehörigkeitswillen mischte sich immer auch ein biestiges Anderssseinwollen. In der Krankheit wird dieses Biest jedoch zum Monster, und die gewünschte Gerechtigkeit zum Selbstexzess.

Zwischen diesen Polen, Überanpassung und Individualitätstrotz, knallt es hin und her. Die Herkunft und ihre Konsequenzen sind einfach nicht abzuschütteln. Auch den jugendlichen Widerstand wollte ich bereits stets durch brillante Leistungen legitimiert wissen, denn erst aus der Brillanz heraus durfte ich Forderungen stellen. Irgendwann schnitt ich mir als Teenager aus einem Druckimpuls heraus zaghaft, aber sichtbar mit einer Rasierklinge die Beine auf. Heute würde das als eindeutiges Indiz für Borderline herhalten. Das gab es damals aber noch nicht, gottseidank. Merkte auch keiner, nur der Sportlehrer, und der sagte nichts.

32

Kubrick wieder. Ich stehe in der Wohnung, die bald nicht mehr meine ist, und baue eine Mondlandschaft nach. Das ist nötig aufgrund eines Missgeschicks: Flächendeckend habe ich gestern oder vorgestern oder vielleicht auch vor einer Woche das Logo meines Alter Egos «Jean-Christophe von Toulouse-Wichsgockel» an die Flurwand vor dem Bad gesprüht, farbenfroh, grell leuchtend, sehr gelungen. Das Logo ist ein hysterischer Hahn. Es besteht aus einem Kreis mit einem Punkt darin, darunter angehängt zwei laufende Beine, links am Kreis der kreischende Schnabel in Form von zwei auseinanderstrebenden Strichen, oben noch der Hahnenkamm, manchmal bloßes Komma, manchmal ein punkig ausladender Farbregenbogen. Das also ist das Logo von Toulouse-Wichsgockel, einem der Lyrik verfallenen, isländischen Physiker, der in Berlin zu Besuch ist und Dadaistisches in einer Fantasiesprache bloggt.

Ob der Name meines Alter Egos mit dem des mir bekannten Regisseurs Jan-Christoph Gockel in Zusammenhang steht, ist mir nicht ersichtlich. Ich denke, eher nicht. Derartige Verdachtsmomente wurden mir jedoch zugetragen. Dagegen möchte ich mich freundlichst verwehren. Ich habe das Wort «Wichsgockel» lediglich in einer Bar namens *Fuchsbau* aufgeschnappt, vielleicht habe ich mich auch geirrt, als ich den Typen, den ich für einen Neffen Peter Handkes halte und der täglich die neuen Lunchangebote in astreiner Tagschrift an die Schultafel draußen taggt, einen anderen Typen freundschaftlich beschimpfen hörte. Doch, okay, es hat etwas mit Jan-Christoph zu tun, aber nicht inhaltlich. Denn Jan-Christoph ist großartig. Aber Jean-Christophe Toulouse-Wichsgockel erst! Er ist unschlagbar. Und tatsächlich ist er Stadtgespräch. So gab mir der Schauspieler Robert Stadlober mit einer als Handygespräch getarnten Einflüsterung in der Sonne Kreuzbergs zu verstehen, dass er und seine Kumpels sehr viel Spaß mit dieser meiner Kreation hätten: «Danke für den Wichsgockel», grinste er mich an und fügte noch ein «Wichsgockel, das bin ich!» hinzu. Tatsächlich entspricht sein Äußeres in etwa meiner Vorstellung des isländischen Vogels.

Dann wollte ich das schrille, schöne Bild doch übermalen. Ich nahm die weiße Farbe, die ich auf Vorrat gekauft hatte, und überstrich den prallen Hahn wieder. Dabei trat ich aus hysterischem Versehen allerdings den Farbeimer um. Erst betrachtete ich die zäh zerlaufende Farbe genervt, dann wollte ich sie stoppen, stapfte mit einem Fuß hinein, seltsamerweise, und ging schließlich aus Trotz durch die ganze Wohnung. So verteilte sich das Weiß. Jetzt schaffe ich ein Gesamtkunstwerk daraus, mit Laken, Federn, noch mehr Farbe, einer Sprungvorrichtung und Mondkratern in der Billigwand, die ich mit der Faust hineinschlage. Ist doch eh alles Hollywood. Und dass Kubrick, unser Mondlandungsfaker, tot ist – das kann mir eh keiner erzählen.

Die Wohnungssituation spitzt sich zu. Tatsächlich muss ich bald ausziehen. Ja, und! Auf Drängen meines Agenten hin habe ich sogar zwei Wohnungen besichtigt, die mir allerdings nicht zusagten, oder ich den Leuten nicht, oder nichts niemandem. Zudem meine ich deutlich vernommen zu haben, wie die linksautonome Anbieterin der ersten Wohnung mir hinterrücks ein «Ich hasse dich» ins Ohr geflüstert hat. Nun ist es mit der Suche natürlich vorbei.

Es wird sich etwas finden. Es findet sich immer etwas. Ich weiß nicht, was, und ich weiß nicht, wann. Aber, dass. *Dass* weiß ich sicher. Die Tür, die die Polizei ruiniert hat, steht jetzt unten auf der Straße, mit Glyphen und kleinen Botschaften verziert. Wie viel sie wohl wert ist? Noch hat sie keiner mitgenommen.

33

Später würde ich diese Tür wieder hochtragen, sie auf den Boden legen, das Loch zuspachteln, einen Stuhl darauf kleben, dazu eine Fahne, und sie schließlich eines Nachts von der Kottbusser Brücke in den Landwehrkanal werfen als Statement, das dann auch prompt mit Applaus von der Uferseite quittiert wurde. Langsam trieb das seltsame Floß den Kanal hinab, an etwa derselben Stelle, an der ich die wutentbrannten «Zeit»-Leserbriefe auf mein Celan-Bashing hin in alle Winde verstreut hatte. Ich schaute dem Floß hinterher und rechnete mir seinen Weg aus.

Ich lebte nur noch in Simulationen, glaubte jeder Verschwörungstheorie und in der Gesamtheit doch keiner. Die Geschichte war die größte Fiktion, die es je gegeben hatte. Die Epochen schoben sich vor meinem inneren Auge ineinander. Die Historiografie war ein bloßer Kampf um meine

Aufmerksamkeit, um mich, um das Experiment des Weltgeistes, das ich war. Der Holocaust war tatsächlich nicht passiert. Selbst *das* glaubte ich für ein paar Tage. Churchill, Stalin, Hitler, Chamberlain hatten sich abgesprochen, nein, *alle* hatten sich geeinigt, die Katastrophe nur zu simulieren, um der Gefährlichkeit des kommenden Menschen vorzubeugen und den Kampf, der um ihn entbrennen würde, in die simulierten Grenzen zu weisen und fiktiv vorwegzunehmen. Denn, so dachte ich, es konnte doch eigentlich nicht sein, dass die Menschheit so etwas Unmenschliches wie den Holocaust fabriziert hatte. Das konnte ein vernünftiger Geist der Menschheit doch schlicht nicht zutrauen. Ich hatte die Fakten immer alle im Kopf gehabt. Im Geschichtsunterricht hatte der Lehrer beim Satz «Das darf nie wieder passieren» tatsächlich mich vieldeutig angesehen, und mein Blick traf den von Annabelle, der intelligenten Schönheit des Kurses, und wir wussten irgendwie Bescheid, ohne Bescheid zu wissen. Verstanden hatte ich die Fakten nie, oder doch, natürlich, aber nie wirklich verarbeitet. Und jetzt wusste ich auch, warum.

Es waren Völkerwanderungen im Gange. Es war biblisch. Ich ertrank darin. Wie viele Jahre waren denn seit dem Mittelalter vergangen? Welches Mittelalter denn? Und wie viele Menschen gab es überhaupt? Wahrscheinlich viel weniger, als sie immer verlautbarten. Das Mittelalter war erst vier Generationen her. Oder drei? Nicht auszuhalten, diese Gedanken, diese Lügen. Auf n-tv sprach Hitler kichernd meinen Namen aus. Noch ein Bier.

34

Je weiter ich mich der Gegenwart nähere, desto schwieriger wird es, von diesen Dingen zu erzählen. Knausgård, unser aller Pin-und-Pop-up-Boy, dem ich im Übrigen kein einziges Wort glaube, meint, es dauere zehn Jahre, bis man über Erlebtes schreiben kann. Vielleicht fällt es mir deshalb so schwer. Vielleicht auch, weil es die härteste Psychose bisher war, die mit den größten und schwerwiegendsten Folgen, die längste, die schlimmste. Vielleicht auch, weil ich wirklich zu einem Idioten geworden war. Wie erzählt man von sich als einem Idioten?

Vielleicht aber eben auch einfach, weil es erst ein paar Jahre her ist. Die Erinnerung hat sich noch nicht zur Geschichte formiert. Sie ist, aus toxikologischen Gründen, sowieso ziemlich geschädigt. Durch Medikamente und Alkohol hatte sich das Denken in ein dauerhaftes, nicht mehr aufzulösendes Delirium zurückgezogen. Manchmal noch, wenn es sein musste, gelang es mir, wie ein Schauspieler zu agieren, der irgendeine Rolle spielte, um seiner Umwelt hin und wieder zu bedeuten, dass er im Grunde noch funktionierte.

Aber innen war die Hölle los. Und außen war kaum mehr jemand übrig.

35

Der Gravis-Mitarbeiter, dem ich meinen farbverschmierten Computer hinstelle und der, auf meinen Kommentar hin, dass ich zuhause halt Malerarbeiten durchgeführt hätte, lachend fragt: «Mit dem Computer?» Die Commerzbank-Mitarbeiterin, der ich einen Kurzvortrag halte, wieso und auf welchem Wege ich jetzt nach Harvard gehen werde, und die mir mit dem Ausruf «Herr Melle geht nach Amerika!» ein Bankkonto samt bald leergeräumtem Kreditrahmen eröffnet. Die Amtsrichterin, die mich skeptisch anblickt, während ich sie skeptisch anblicke. Die Freunde, bei denen ich für einen Tag unterkomme, später für noch einen, und die versuchen, alles ganz selbstverständlich hinzunehmen, die sich bedanken, als ich die Pfandflaschen wegbringe, obwohl sie doch vermuten müssen, dass ich es aus finanzieller Knappheit tue. Der Taxifahrer auf der anderen Straßenseite, dessen Gestikulieren mit der Marlboropackung (ein Schwenken, noch nicht einmal in meine Richtung) ich als Solidaritätsgeste deute: Ich bin bei dir. Der Taxifahrer, der mir sagt «Nie wieder in den Soda-Club», nachdem ich ihm erzähle, wie feindlich gestimmt die Twens dort gewesen sind, völlig verwirrt von den Neuigkeiten, die in der Luft lagen, die sie nicht deuten konnten, in einer Blase aus parfümierter Blähung, die seit dem Rauchverbot ständig und überall zu riechen ist. «One of us is lying, one of us is dying.» Der italienische Jungkellner in Schöneberg, der mir «du schwuler Jude» zuflüstert, als er die Pizza serviert. Der Penner, der seinen Selbstmord ankündigt auf dem Bahnhof Friedrichstraße, gleich nachdem Obama genau vor mir die Rolltreppe hinauffährt, sich umdreht und mir in einem hochbedeutsamen Blickkontakt nichts zu sagen hat. Meine neue Leidenschaft für *Wifebeater* ohne was drüber, das sind Rippunterhemden, Rapperstyle, Eminem um die Ecke. Das Umkicken eines Straßenaufstellers des Kaffee-Cafés in Mitte, was der verschmitzte Claudius Seidl, auf die Tram wartend, beobachtet, um dann zu versetzen, ich hätte wohl auch schon ein paar Frühbiere zu mir genommen. Michael Mühlhaus, ehemaliger Keyborder von «Blumfeld», der mir eines Abends vor der *Maria* ganz genau zuhört und vielleicht *nicht* urteilt. Die Erkenntnis, dass seit Kurzem, wenn von mir die Rede ist auf den Bürgersteigen und in den Cafés, gerne der Codename «Thomas Müller» genutzt wird; dass, wenn man über mich spricht, man so tut, als würde man über den bekannten Fußballer sprechen. Gleichzeitig die aus der Ferne dumpf herüberdröhnenden Hubschrauber, die mich beobachten und in Schach halten: Das Anschauende wird zum Angeschauten. Die Frau, die mich, der ich erschöpft an einer Säule im Leipziger Bahnhof liege und in der Ulrike-Meinhof-Biografie lese, mit lateinamerikanisch gebleckten Zähnen grinsend fragt: «Ist das deine einzige Liebe?» Die Transzendentale Meditation™. Der Gedanke, dass Jesus der Prototyp aller Maniker ist. Die Stelle bei Adorno, die in der Phrase «Kommt überhaupt gar nicht in Frage» schon die potenzielle Machtergreifung erkennt und mich wie eine Urskizze allen Übels ständig begleitet: dieser Sog der Ablehnung, des Ausschlusses, der das Abgelehnte, das Ausgeschlossene zu etwas Unausweichlichem macht. Die Überrumpelung einer Bekannten, die mich, als sie die klatschenden Schritte im Treppenhaus hört, ängstlich fragt, ob ich getrunken hätte, bevor sie mir panisch die Tür vor der Nase zuschlägt. Mit Agnes im Motel One, wo ich zur Ruhe kommen soll; sie zahlt alles. Ständig Filme und Clips, auf allen Kanälen, und die Mission, die Jugend doch noch zu retten. Reznor, der wiederum mich rettet, indem er, nachdem ich meinen Computer in einem feindlichen Café vergessen habe, gierig die in der Luft liegenden Vibes und Gerüchte einatmet und mich dann im Vorübergehen mit seiner tiefen Stimme ermahnt: «You forgot your computer», woraufhin ich tatsächlich ins Café zurückgehe und den Computer wiederfinde. Dann Matthias Lilienthal, dem ich bei einem «Plattenspieler»-Abend mit Thomas Meinecke die Brille von der Nase schlage. Jule Böwe, der ich bei Hegemanns Geburtstag im *Tresor* großmäulig ein neues Stück nur für sie ankündige. Patrick, den ich bei Balzers «Dosenmusik» mit Diederichsen wiedersehe und der kaum ein Wort findet in seiner Entfremdung. Der Dönermann, der mir beim Aushändigen eines Dürüm-Döners verhuscht zuraunt: «Verzeih mir noch einmal, ja?» Und schließlich der abgerissene Typ, der mich auf der Goltzstraße stellt und verzweifelt anlacht: «Die verarschen uns alle, verstehste?»

Verstand.

36

Und Suhrkamp. Innerhalb von ein paar Tagen ruinierte ich auch dort meinen Ruf, sorgte für einen kleinen Skandal und verunmöglichte jede weitere Zusammenarbeit. Nachdem ich im Januar auf einen Empfang anlässlich des Verlagsumzugs nach Berlin eingeladen gewesen war, dem ich wegen meiner ersten Einlieferung nicht beiwohnen konnte, ließ ich Kollege Nußbaumeder Grüße an die Verlegerin ausrichten, und zwar dezidiert (und eben manisch): «aus der Psychiatrie». Dieser Zusatz war mir wichtig. Sie ließ mich zurückgrüßen mit der Bemerkung: «Wir kümmern uns darum.»

Was hieß das? Nichts. Keiner kümmerte sich natürlich. Wie auch! Aber dieser kleine Satz blieb hängen, und er regte mich regelmäßig auf. Wie wollte sich der Verlag denn darum kümmern? Durch esoterische Anrufungen meiner geopferten Existenz? Durch Beschwörung Siegfried Unselds? Durch Gedankenübertragung? Nicht einmal meine Lektorin kam zu Besuch. Nun, wie auch, war sie doch inzwischen entlassen worden. Denn die sogenannte «Suhrkamp-Soap» wurde weitergeschrieben, ein erheblicher *Brain Drain* hatte den Verlag geschwächt, ein bizarrer Eigentümerprozess ihn fast zerrieben. Der Verlag, der das Rückgrat von Vernunftdiskurs und Widerstandsdichtung in dunklen bundesrepublikanischen Zeiten gewesen war, schien vor unseren Augen zu zerfallen. Und die meinen standen bei diesem Anblick in Tränen vor Überdruck.

Der Umzug nach Berlin war ein Fehler, und jetzt eröffneten sie noch einen Laden in Mitte, um diesen Fehler zu feiern. Wussten sie denn nicht, dass Angeknackste in Großstädten völlig verrückt werden? Es war doch erwiesen: Je größer die Stadt, in der man lebt, desto größer das Risiko, psychisch vollends zu erkranken. Es war Mai, und ich, der geplagte Hund, das wandelnde Verlagslogo, machte mich auf, das Bier in der Hand, das Denken überhitzt und vergiftet, um den Laden mitzueröffnen. Abstrus mein Auftritt dann, ich beschimpfte selbst Freund Nußbaumeder als «Wichser», redete kaum, bouncte von hier nach da, bis ich die Verlegerin schließlich erblickte, den Arm eingegipst.

Eingegipst der Arm!

Eine Verkleidung natürlich, die ich sofort enttarnte. Eine Verkleidung, eine Solidaritätsgeste, eine Spöttelei. So *fake* wie der ganze Mensch, schien es mir. In der nun folgenden Gefühlsaufwallung schoss ich auf die Verlegerin zu und stieß ihr, soweit ich weiß, in den Rücken. Oder gegen den Gips? Die Zeiten der Verstellung und der Lüge sollten ein Ende haben, und ich musste dieses kleine Zeichen setzen, dies Aufbegehren der Aufrechten, und da ich eh ein radikaler, krasser Geist war, wie es hieß, musste dieses Zeichen körperlich sein, um die bloße, falsche Signifikantenkette zu durchschneiden. Dann verließ ich den Laden.

Die FAZ schrieb: «Spät kam die Verlegerin Ulla Unseld-Berkéwicz selbst in den Laden, mit bandagiertem Arm nach einem Sturz in Zehlendorf. Kurzfristig störte ein aggressiv gestimmter Mann ihre gute Laune – ein abgelehnter Autor? Man hätte jedenfalls meinen können, Franz Biberkopf sei aus seiner Bude herabgestiegen.»

Franz Biberkopf also.

Bitter jedenfalls: die Erinnerung daran, die Scham, der Impuls, es zu verdrängen, die Abwehr. Es ruckt in mir, wenn ich daran denke.

Sie hat meine Entschuldigung angenommen, zwei Jahre später.

37

Ähnlich eine Rainald-Goetz-Lesung Tage danach, die ich durch Zwischenrufe und Störungsmomente trollte, mich dabei immer tiefer in eine gestörte Biereinsamkeit hinunterschraubte, scheinbar gut gelaunt, in Wahrheit tiefschwarz verbohrt. Goetz, zu dem ich seit Jahrzehnten ebenfalls eine Art Obsession gepflegt hatte, inzwischen mehr als überwunden, schien nicht damit umgehen zu können, wie auch. Oder er ging damit um, indem er nicht damit umging. Zu allem Überfluss ließ ich mir am Ende auch noch ein Exemplar seines Buches signieren. Ein Bekannter meinte später, er selbst habe das als so schlimm gar nicht angesehen, ich hätte mich wohl in eine Bukowski-Rolle verstiegen, und diese Rolle hätte ich gar nicht schlecht gespielt. Das ist natürlich eine freundliche Interpretation, die gelassenere Sicht auf die Dinge, die aber leider nicht stimmt. Eher stimmt die Sicht, die von Lowtzow mir irgendwann an dem Nachmittag mit einem entschiedenen «Nerv!» ins Gesicht blaffte. Und am ehesten stimmt wohl Detlef Kuhlbrodts Perspektive, obwohl sie mich auch überrascht, da ich mich zwar an das Generve, aber nicht an den Entschuldigungszwang erinnere: «Oder der Kollege, der den ganzen Nachmittag in den Pausen genervt hatte, wobei ich mir dann auch nicht ganz sicher war, ob das, was ich als aufdringlich empfunden hatte, nicht einer seelischen Erschütterung und deshalb zu viel Trinken geschuldet war. Den ganzen Nachmittag hatte er sich sehenden Auges sozusagen irgendwie in ein komplett nervendes Benehmen hineingesteigert, sich immer wieder entschuldigt, um dann noch mal umso besser zu nerven. Und später hatte er dann wieder begeistert gesagt, das wäre die beste und tollste Lesung, auf der er je gewesen wäre.»

Seit dieser Zeit kann ich manchen Leuten jedenfalls nicht mehr gut unter die Augen treten.

Danach ließ ich Laden und Verlag gottseidank in Ruhe.

38

Es begann eine Odyssee. Ohne Übergabe zog ich aus der Wohnung aus. Die Schäden sollten sie einfach mit der Kaution reparieren. Die Kaution wollten sie doch eh immer einbehalten, richtig? Jetzt hatten sie wenigstens einen Grund. Für einen Monat zog ich in die Remise eines Bekannten in Mitte ein. Es hatte sich also wirklich etwas ergeben. Leider begann ich, mitten im Sommer, seinen Heizofen mit meinen alten Manuskripten zu befeuern. Zudem hörte ich erneut sehr laut Musik und baute aus lauter Paranoia eine Sicherheitsvorrichtung aus Kabeln und Gewichten vor die Tür. Nachdem die Nachbarn ihn alarmiert hatten, schmiss er mich bei einem Kontrollbesuch hochkant raus. Kurz kam ich bei einem befreundeten Paar unter, dem ich Stephen Frys Dokumentation «The Secret Life of the Manic Depressive» vorführte. Seltsam: Ich war mir doch offensichtlich bewusst, krank zu sein, warum sonst hätte ich ihnen Frys filmische Selbsterkundung zeigen sollen? Aber das Bewusstsein darüber war flüchtig, war an die schwankenden Stimmungen gekoppelt und selbst in klareren Momenten mit keiner echten Selbsterkenntnis verbunden. Ich war mir meiner Krankheit bewusst und dann doch, auf höherem, handlungsweisendem Level, wieder gar nicht.

Ich verließ das Paar und fetzte weiter. Es ging durch Bars und Konzerte, vor allem in Kreuzberg. Bei einem Gustav-Konzert traf ich Aljoscha, war aber nicht mehr erreichbar: Er war auf einem Konzert, ich im Gedankenkrieg. Eine Kurzaffäre ließ mich ein paar Tage bei sich übernachten, dann schleppte sie mich zu einer Mitwohnzentrale, wo ich schnell eine neue Bleibe erhielt, wieder für einen Monat. Ich dürfe in der Wohnung nicht rauchen, sagte der Vermieter noch. Ich breitete mein Zeug aus, die Reste an Besitztum jedenfalls, die noch übrig waren, und versuchte runterzukommen. Stattdessen flog ich noch höher, hatte eine weitere Affäre in Bonn, die mich finanziell aushielt, reiste hin und her, verlor mich stets.

Und wurde in den sozialen Netzwerken noch irrer. Facebook hatte ich immer abgelehnt; jetzt aber verfügte ich nicht nur über einen Account, der mich in London ja gerettet hatte, sondern über mindestens drei und war dort plötzlich mit mir selbst verheiratet. Zudem wurde ich erneut zum Troll, beschimpfte die Leute, ereiferte mich neben der Spur in irgendwelchen Sachfragen, verstand alles falsch und wurde obszön. Insgeheim unterstellte ich allen Menschen weiterhin, mich mein Leben lang betrogen zu haben.

Bis heute habe ich an den Folgen dieser Aktivitäten zu

tragen. Menschen, die mich neu kennenlernen, werden von ihren Freunden gewarnt: Das sei ein Irrer, ein Fanatiker, ein Gefährlicher, sogar, in einem besonders hartnäckigen Fall, ein Stalker. Ich nehme diese Vorwürfe an, entschuldige mich, versuche aber auch zu erklären, dass ich zu dem Zeitpunkt krank war, dass ich potenziell sowieso immer krank bin, dass mich der manische Schub jedoch Dinge schreiben und tun ließ, die ich sonst nicht schreiben und tun würde, aus verzerrten, falschen Wahrnehmungen, aus einem temporären Wahn heraus, nicht aus einer chronischen Persönlichkeitsstörung, die mir auch jetzt keine Abstandnahme zu den damaligen Aktionen ermöglichen würde. Das ist nämlich ein gewaltiger Unterschied, und an diesem Punkt will ich für Ordnung sorgen. Es gelingt nur manchmal.

Wenn die Leute noch immer vor mir warnen, frage ich mich: Bin ich vielleicht ein Aussätziger, habe ich eine krasse Krankheit? Um dann sofort zu antworten: Ja, bin ich, habe ich.

Und innen schmerzt etwas, stirbt dann ab und versteinert.

39

Wie soll man den Menschen auch erklären, was einem selbst nicht begreiflich ist? Wie klarmachen, dass zwar ich es war, der diese Dinge tat, dass ich es aber auch nicht war? Das ist der Spalt, wenn nicht Abgrund in mir, mit dem ich leben muss, den ich manchmal zuzuschütten versuche, der immer da, der nicht mehr aufzufüllen ist. Mein Versuch, eine halbwegs bürgerliche Existenz zu führen, scheint auf alle Zeiten gescheitert. Okay, akzeptiert, ich stehe das bis zum Ende durch, schreibe vielleicht weiter, vielleicht nicht, mein einziger Zufluchtsort. Doch das Getuschel hört nicht auf, bis heute, Jahre danach, und die mittelüble Nachrede, der schleichende Rufmord. Es ist dies keine Krankheit, die Empathie hervorruft, und Empathie fordere ich auch nicht ein. Ich will nicht den totalen Ablass, und ich schiebe auch nicht alles auf die Krankheit. Aber eine gewisse Flexibilität in der Perspektive auf den Erkrankten, eine gewisse Offenheit und Vorsicht –

Ich versuche, nichts drauf zu geben und mein weiteres Leben als Experiment des Trotzes zu sehen.

40

Die Liebe wird umso schwieriger. Annäherungsversuche haben etwas Schuldbeladenes, Verschlagenes und sind von tausend Gerüchten umstellt. Und auch der Zorn muss gedämmt sein. Ich darf nicht mehr wütend werden. Wut ist verdächtig. Wo andere auffahren dürfen, muss ich sitzenbleiben. Was gehört noch zum schwierigen, verkauzten und soziophoben Charakter, was schon zum Krankheitsbild? Was ist gesetzte Provokation, was unkontrollierter Ausraster? Werden meine Äußerungen nicht immer auch als die eines ehemals und womöglich ewig Verrückten aufgenommen? Und soll ich mich überhaupt darum scheren?

Es ist unauflöslich. Die Grenzen zwischen *originell*, *unangemessen*, *absonderlich* und *krank* sind verwaschen. Was für andere gilt, gilt nicht für mich.

Ich halte meine Verachtung zurück und schminke mich zum Freak.

Ich bin erledigt.

41

Bin ich nicht.

42

Und wenn Sie wüssten, was da vorher stand.

43

Der Vermieter kam herein, ich lag im Bett, betrunken und fertig. Er kam mit einem Freund, er schrie, was denn mein *Müll* hier solle. Ich hätte geraucht in der Wohnung, das rieche er. Er sah natürlich, dass ich verrückt war. Und stellte mir ein Ultimatum von drei Tagen, hier auszuziehen.

Eine Freundin, Anja, übernahm plötzlich. Eine Art Staffelstab schien in der Luft zu hängen, den manchmal tatsächlich noch jemand ergriff. Mit der Entschiedenheit der künftigen Filmregisseurin sorgte Anja für temporäre Ordnung. Sie legte sich mit dem Vermieter an, sorgte dafür, dass ein befreundeter Arzt mir einen Platz in der Suchtstation des St. Hedwig-Krankenhauses in Mitte vermittelte. Sie überredete mich zur Selbsteinweisung. In die Suchtstation gehörte ich zwar nur bedingt, aber das gesamte Psychiatrieteam sei gut, so sie, und ich müsse mich erst einmal ausruhen. Natürlich war ich auch einfach wohnungslos. Es war mir nicht klar, aber Anja sorgte damit auch einfach dafür, dass ich ein Dach über dem Kopf hatte. Und wieder unter ärztlicher Obhut stand.

Mit verblüffender Energie und Tatkraft packte sie meine Sachen. Ich konnte ihr nur fahrig zur Hand gehen und über die Geschwindigkeit staunen, die sie an den Tag legte. Wir charterten erneut einen Umzugswagen, und ich verstaute mein Zeug in einem Container im Westen der Stadt.

44

Inzwischen war ich völlig mittellos. Eigentlich sollte ich ein Theaterstück für das Wuppertaler Schauspiel schreiben, verschob die erste Lieferung des Textes aber ständig. Ich hatte mir ein Science-Fiction-Szenario um Alan Turing ausgedacht, das Stück bereits «Touring» genannt und zig Bücher von Philip K. Dick gekauft, sie angelesen, durchgeblättert, weggelegt. Den sterbenden Friedrich Kittler («weil hier noch so ein Arschloch ist», zischte seine Assistentin während der Sprechstunde ins Telefon) hatte ich aufgesucht und einen gendertheoretischen Einfall zum Turing-Test mit ihm besprochen. Ich dachte, ich könnte das Stück in drei Tagen herunterschreiben. Natürlich nicht. Ich hatte lediglich immer wieder Turing selbst gezeichnet, mich in seiner Biografie verloren und drei Seiten bestenfalls dadaistischer Dialoge hingekriegt. Die vielen Bücher und Kompendien, die am Ende nur noch assoziativ mit dem Themenfeld zu tun hatten, verkaufte ich bald wieder für einen Bruchteil ihres ursprünglichen Preises.

Irgendwann gab das Theater auf, und das Team wich im letzten Moment auf ein Ersatzprojekt aus.

Anja besuchte mich täglich, um mir neue Zigaretten zu bringen, die meine Mutter per Überweisung bezahlte. Ich redete noch immer großspurig auf sie ein, warf mit Theoremen und Witzen um mich, wenn wir draußen im weitläufigen Innenhof rauchten. Sie saß, ich stand und gestikulierte, beschimpfte sie mitunter. Ansonsten aber wurde ich still auf der Station. Ich hasste es dort, fand zu den Polytoxikomanen und Säufern auch keinen Anschluss. Ein paar Nächte mussten wir zu viert in einem Zimmer schlafen, das für zwei Patienten vorgesehen war. Ich machte kein Auge zu.

Nach zwei Tagen schon hatte einer der Pfleger gesagt, nun sei es wohl mit den Entzugserscheinungen vorbei, wenn es sie denn je gegeben habe. Nein, süchtig war ich nicht, tatsächlich. Dennoch blieb ich etwa vier Wochen auf dieser Station. Und mit meinem Wahn war es noch lange nicht vorbei.

45

«*Internistischer Befund:* Guter AZ und EZ. Cor: Systolikum (2/6) mit Maximum ICR5li. Pulmo: gut belüftet, VA, keine pathologischen Geräusche, gut atemverschieblich. Abdomen weich, keine Organomegalie, keine Resistenzen, kein Druckschmerz, regelrechte Peristaltik. Nierenlager frei. Kein Wadendruckschmerz. Fußpulse beidseits tastbar.»

Auch Malenka, die Schauspielerin, besuchte mich einmal, und ich freute mich. Im Monbijoupark gingen wir spazieren, ich erinnere mich, wie ich besonders bewusst *ausschritt*. Mit Malenka war ich noch vor Wochen auf einem Kurztrip nach Wien gewesen, der ebenfalls derart katastrophal geendet war, dass ich es kaum mehr ins Gedächtnis rufen will. Wir besuchten Falcos Grab und die Thomas-Bernhard-Klinik am Steinhof. In einem, wie ich später hörte, irren Tempo stapften wir gut belüftet die Baumgartner Höhe hinauf, sie in wehendem Mantel, melodramatisch, ich mit stetem Redefluss. Untergekommen waren wir bei einem Paar, Freunden von Malenka, Dramaturgen. Wir gingen chinesisch essen.

Plötzlich aber, in der zweiten Nacht, kam mir alles derart

falsch vor, dass ich einen Wutanfall bekam. Ich schrie die ganze Welt zusammen. Malenka versuchte, mich zu beruhigen, aber es gelang nicht. Ich weiß nicht mehr, weshalb ich so wütend wurde. Es muss etwas mit der Bürgerlichkeit und der Erstarrung zu tun gehabt haben, die mich dort umgab, und mit der Tatsache, dass nichts so lief, wie ich wollte. Dabei wusste ich doch kaum, was ich wollte, wie es laufen sollte, in meiner ständig sich wandelnden Vorstellung. Laufen? Wie laufen? Was überhaupt?

Malenka konnte mich nicht halten, obwohl sie mich ins Herz geschlossen hatte. Am nächsten Tag trennten sich unsere Wege also, und ich irrte durch ein Wien, das ich nicht kannte, das mich nicht kannte, wieder auf dem Wellenkamm der größten Manie. Ich kam nicht weg, verpasste die Züge, übernachtete auf irgendwelchen Grünflächen, dort hinten der Imbiss, wo ein eingebildeter Rainhard Fendrich sein Bier trank und scherzte. In der Dauerschleife dabei, im Kopf: *Haben Sie Wien schon bei Nacht geseh'n?* Bisher nicht, danke der Nachfrage, aber jetzt, mein Lieber, jetzt sehe ich es, und wie ich es sehe, Wien bei Nacht, durch die ich stürze, die Dome und Gassen rasant an mir vorbei, das Zuckrige, Klebrige, Todesnahe, genau wie Malenka, genau wie ich, so jenseits und toll und absolut zerstörerisch.

Nach zwei Tagen schaffte ich es, einen Zug nach München zu nehmen. Dort doch noch eine Nacht bei Malenka, die in ihre Wohnung zurückgekehrt war. Kurz durchatmen. Dann weiter nach Berlin. Ich versteckte mich geschickt in den Zugtoiletten, sobald ich einen Schaffner witterte. Denn diese Fahrt konnte ich selbstverständlich schon wieder nicht zahlen.

46

Lithium werde von der Industrie nicht gepusht, sagte der Oberarzt zu mir in der Besprechungsrunde, um uns herum Ärzte und Pfleger und Psychologen. Es habe keine Lobby, da es so billig sei, das Salz eines Alkalimetalls, welches bekanntlich in der Natur vorkomme. Es war der Oberarzt, den Anja mir empfohlen hatte. Er blickte mich nicht an bei seinem Vortrag, redete rasant und fehlerlos, in wohlformulierten, hastigen Sätzen, starrte dabei auf seine Akten. Ich hörte genauestens zu.

Es hat ja Gründe, warum die Patienten sich weigern, Psychopharmaka zu nehmen, oder sie größtenteils wieder absetzen, zumal Lithium. Die kognitiven Fähigkeiten sind stark eingeschränkt, Begreifen und Erinnern von Gelesenem und Erlebtem wird schwierig, eine Verlangsamung des Geistes dämpft den Sedierten ab, vermindert seine Responsivität und stört die Konzentration. Sozialer Rückzug ist die Folge, Passivität, Malaise, Indifferenz. Nichts interessiert mehr, eine beschwerliche Leere breitet sich aus. Und damit sind nur die kognitiven Handicaps umrissen, die häufig mit der Einnahme von Phasenstabilisatoren wie Lithium einhergehen. Von körperlichen Nebenwirkungen wie Gewichtszunahme, Übelkeit, Haarausfall, Libidoverlust, Schwindelgefühl ganz zu schweigen.

Die großartige Perfidie seiner Argumentation muss man sich einmal klarmachen: Der Oberarzt kam mir nicht mit der Wirkung, sondern mit der Industrie. Dem allgegenwärtigen Verdacht, dass die gesamte Psychopharmaindustrie nur eine gigantische Geldmaschine sei, die den Kranken unnütze, aber einträgliche Chemiehämmer verpasse, war so der Wind aus den Segeln genommen. Er verlieh dem Lithium einen Vertrauensvorschuss, den andere Medikamente nicht hatten und nicht haben konnten. Ich weiß nicht, ob er dieses Argument, sozusagen ein Indie-Argument, allen oder nur bestimmten, eher medikationsresistenten Patienten vortrug. Bei mir jedenfalls verfingen seine Sätze und schwächten den Widerwillen. Noch weigerte ich mich zwar, dieses Lithium auch wirklich zu nehmen, das ich bisher vor allem aus einem ehemals geliebten Nirvana-Song kannte, der es unnötig mystifizierte. Doch er hatte mir ein Argument eingepflanzt, das anders war als die, die ich bisher gehört und gelesen hatte. Monate später sollte es endlich keimen und seine Wirkung entfalten. Ich wusste es noch nicht, aber ich würde irgendwann Lithium nehmen.

47

Vorher aber ging es weiter abwärts. Die Sozialarbeiterin im Krankenhaus vermittelte mir einen Platz in einem Übergangsheim. Denn irgendwo musste ich doch unterkommen, nicht wahr? Lebensdevise: Unterkommen im Übergang! Dass ich schon längst in der Klemme steckte, dass es Jahre brauchen würde, bis ich mich aus Schuldenberg und Sozialfalle herausarbeiten könnte, dessen war ich mir noch nicht bewusst. Überhaupt war ich mir schon der bloßen Tatsache, nun in einem Heim untergebracht zu sein, kaum bewusst. Was war schon ein Heim? Auch nur ein Zimmer, darin die Träume. Und wenn, dachte ich, war das David Foster Wallace nicht auch passiert? Hatte George Orwell nicht als Penner in Paris gelebt? Was war mit Helmut Krausser gewesen zu den Zeiten, von denen er in der Hagen-Trinker-Trilogie erzählte? Und wozu überhaupt das Heranzitieren von Präzedenzfällen? Dies war eine einzigartige Erfahrung, ich musste sie nur richtig zu nehmen wissen. Und so nahm ich wirklich alles hin, den porösen Alltag, die hektischen Umzüge, die absurden Gespräche, mit immer weniger Zeug im Gepäck, immer weniger Identität im Kopf auch. Ich landete, wegen einer vorübergehenden Charlottenburg-Besessenheit, in Westend. Und wurde also zum West End Boy: *down and out at Ku'damm and Olympiastadion*.

Dort war nun mein Revier, und ich durchkämmte es täglich. Das verhasste Stadion suchte ich auf und schimpfte innerlich auf die Nazis, streifte durch den Schlosspark, wanderte den Kaiserdamm hinunter und hinauf, fand mich an den Ecken wieder, die ich mit William T. Vollmann erkundet hatte, ging in den Zoo, den Grunewald, die Kantstraße hinab. Dachte an Frank Giering, der hier gewohnt und sich vor einigen Monaten totgesoffen hatte. Dann wieder stieg ich immer öfter am Theodor-Heuss-Platz in die U2, um die alten Kieze von früher aufzusuchen, aus lauter Nostalgie. Weit entfernt davon, mir über meine Situation im Klaren zu sein, machte ich vorübergehend das Beste aus ihr.

Aus den Kopfhörern schrillte Musik, mit der ich die Umwelt übertönte. Denn das Geschwätz der Leute, das, wenn ich genauer hinhörte, mich meinte, noch immer mich, konnte ich nicht mehr ertragen. Es war skurril, ich drehte die Musik so laut auf, dass die Leute auf dem Nebensitz sich beschwerten. Hätte ich nicht schon einen Tinnitus gehabt, hätte ich mir so einen zugezogen.

Patrick, der mich zufällig mit Kopfhörern über die Brunnenstraße stampfen sah, nannte mich im Gespräch mit Aljoscha «Travis Bickle». Und Taxi-Driver-mäßig war ich auch unterwegs, in meinem Eminem-Rippunterhemd, mit den beiden vollgestopften Umhängetaschen von «Pelle Mia» (man vertausche bitte die Anfangsbuchstaben) beladen, deren Trägerriemen mir in die nackten Schultern schnitten. Meine manische Uniform.

Manchmal hatte ich so wenig Geld, dass ich mir Maggi in den Rachen schüttete, einfach, um den Geschmack von Nahrung im Mund zu haben. Das empfand ich eher als Witz denn als Notlage: Bald würde ich ja unglaublich reich sein, und das hier, das Heim, die Knackis, das Maggi, es würde alles nur eine weitere, mit Humor zu nehmende Prüfung vor dem großen Durchbruch gewesen sein. Dann Liegestütze.

Die Manie war hartnäckig, und dennoch agierte ich inzwischen weniger getrieben als zuvor. Die Attacken, die mein exzessives Leben gegen mich gefahren hatte, die Einschläge und Dämpfer waren nicht folgenlos geblieben. Trotz aller Energiespitzen war ich lädiert und geschwächt, zog mich zurück, wollte mit den Menschen nicht mehr allzu viel zu tun haben. Und langsam wurde auch der Schuldenberg sichtbar. Mahnungen kamen, Drohungen, Inkassobriefe, Vollstreckungsbescheide. Ich schrieb im Namen Otto Schilys zurück. Ihn würde ich mir als Anwalt nehmen, schrieb ich, er müsse wieder die Stimme gegen den Staat erheben wie dereinst in Stammheim. Ein Brief von Peter Raue trudelte ebenfalls ein. Darin hieß es, ich dürfe mich der Verlegerin Unseld-Berkéwicz nicht mehr nähern auf soundsoviele Meter. Frech antwortete ich, gerne, das gehe eh gegen meine Natur, und das Honorar für eine bestimmte kurze Vollmann-Übersetzung namens «Absinth» würde ich dem Verlag aus Kulanz großzügig erlassen. Im Laufe des Briefes erkannte ich Raue seine akademischen Titel einen nach dem anderen ab und spöttelte dem «Westberliner Gecken» ins Gesicht, so gut ich konnte. Es waren die Witze eines Verzweifelten, der um seine eigene Verzweiflung nicht wusste.

Wer noch zu mir hielt, war mein Agent Robert. Zweimal

wöchentlich kam ich bei ihm zum Essen vorbei, hielt dort Kontakt zu stabileren Menschen. Wenn eine Mail an die Agentur zu hektisch und fehlerhaft geriet, wurde er besorgt und erkundigte sich, ob ich wieder zu viel «getankt» hätte. Er begann, meine Finanzen in die Hand zu nehmen, und tat das noch zwei Jahre lang, vor allem, als in der folgenden Depression das ganze Ausmaß des finanziellen Ruins offenbar wurde. Bisweilen saß ich in der Agenturküche, textete auf die Mitarbeiterinnen ein, arbeitete, wenn es möglich war. Denn plötzlich ging es auf die Veröffentlichung des Romans «Sickster» zu, der seit Jahren in der Mache war. Nach dem Suhrkamp-Eklat war ich bei Rowohlt Berlin gelandet, rückblickend ein Glück. Nun galt es, den Roman zu Ende zu schreiben, die Restkonzentration zusammenzuhalten, sich zu fokussieren. Seltsamerweise sind die Abschnitte, die ich in der Manie schrieb, eben nicht die abgefahrenen, durchgeknallten Episoden des Romans, sondern eher Überbrückungstexte, fast schon Lückenfüller, Plotvehikel, die mich im Nachhinein stören. Ich schrieb, als würde ich mich selbst an die Leine nehmen.

Alles ist beschädigt, das Leben, die Werke. Ich überlege, welche erzählerischen Texte stilistisch nicht lädiert sind: dieser und der Roman «3000 Euro». Die Theaterstücke sind dagegen alle einigermaßen schadlos davongekommen – warum? Weil sie in wenigen Monaten entstehen mussten und während der Krankheit also nicht entstehen konnten. Denn nur hypomanische, also leicht überdrehte Autoren können während ihrer Schübe Les- und Spielbares produzieren. Die wahren Maniker schreiben und machen nur Unsinn, so auch ich. Das Meiste ist also beschädigt, teilweise meiner Kontrolle entzogen. Ich lese manche der hinteren Geschichten in «Raumforderung» wie Krankheitsprotokolle, was sie letztlich auch sind. Nein, ich lese sie gar nicht, ich erinnere mich nur an sie. Ein junger Psychiater meinte zu mir, der Band solle Pflichtlektüre für kommende Psychiater sein. Ich schätze, das ist Kompliment und Mitleidsbekundung zugleich.

Die bipolare Störung hat sich zwischen mich und alles gestellt, was ich sein wollte. Sie hat das Leben verunmöglicht, das ich leben wollte, selbst wenn ich von diesem kaum einen Begriff hatte. Sie hat die Bücher durchgeschüttelt, die ich schrieb. Und wenn sich jetzt einer vielleicht fragt, wieso der Typ so narzisstisch viel von seinen Texten labert, dann ist die Antwort: weil die Texte inzwischen mein Leben sind. Sonst habe ich nämlich kaum eines. Vielleicht bessert sich das irgendwann, vielleicht nicht.

Es gibt ein Spektrum, das von «Raumforderung» eröffnet wurde: Von eher klassischen Short Storys geht es über gewollt überkandidelte Meta-Erzählungen hinüber in die experimentellen Durchgeknalltheiten. Dieses Spektrum konnte ich, am Authentischen erkrankt, nicht mehr ausarbeiten, nicht mehr ausdifferenzieren und erweitern. Ich konnte, was ich vorhatte, nicht mehr verfolgen. Was ich in Zukunft machen, mir wieder erarbeiten möchte, ist das klassische, von allen Eigenheiten und Widerständen und Löchrigkeiten gezeichnete, aber eben doch: das souveräne Erzählen. Das war mir bisher nicht mehr möglich, zu sehr musste ich mich an diesem ganzen verfluchten Lebenskomplex abarbeiten. Vielleicht mag es hiernach gelingen. Ganze Maisfelder sind das, die noch zu Popcornwäldern aufspringen wollen.

48

Nur: Ich lebe unter Medikation. Und ich schreibe unter Medikation. Das wandert in die Sätze ein, das dringt bis in ihre Struktur hinunter. Das hemmt die Wortwahl. Der Gebrauch modifizierender Wörter wie «einigermaßen», «vielleicht», «etwa», «womöglich», «eine Art von» drängt sich ständig auf, aus Vorsicht vor dem großen Gefühl, aus Verlust desselben auch, aus der Notwendigkeit, alles auf kleinerer Flamme schmoren zu lassen als bisher. Die Medikation, so die gängige Formulierung, kappt die Spitzen, oben und unten, im Leben wie im Schreiben. Das sorgt für die neue Nüchternheit, stellt einen Widerstand auf, den ich überwinden muss, um überhaupt etwas zu sagen. Und die Medizin hat noch die letzte Nervenfaser im Griff. *Das* ist mein Satzbau, Doktor Benn.

Dazu lässt jede Krankheitsepisode, wie britische Wissenschaftler herausfanden, Hirnmasse schwinden. Ob Stresshormone oder genetische Dispositionen hierfür verantwortlich sind, ist noch nicht erforscht. Erwiesen ist, dass das Hirn in den Schüben an Volumen verliert und die Probanden in Intelligenz- und Sprachtests desto schlechter abschneiden, je häufiger sie in manische Episoden abgerutscht sind. In diesen gehen Nervenzellen und neuronale Verknüpfungen nämlich massenhaft zugrunde.

Was bedeutet das? Ich weiß es nicht. Ist es nur das Alter, das mich ruhiger und weniger schrill erzählen lässt, ist es nur die Medikation, die mich hemmt und hält, ist es beides im unauflöslichen Verbund – und wie soll ich mich dazu ins Verhältnis setzen? Es ist ja inzwischen das Gegenteil von allen Alkoholiker- und Drogenschriftstellern, die sich zu entfesselten Wortexzessen hochpushen: Es ist die Sedierung, die da spricht. Es ist die Trägheit, die meinen Körper in Beschlag nimmt und die Wörter am Ausflippen hindert. Ist das gut? Ist das schlecht? Wenn ich einmal meine Medikamente abends vergesse oder absichtlich nicht mehr nehme, spüre ich am nächsten Tag eine andere Kraft in mir. Selbst wenn dieser Effekt nur eingebildet sein sollte, ist er nichtsdestotrotz einfach da. Und andererseits – wenn ich am Telefon merke, dass ich wieder einmal zu schnell rede und mich überschlage, viel zu hektisch die Wohnung auf- und abgehe, verpasse ich mir sofort danach eine Sondermedikation. Dann haue ich mir die Tabletten mit einer Wucht und Gier in den Mund, dass ich erschrecke.

Es geht hierbei natürlich ums Überleben. Ohne diese Ruhigstellung, ohne diesen Nervenschwund gäbe es mich nicht mehr. Die Medikamente retten mir das Leben. Aber um welchen Preis?

49

Ich liege in der Badewanne, innerlich aufgescheucht vom Schreiben, besorgt und ängstlich, dass das, was ich hier mache, einfach falsch ist, eine Verfehlung, eine Sackgasse, das Ende – bis ich, in diesen Schleifen hängend, bis ins Körperliche von der Furcht erfasst werde, wieder manisch zu werden, abermals alles zu verlieren, jetzt sofort. Die Gedanken werden hektisch, Satzfragmente setzen sich fest, eine Bewegung geht durch die Hirnwindungen, spürbar, selbsttätig, so geht es doch los, oder? Ich habe schon wieder vergessen, wie es losgeht. Mein Herz rast. Dann sehe ich, in vivo und in Farbe, Tafeln aus PET-Scan-Bildern meines Hirns über mir aufleuchten, auf denen sich die einzelnen Areale verändern und verfärben. Wo es sonst kalt und blau schlief, glimmt es plötzlich grell auf wie bei CNN-übertragenen Bombeneinschlägen, wird rot und gelb und knallorange. Mein Atem geht schneller. «Ruhig», flüstere ich mir zu, es hallt im leeren Badezimmer, «ruhig, ruhig, ruhig, ruhig, ruhig.»

50
Müde blicke ich von den medizinischen Lehrbüchern auf: Klassifikationen, Umbenennungen, Neusortierungen, Rubrizierungen, Statistiken. Was soll es mir bringen, wenn ich weiß, wie die Hypothesen zu den gestörten Transmittersystemen lauten, welche Blutwerte auf welche Noradrenalinverteilung schließen lassen und wo im limbischen System vielleicht zellulärer Stress, wo neurotropher Stillstand herrsche, bevor es zum Kollaps kam?

Und ich kann es ja gar nicht wissen, denn sie wissen es selbst nicht. Sie wissen einfach nicht, wie es funktioniert, die Krankheit, die Medikamente, es ist ein Tappen im Dunkeln mit einzelnen Lichthöfen, die aber, je mehr man sich ihnen nähert, gleich wieder desto diffuser und schwächer werden. Auch die Statistiken werfen sich widersprechende, stets neue und doch im Nu veraltete Ergebnisse ab, und die Zahlen, die die Studien liefern, stimmen nie überein. Wie viel Prozent denn nun genau? Kommt ein Faktum, ist es nur ein vorläufiger Richtwert. Verdammte Blut-Hirn-Schranke! In den Schriften werde ich mich nicht finden.

Auch bleibt mir der Trost verwehrt, den viele aus dem Verweis auf andere manisch-depressive Künstler in der Vergangenheit ziehen. Die Comiczeichnerin Ellen Forney etwa, die, wie ich, das Buch «Touched with Fire» von Kay Redfield Jamison gelesen hat, in dem die Korrelation von Bipolarität und Kreativität thematisiert wird – sie zieht, selbst manisch-depressiv, einen unheimlichen Trost daraus und nennt Melville, Woolf, Henry James, Poe, Strindberg «Vertraute». Nichts liegt mir ferner. Die Probleme, die man im Leben hat, sind durch Parallelen zu irgendwelchen großen Schriftstellern nicht einmal berührt. Und, wie gesagt, ich bilde mir nichts auf diese Krankheit ein, im Gegenteil, sie erfüllt mich immer wieder mit Bestürzung, Entfremdung und Scham.

«Kannst du das kanalisieren?», fragt mich einer, der behauptet, so zu sein wie ich. Er ist stockbesoffen und keift herum. Er scheint stolz auf seine Diagnose, die ihm mehr zur Legitimation seines knallchargierenden Krakeelertums dient, als dass sie auch nur irgendeinen halbwegs ambivalenten, mattschimmernden Gedanken in ihm anstieße. Er ist nicht krank, aber er feiert den Befund. Man müsse es nur kanalisieren, ruft er mit Bedeutsamkeit im Blick, der mich, parallel geschaltet, fixiert. Danach schreit er quer durch den Raum die Bedienung an, mit einer nölenden Diktatorenstimme, die keiner der Anwesenden mehr ernst nimmt. Noch ein Rotwein. Man müsse es nur kanalisieren, meint er noch einmal.

Mach es mit Stolz, so ein anderer Bekannter zu mir: Wenn du es machst, mach es mit Stolz. Tatsächlich ist dieses Pendeln zwischen Stolz und Scham eine der zentralen Bewegungen meines Lebens, dem Flirren zwischen Größenwahn und Minderwertigkeitskomplexen artverwandt. Ich kann «es» aber nicht einfach «mit Stolz» machen. Das wäre Rappergetue und Posertum. Das wäre Bukowski. Mit dem kommen sie mir eh immer wieder. Ich muss es anders angehen.

Auch glaube ich nicht an das Gesegnetsein durch den Irrsinn, wie etwa Sokrates im «Phaidros», nicht an die göttliche «Wahnsagekunst», wie Schleiermacher die Manie in

Platons Text wortspielerisch übersetzt. Der Wahn ist keine seherische Gabe. Die pseudoarchetypischen Bilder, die Hollywood unter dem dämlichen Label «Genie und Wahnsinn» von den Kranken produziert, sind mir verhasst, denn die Filmindustrie trägt so nur ihren beträchtlichen Teil zur Dämonisierung und gleichzeitig auch Glorifizierung von psychischen Defekten bei. Und ist eine Figur manisch-depressiv, so muss sie gleich ganze Terrorkommandos neutralisieren wie etwa Carrie Mathison in «Homeland», dabei aber immer eine hochnervige, brodelnde Mimik im Gesicht haben, ohne im manischen Schub je etwas wirklich Verrücktes anzustellen. In den Filmen und Serien sind die Betroffenen entweder gemeingefährliche Irre, die sich durch die Gegend slashen, oder hoch- bis inselbegabte Genies, deren Gabe sich tragischerweise zur Krankheit verwachsen hat – oder drittens und bestenfalls, und das befeuert den Grusel natürlich am meisten: beides. Psychisch Kranke sind in den Filmerzählungen oft Täter, deren Obsession sie zu immer brutaleren Aktionen nötigt, die nicht anders können, als der Umwelt, die sie in diese Krankheit hat abgleiten lassen, Gewalt anzutun und so der Norm ihr verdrehtes Spiegelbild vorzuhalten. Natürlich lässt sich am Abnormen immer auch die Norm ablesen, die sich oft schon als krank genug erweist. Aus Gründen der Dramaturgie und Sensationslust ist dieses Abnorme jedoch in aller Regel arg vereinfacht und trivialisiert.

In Wahrheit sind Irre meist Opfer, die sich im Leben nicht mehr zurechtfinden, hospitalisiert oder obdachlos werden, als verknotete Nervenbündel durch die Gegend wanken und vielleicht noch vergewaltigt oder ermordet werden, selbst jedoch eher selten vergewaltigen oder morden. Oder sie sind durchschnittliche, weder hoch- noch minderbegabte Menschen, die einfach krank sind und damit zu kämpfen haben. Es ist nicht alles «Abgrund». Die Leute gruseln sich einfach zu gerne.

Und auch wenn es überproportional viele bipolare Fälle unter Künstlern und Schriftstellern gibt, würde ich meine Mitgliedschaft in diesem recht illustren Club gerne mit sofortiger Wirkung kündigen. Obwohl die Krankheit unleugbar positive Aspekte für das Individuum, zumal das künstlerische, haben kann, obwohl die hypomane Getriebenheit hochwertige Blüten zu treiben imstande ist und der Avantgarde Fermente zuschießt – Jamison meint, Künstler und Maniker dächten beide in großen Dimensionen, zwischen denen sie spontan wechseln und die sie miteinander verschmelzen könnten, da der kreative Akt immer auch eine Regression in primitivere Ebenen der mentalen Hierarchie involviere, während andere Prozesse auf rationaler Ebene weiterliefen, wofür die leichte Manie einen besonders effektiven Rahmen biete – ich würde kündigen, und zwar rückwirkend und mit Aplomb. Ich würde mit der Türe knallen, dass das ganze Haus einstürzt.

Die Krankheit mag für das Individuum zerstörerisch sein – der Gesellschaft bringt sie, so eine neuere Sicht, auch Vorteile. Nicht nur Künstler, auch ein ansehnlicher Teil an exzeptionellen Köpfen in Wissenschaft, Politik und Wirtschaft ist von oft milderen Formen dieser Erkrankung betroffen. Sollte es denn etwas wie gesellschaftlichen Fortschritt geben, wird er von ihnen mitangetrieben. Ironischerweise mussten sich sogar die Nazis, die im Zuge eugenischer «Säuberungen» Zehntausende meiner Sorte ermordet oder zwangssterilisiert haben, in einer Studie der dreißiger Jahre die vorteilhaften Auswirkungen der manisch-depressiven Erkrankung auf die Gesellschaft eingestehen: Der Psychiater und «Rassenhygieniker» Hans Luxenburger erklärt darin, dass sie in höhergestellten und akademischen Schichten überrepräsentiert sei, weshalb er von einer Sterilisation dieser Patienten abrate, besonders dann, wenn der Patient keine Geschwister habe, die die positiven Aspekte dieses biologischen Erbes weitergeben könnten. Eine amerikanische Studie aus den frühen Vierzigern (und die Amerikaner waren Anfang des zwanzigsten Jahrhunderts Vorreiter in Sachen Eugenik) kommt beim selben Thema, der Verteilung bipolar Erkrankter in «sozial erfolgreichen» Kreisen, zu einem blumigeren, aber ähnlichen Ergebnis: Wenn wir die an manisch-depressiver Psychose Erkrankten von dieser Welt auslöschen könnten und würden, so die Studie, würden wir uns zugleich eines «unermesslichen Reichtums an Fähigkeit und Talent berauben, an Farbkraft und Wärme des Geistes, an Innovation».

Andere wiederum sagen: Es ist nur das Erbgut des Neandertalers.

51

Dann lerne ich in einer Bar eine Finnin kennen, und während unseres stundenlangen Gesprächs fordert sie in robotrigem Englisch mein Denken heraus, mein Denken über mich, über die Krankheit, über meine Stellung in Welt und Gesellschaft. Sie hört die Selbstgeißelung aus meinen Worten heraus. Sie steuert dagegen an, zwar abgefahren, aber völlig unesoterisch. Wieso ich denn dächte, dass ich mich nun umso stärker anpassen müsste nach dem ganzen Leid? Wieso ich davon ausgehe, dass alles, was ich damals annahm, falsch sei? Wieso ich meine Wut denn nun zügeln zu müssen meine? Und warum ich mein Recht auf genau meine Art, genau meine Existenz nicht umso entschiedener einfordern würde?

Würde sie dieses Buch lesen, würde sie vielleicht verstehen. Und dennoch: Fast einen Tag lang redeten wir so, hin und her, her und hin. Eine hartnäckigere Anwältin hatte ich nie. Und am Ende hat es mir, für ein paar Stunden, tatsächlich gutgetan.

Natürlich gibt es auch eine andere, «bessere» Seite der Krankheit. Man könnte von einer eigenen Tiefendimension sprechen, die sie dem Leben, Denken und Fühlen hinzufügt, von einem existenziellen Hallraum, der ohne diese Erfahrungen vielleicht verschlossen geblieben wäre. Indem ich sie überschritt, habe ich die Grenzen meiner Gefühle und Gedanken ausgelotet, kam mit Randgebieten und Jenseitsbereichen des Menschlichen in Kontakt, deren Existenz und Beschaffenheit ich vorher höchstens erahnen konnte. Mit meinen Abgründen bin ich vertraut, mit meinen Bösartigkeiten bekannt. Absurderweise neiden manche einem selbst das, neiden einem, *überhaupt* ein Schicksal zu haben, oder würden gerne selbst einmal «so richtig abgehen», alles hinter sich lassen, «wie du». Der Vorwurf, ich sei womöglich sogar aktiv in die Manien *hineingegangen*, hätte sie entschieden aufgesucht, klingt mitunter an von überanalysierter Seite. Das ist bodenlos angesichts all der Katastrophen, zeigt aber wieder das Unverständnis, das den Erkrankten entgegenschlägt, selbst von Leuten, die mit psychischen Defekten vertraut sind. Und sogar die Betroffenen sehen nicht immer klar: Sediert und wiedereingegliedert, sehnen sich manche angesichts des grauen Alltags nach der Intensität zurück, die diese Krankheit in ihnen auslöste. Ich kann nur sagen, dass ich nun Dinge kenne, die mir fremd geblieben wären, dass es da einen intuitiven Wissensschatz gibt, der mir zur Verfügung steht. Ich weiß, dass mein eigenes Leiden meine Empathie für andere verstärkt und verfeinert hat. Die Krankheit hat mich an Orte geführt, die furchtbar und erkenntnisreich zugleich waren, und ich kenne nun das ganze Spektrum der Gesellschaft, in der ich lebe; bin vielleicht, da von ihnen gegängelt, auch für die Repressionen dieser Gesellschaft noch stärker sensibilisiert. Die Krankheit mag mich auf ewig gebrochen haben. Vielleicht hat sie mich aber auch, gegen meinen Willen, erst zum Schriftsteller gemacht.

52

Ich erinnere mich, wie ich einen Einkaufswagen vor dem ICC über den Bürgersteig ziehe, im Wagen mein Fernseher und anderes Zeug, Bücher und Kabel vor allem. (Die Kabel und den Fernseher besitze ich noch.) Ich werde wütend dabei, vielleicht auf diese sinnlose Aktion, vielleicht auf mein unnützes Schicksal, und stoße den Einkaufswagen mit ruckhaften Bewegungen vor mir her. Er scheppert dramatisch, fährt in großen Bögen über den Asphalt, dann fällt er fast um. Die Autofahrer denken sich ihren Teil. Das dürfen sie auch. Sie dürfen meine verschrobene Wut im Vorüberfahren begutachten. Ich winke ihnen *nicht*. Noch immer habe ich einen Großteil meiner Sachen im Container. Ich hasse diesen Container. Bertram meinte, im Containergebäude könne man gut einen «Tatort» drehen, eine Mordszene zum Beispiel. Stimmt genau, sagte ich mit der Stimme eines griesgrämigen Kommissars.

Ich weiß nicht mehr, wo ich lebe. Alles ist zerschellt. Ich wuchte den Einkaufswagen in die S-Bahn. Es klappt fast nicht, ein Rad verhakt in der Lücke zwischen Tür und Bahnsteig. Dann schaffe ich es durch einen kraftvollen Ruck, der mir in den Rücken schießt. Mit dem Stolz des Aussätzigen fange ich die irritierten Blicke der Passagiere ab.

Ich erinnere mich an zig Kabel, die ich kaufe. Sie ergeben irgendwann einen großen Kabelsalat in meinem Zimmer, einen wahren Kraken, der bedrohlich wächst und nicht mehr auseinanderzudröseln ist, schon gar nicht für hektische Hände. Eines dieser Kabel werde ich später wieder zweckentfremden wollen.

Ich erinnere mich an meine Sozialarbeiterin Sonja, die mich als Einzige noch beruhigen kann. Sie kommt aus Hamburg, und ich mag ihre trockene und doch warme Art. Als ich mir am Waschbecken den Kopf blutig schlage, tatsächlich das Waschbecken mit meiner Stirn zerbreche, erkennt sie, dass es sich um einen weiteren Schub handeln muss. Ich stelle das in Frage. Dass ich schon die ganze Zeit manisch bin, erkennt sie nicht. Ich kann mich wunderbar verstellen. Sie fährt mich ins Krankenhaus, wo die Wunde genäht wird. So viel Blut wie auf der weißen Keramik in meinem Zimmer habe ich auch noch nie gesehen.

Ich erinnere mich an Max, den Gnom. Er wurde als Kind misshandelt, ob das auch das Sexuelle miteinschließt, bleibt im Dunkeln. Er hat einen Buckel. Er schreit hundertmal «Scheiße» über den Gang. Wenn man ihm eine Frage stellt, antwortet er ganz ruhig und sanft.

Ich erinnere mich, wie mich der Bekannte, dessen Remise ich beschädigte, in einer Bar angrinst und genüsslich stichelt, jetzt sei ich wirklich auf der untersten Sprosse der sozialen Leiter angelangt. Ich frage mich, wieso das für ihn so eine Genugtuung darstellt.

Ich erinnere mich, wie ich das alles in einen Romantext banne, der «3000 Euro» heißt, und wie es erst durch die Fiktionalisierungen, durch die Passagen, die nichts mit der Wirklichkeit zu tun haben, gelingt.

Ich erinnere mich an so vieles nicht, aber an den begutachtenden Professor viel später erinnere ich mich, der meint, Maniker würden sich an alles erinnern. Er hat schlichtweg nicht recht. Seine ganze Karriere ist von diesem Punkt aus verwunschen und verwirkt.

An die ständigen Faxe meiner Mutter erinnere ich mich, die Mahnungen und Bescheide, die sie weitersendet, mit fetten, sinnlosen Anmerkungen und «ZU ERLEDIGEN»-Vermerken, als würde sich dadurch irgendetwas ändern. Daneben die gezeichneten Grüße, Sonne und Wolke, lachend und weinend.

Ich erinnere mich, wie mir zwei Laptops geklaut werden, einmal in einem Café, weil ich auf die Toilette gehe und denke, es wird nichts passieren, ich bin geschützt von allen guten Geistern; einmal in der S-Bahn, als ich vor Erschöpfung eingeschlafen bin. Sie entwenden mir die ganze Tasche. Ich erinnere mich, wie ich in der *Roten Rose*, der Asozialenkneipe, die nach Angaben Wolfgang Müllers wiederum Heiner Müller zu ihren ewigen Gästen zählt, in einen Hinterhalt gelockt werde, nachdem ich mich mit einem vermeintlichen Terroristen angelegt habe. Wir sollen rausgehen, sagt der vermeintliche Terrorist, ich denke, gut, ich folge ihm, dann stellt ein Komplize mir auf dem Weg nach draußen ein Bein, ich taumele, ein anderer Komplize greift mir in die Hosentasche und rennt mit dem Portemonnaie davon. Die sind eh nicht voneinander zu unterscheiden, sagt die Beamtin.

Ich erinnere mich an den Wahnsinn von vier Prostituierten gleichzeitig, linksrum, rechtsrum, und wie ich zwei Tage später eine der Prostituierten an der Ampel wiedertreffe, und wie sie zwinkert und lacht.

Ich erinnere mich an eine Nacht irgendwo in Prenzlauer Berg, wo ich verlorengehe, im Schnee, mich völlig erschöpft und müde nicht mehr zurechtfinde. Inzwischen bin ich zu verschreckt, um jemanden auch nur nach dem Weg zu fragen – nach welchem Weg auch? Und wieso bin ich so verschreckt? Überall gezischte Sprüche und grelle Slogans, falsche Nachrichten und irre Ticker. Je nach Perspektive kann ich die Medienwelt als ein einziges Geschenk an mich ansehen – oder als monumentalen Horror, als totale Tortur. Im Moment ist alles Tortur.

Zudem wurde ich in der Nacht vorher mit einem Schlagring bedroht. Ich war seit Tagen unterwegs, ohne Richtung, Sinn und Zweck, saß endfertig in der S-Bahn und wurde plötzlich aus dem Nichts von zwei jungen Typen angegangen. Mit irgendeiner Begründung hielt mir einer von ihnen seinen Schlagring unter die Nase. Die Leute rückten von uns ab, standen von ihren Sitzen auf. Ich hielt die Typen mit Worten in Schach, hastete dann in der nächsten Station raus, in den stürmischen Grunewald hinein, rannte weiter, bis ich endlich langsamer werden konnte, da sie mich anscheinend nicht mehr verfolgten. Die Musik von Tegan and Sara lief im MP3-Player. Es war ein unglaublicher Sturm im Gange, die Bäume und Äste wankten und wischten in alle Richtungen, die Nacht lebte. Ich wanderte stundenlang weiter, durch diesen Wald, dieses Unwetter, weil ich mich nicht mehr in die S-Bahn traute, wo die Schlagringtypen, denen ich nichts, aber auch gar nichts getan hatte, mich doch gewiss aufspüren und wirklich zusammenschlagen würden. Was hatten die eigentlich? Welche «Schwester» überhaupt? Alter! Die Leute sind verrückt, und die Polizei sagt nichts dazu. Mich hat sie ständig im Visier, aber wenn ich selbst bedroht werde, nimmt sie es nicht ernst. Die Welt ist mir inzwischen spinnefeind. Wen auch fragen? Es ist eh niemand auf der Straße. Nur die Kälte schneidet mir in die Glieder.

Ich weiß nicht, wo ich bin, gehe dreimal im Kreis, wie es scheint. Ich bin auch viel zu spärlich angezogen, schlottere, schlottere schon nicht mehr, sondern erstarre bereits. Das innere Kraftwerk kann mich nicht mehr wärmen. Überall ist Blitzeis. Claus Peymann hat sich über die fehlende Streuung vor dem Berliner Ensemble aufgeregt, er hat ins Fernsehen gesagt, dass die Leute vor seinem Theater hinstürzen würden, das sei ein weiterer Skandal, das gehe so nicht, peymannmäßig prangerte er die Stadtverwaltung an. Und tatsächlich, ich stürze auch, hier in der Verlorenheit zwischen den Mietskasernen, dann stehe ich wieder auf. Die Jeans verfärbt sich an einer Stelle dunkel. Es brennt, eine Wunde am Schienbein. Wohin? Schließlich komme ich in einem Erdgeschoss unter, das gerade renoviert wird, eine Wohnungstür steht offen, und ich finde mich in einem dunklen Zimmer mit Farbeimern und zwei Leitern wieder. Wie habe ich diesen Unterschlupf gefunden? Ich weiß es schon jetzt nicht mehr. Ich werde doch nicht einfach hier reingegangen sein? Mitten im Baustaub, zwischen Geräten und Fanta-Flaschen, setze ich mich auf einen Stuhl, werde sofort von Kreidepartikeln eingeweißt und döse weg. Drinnen ist es kaum wärmer als draußen, alles ist fahl und steif.

53

Ich erinnere mich an den nächsten Umzug. Sonja hatte mir eine Wohnung besorgt, in einem anderen Verein, nach Monaten, nur raus aus dem Übergangsheim, hieß es inzwischen. Mir wurde auch langsam schlecht dort, körperlich schlecht, und ich musste ständig auf der Hut vor den beiden Jungs sein, die vordergründig einen auf *Bro* machten, aber hintenrum regelmäßig die Zimmer der anderen Bewohner ausräumten, mit den Wohnungsschlüsseln, die sie einem der Betreuer entwendet hatten. Da kam ein Umzug sehr recht. Es waren zig Ämtergänge dafür nötig, zig Anträge, um dann doch nur wieder in der Obhut eines anderen Vereins zu landen, samt neuen Betreuern und neuen Regeln. An eine eigene Wohnung war noch lange nicht zu denken, ohne Geld, mit Schulden und einer Schufa, die zum Himmel stank.

Wir fuhren von Westen nach Osten, über die Dämme und Alleen, und ich spürte, dass ich auf dem richtigen Weg war, im Fiat von Sonja, mit den ersten Sachen im Kofferraum. Doch auch in der neuen Einrichtung, einem Suchtbekämpfungsverein, war ich falsch, wie sich bald herausstellte. Sie hatten keinerlei Erfahrung mit Manisch-Depressiven. Ich war nirgendwo richtig. Aber sei's drum, dachte ich; nein, umso besser, dachte ich: Schließlich wollte ich nicht betreut werden, ich wollte nur eine eigene «Wohneinheit». Und die hatte ich nun. Sie lag wieder in Kreuzberg und bestand lediglich aus einem kleinen Zimmer mit Kochecke und WC. Aber sie war ein Schritt. Die verfehlte Betreuung würde ich zwar jetzt für einige Zeit am Hals haben, und wie sie nerven würde, und wie ich sie verfluchen würde – aber es war alles ein erster Schritt zurück in ein zumindest oberflächlich zusammengeschustertes Leben.

Dieses Leben war bereits umstellt und belagert. Die Aktenberge wuchsen an: Eingliederungsvereinbarungen, Stundungsangebote, Leistungserbringungsverträge, Fallmanagementberichte, Hilfebedarfsanmeldungen, Schweigepflichtentbindungserklärungen, Betreuungsverfahrensbescheide, Betreuungswiedereinsetzungsanträge, Kostenübernahmeformulare, gerichtliche Geltendmachungen, Vollstreckungsbescheide. Ein nervenärztliches Fachgutachten bestätigte, dass eine manisch-depressive Psychose festzustellen sei, mit gegenwärtig hypomanem Zustandsbild bei abgeklungener Manie (ICD 10 F31.1) samt chronischem Alkoholmissbrauch (ICD 10 F10.1). Es bestehe keine ausreichende Behandlungseinsicht, eine Medikation werde nicht eingenommen, ich sei nicht in der Lage, meine persönlichen Angelegenheiten in den Bereichen «Vermögenssorge, Sorge für die Gesundheit, Aufenthaltsbestimmungsrecht zur Heilbehandlung, Vertretung gegenüber Behörden, Gerichten und Einrichtungen und Wohnungsangelegenheiten» zu regeln. Es sei mit einem chronischen Krankheitsverlauf zu rechnen, überdies liege eine erheblich eingeschränkte Geschäftsfähigkeit vor. Ich könne hinsichtlich einer Ablehnung der Betreuung keine ausreichenden rationalen Einsichten entwickeln, über meinen gesundheitlichen Zustand und die persönlichen Verhältnisse hätte ich keinen ausreichenden Überblick.

Es sei möglich, sich mit mir sprachlich zu verständigen.

54

Kreuzberg, diese Utopie, die wir lebten, die wir geschaffen hatten, wie strahlte sie an diesem Frühlingstag! Ich lief durch den Kiez, dem ich mich vor Jahren schon anverwandelt hatte, ganz natürlich, instinktiv, ohne von dem Schicksal, das uns verband, zu wissen. Ich eilte durch den Görlitzer Park, über Brücken und Wege, die mir wie ein Uhrwerk erschienen, das ich durchlief, in dem ich mich schon schwindelig rannte und, wie es mir vorkam, die Zeit überholte. Eine kleine Glosse in der «Frankfurter Allgemeinen Zeitung» hatte diese Vorstellung der Stadt als Uhrwerk getriggert, und ich empfand sie nun nach. Dann sprach ich die

Straßennamen aus, die überall angezeigt waren zur besseren Orientierung der Menschen, und erfreute mich an ihnen. Wie vielfach wendbar sie waren, wie schön allein ihr Klang!

Alles ergab einen Sinn. Ich verstand gesellschaftliche und persönliche Szenen im Rückblick nun viel besser. Natürlich, dieser Mann hatte jenen Kommentar nur abgelassen, um uns alle zu schützen vor der Wahrheit, und jener Streit war nur aufgrund der verfahrenen Situation entstanden, die so komplex und irre war, dass keiner sie verstehen noch aussprechen konnte.

Jetzt war ich mit allem versöhnt. Die vertracktesten Zusammenhänge noch erstrahlten in einem anderen Licht, in diesem Frühlingslicht, voller Glanz, Frische und Neuheit. Meine verkorkste Kindheit war aus diesem Blickwinkel nur verständlich. Ich verzieh allen und freute mich. Wir hatten die Katastrophe gerade noch so abwenden können, doch jetzt war es geschafft, die Utopie nahte, paradiesische Zustände würden herrschen. Und das Kreuzberger Licht verschwendete sich sanft in alle Richtungen und zurück.

55

Das war im Frühjahr 2011. Verrückt war ich also noch immer. Die Manie dauerte jetzt schon über ein Jahr an. Sie hatte sich verfestigt, wurde nicht mehr hinterfragt von mir, es war egal, ob ich der Messias war oder nicht. Die paranoide Weltsicht war selbstverständlich und zugleich durchsichtig, dünnschichtig in allen Wahrnehmungen, spielte aber keine große Rolle mehr. Wie eine Folie klebte sie über den Empfindungen und Gedanken.

Nur langsam ebbte die Krankheit ab, aber sie ebbte ab. Wir waren beide erschöpft voneinander. Manchmal bäumte sie sich noch auf, und ich mit ihr, ein paar abgebrochene Außenspiegel waren die Folge, für die ich dann natürlich vor Gericht stand und zahlte. Oder ein etwas absurdes Geburtstagsgelage, das ich in einem Restaurant ausrichtete, Fremde saßen dabei, aber auch alte Freunde, die vorbeischauten, mich skeptisch beäugten, darunter Aljoscha. Manchmal befeuerte ich meine Stimmung noch mit Alkohol, fuhr hoch, beschimpfte den abwesenden Nick Cave bei einem PJ-Harvey-Konzert, doch nur kurz, kaum mehr der Rede wert. Ich zeckte mich für ein paar Tage in der *Rheinischen Vertretung* an der Friedrichstraße ein, besetzte die Raucherkabine, arbeitete da, meinen Ersatzlaptop vor mir. Grass, der tatsächlich auftauchte, zischte ich ein «Schäm dich» zu. Ich kaufte mir eine kackgelbe Lederjacke, wusch sie in der Waschmaschine, färbte sie mit Spray fleckenweise blau, zerfetzte sie, bis sie nur noch ein formloser, blaugelb gesprenkelter Flicken am Körper war, und ging damit erhitzt und stolz durch die Straßen. Doch die Wege wurden kürzer, die Wütereien lascher. Die Wellen kamen seltener und verflachten. Es konnte sich nur noch um Wochen handeln, bis ich endlich zusammenbrechen würde. Das Lithium sollte diesen Prozess beschleunigen.

56

Denn Ella war in mein Leben getreten, und ich mochte sie sehr, hatte mich sogar verliebt. Was sie an einem Maniker fand, frage ich mich bis heute. Sie schien da etwas gesehen zu haben, etwas Bewahrens- und Liebenswertes, trotz des Aufruhrs, den ich manchmal noch veranstaltete.

Ich begann, das Lithium zu nehmen, da Ella mich darum bat. Auch Robert hatte mich darum gebeten, Aljoscha schon immer, und mein neuer Arzt, der mir in seiner bürgerlich-münchnerischen Halbblasiertheit sympathischer als die meisten Ärzte davor war, empfahl es dringlich. Zudem entfalteten die Sätze des Oberarztes im St. Hedwig nachträglich ihre Wirkung: Hieran verdient keiner so richtig, sagte ich mir, ihn zitierend, es ist ein Salz, es ist Natur, sagte ich mir, und wird von der Pharmaindustrie stiefmütterlich behandelt. Also holte ich es mir endlich, nahm es das erste Mal in der kleinen Küche meiner neuen Wohnung ein. Ich weiß noch, wie ich mir Minuten später einbildete, den Einfluss des Lithiums auf mein Hirn wirklich zu spüren, als leichtes Prickeln unter der Schädeldecke. Ich ging zur Admiralbrücke hinunter, derart beprickelt, und dachte, jetzt wird alles gut.

Die Admiralbrücke war lange Zeit einer unserer Treffpunkte gewesen. Dort hatte ich mich als Stationärer regelmäßig mit Aljoscha, Knut und Patrick getroffen, freitagabends, Frühling 2007, und eine mit ihnen geraucht, auch mal ein halbes Bier mitgetrunken, den Hopfen als Freiheit auf der Zunge, um ein, zwei Stunden später die dreihundert Meter zum Krankenhaus hinüberzuschlurfen und mich erneut abzuliefern. Später, als ich einigermaßen wiederhergestellt war, behielten wir den Treffpunkt bei, bis er von Touristen und Gauklern derart überfüllt war, dass wir uns geschlagen gaben.

Jetzt saß ich alleine da auf einem der Poller, blickte in den freundlich glimmenden Himmel und dachte wirklich: Es wird gut. Eine Helligkeit schien in meinen Kopf zurückzukehren.

Und tatsächlich wurde es auch gut, aber auf andere Weise als erwartet. Innerhalb von Tagen zerfiel das längst verknöcherte Wahnkonstrukt, das ich fast anderthalb Jahre lang mit mir herumgeschleppt hatte, zu Staub, und die hypertrophen Gefühle erstickten endlich. Plötzlich war die Wohnung eine normale Wohnung, Männer waren Männer, Frauen Frauen, und ein Gedicht war verdammtnochmal nur ein Gedicht. Die zig Ebenen, die alles und jedes gehabt hatte, verschwanden; übrig blieb nur eine einzige, glatte, anspielungslose Oberfläche, die plumpeste und offensichtlichste aller Wirklichkeiten, das bloße Material. Der Blick darauf wurde eindimensional und starr. Eine große Müdigkeit kam über mich, und die Affekte versanken in Taubheit.

Zunächst einmal kannten sie mich endlich nicht mehr. Alle sahen weg, aber nicht gewollt, nicht gezwungen, sondern einfach so. Sie hingen ihren eigenen Gedanken hinterher, gingen zufällige, gewöhnliche Wege, Paare, Passanten überall, beziehungsverloren oder einzelgängerisch auf Brücken und in Parks, und unsere Blicke trafen sich nicht, wenn ich es nicht darauf anlegte. Die Menschheit hatte mich nicht mehr im Visier. Das war eine Erleichterung, aber auch eine Irritation. Sie schienen alle ganz normal und selbstvergessen an mir vorbeizugehen. So hatte ich das lange nicht mehr wahrgenommen. Aber noch verdrängte ich diese neue Beobachtung, zu stur und stark hatte die Paranoia in mir gewütet. Das heißt: Ich verdrängte sie nicht, nein, die Paranoia spielte einfach immer weniger eine Rolle. Ich ahnte, dass sich etwas veränderte, ließ es aber nicht tiefer in meine Gedanken einsickern, nicht zur Erkenntnis verhärten. Der Verfolgungswahn erstarb, ohne dass das Bewusstsein dies erfasst hätte. Es war einfach so, wie es war, und mein Kopf dröhnte. Das waren die Tage des Dämmerns.

Mir ging weiter auf, dass einige der Ansichten, die ich gehabt und gelebt hatte, schlichtweg nicht stimmten. Die Frage «Schon wieder verrückt gewesen?» schob sich ins unscharfe Denken, blieb aber unbeantwortet. Es war ein dumpfer Prozess, der da vonstattenging, keine schlagartig sich einstellende Erkenntnis. Die Gefühle dämmerten ebenfalls vor sich hin. Ich wurde müder, immer müder. Schlief, wann ich konnte. Dachte wenig.

Der Verdacht, dass das Denken der letzten Monate, ja des ganzen letzten Jahres, wahnstichig und falsch gewesen war, verfestigte sich Stück für Stück zur Gewissheit, die allerdings noch nicht zur Erkenntnis reifte. Dies stimmte nicht, und jenes auch nicht. Was hatte ich noch alles gedacht? Ich hatte es schon vergessen. Ich vergaß es wieder und legte mich hin. Es stimmte so vieles nicht. Alles zerstob.

Sollte es der Lesenden oder dem Lesenden nun so gehen, dass er oder sie aufstöhnt und denkt, nicht schon wieder das, nicht schon wieder die Spirale in die Depression, dann sei ihr oder ihm versichert: dass es dem Lebenden sicherlich nicht anders ging.

Es war wie ein Schlag auf den Kopf im Comic. Der Getroffene liegt in der Ecke, Sterne wirbeln ihm um den Schädel, der Blick richtet sich verdattert in die Leere und versucht, sich zu sammeln. Langsam kommt er wieder zu sich, die Gedanken finden sich nur teilweise ein, und oft hat sich nach dem Schlag eine neue Erkenntnis eingestellt, die entweder ins Verrückte, ins Geniale oder zurück ins Gewöhnliche geht. Mich führte der träge Sternenwirbel im Kopf zurück ins Gewöhnliche, das aber wie ein Schock über mich kam.

In meiner Prominentenfixiertheit blieb ein letzter manischer Rest übrig, das weiß ich noch. Trent Reznor hatte einen Oscar für den Soundtrack von «The Social Network» gewonnen, und er hatte ihn, wie ich seinen Lippen bei der Dankesrede ablesen konnte, offensichtlich mir gewidmet.

Ich stand in der dunklen Kochecke und dachte darüber nach. Immerhin, dachte ich, er stand noch zu mir. Alles war irgendwie weg, aber er stand noch zu mir. Schließlich hatte er mir seinen Preis gewidmet. Wir würden bald zusammenarbeiten. O ja.

57

«Und dann natürlich die TRENTOBSESSION, die zu Recht auch im Roman thematisch sein wird. Nine Inch Nails ist die einzige Band, die mich ohne Verluste über beide Psychosen hinweg und weiter und seit 1995 bis heute begleitet hat. Es ist prollig, es ist schlimm, es ist bipolar, es ist brillant, es ist laut, es ist zornig, es ist süchtig, es ist peinlich, es ist pubertär, es ist zärtlich, es ist gefährlich, es ist hasserfüllt, es ist gegen die Liebe, es ist mit der Verletzung, es ist aber alles andere als lieblos, es ist aber alles andere als nur verletzt, es zeigt die Wunde, es schreit den Hass heraus und kehrt ihn am Ende immer gegen sich selbst, es ist dunkel, es ist grell, es ist genial, es ist primitiv, es ist krank und es ist groß – es ist genau das, was mich anspricht seit nunmehr fünfzehn Jahren. In der Versnobtheit des meta-metastasierenden Arroganzstilisten schwebte immer Nabokov über mir, wie auch schon von außen erkannt wurde; in der tatsächlichen Verzweiflung des Lebens stand immer Trent Reznor hinter mir. Es ist dunkel, aber so dunkel, dass es in der wahren Dunkelheit die einzige Helligkeit ist, eine geisterhafte nur, ein phosphoreszierend aufscheinender, vielleicht grünlicher, jedenfalls blasser Schimmer, aber der einzige beizeiten, der letzte noch vorhandene. Nabokov kann ich nur lesen, wenn es mir gutgeht; wenn es mir schlechtgeht, kann ich nur Trent Reznor hören.

Den Gründen hierfür soll nachgegangen werden; nein, nicht nachgegangen, vielmehr sollen sie GEZEIGT werden; irgendsowas. Denn sie spielen ja auch im Roman eine prominente Rolle, der Protagonist ist NIN-Fan, was ein Zufall. Er als ich, ich nicht als er, er schon als er, ich aber nie als ich.«

(Teil eines Blogeintrags vom 5. Januar 2010)

58

Ich stand da, blickte in das dunkle Fach mit den zwei Tellern und hielt inne. Was? Doch. Im Tuxedo hatte Trent dagestanden, mit der goldenen Statue in der Hand, und die Widmung in den Applaus genuschelt. Doch, so war es gewesen. Ich warf mich aufs Bett.

Immerhin. Immerhin würde diese Kooperation zustande kommen. Nine Inch Nails und ich, schwarzglänzende Dystopien, Seelenterror und technoider Aufruhr gegen die strukturellen Depressionen im ganzen Fleischapparat.

Dann dauerte es nur eine Minute, und auch diese Einbildung zerstreute sich. Er hatte mir den Oscar gewidmet? Hatte er nicht. Was für ein Unsinn, wie kam ich darauf? Er kannte mich doch gar nicht. Wie peinlich.

Der letzte Rest war weg. Ich stand auf und blickte mich um. Mir wurde klar, dass alles, wirklich alles, was ich die Monate über gedacht hatte, völlig falsch und hirnrissig gewesen war, eine maßlose, vielgestaltige Einbildung, ein Monster im Kopf. Wie hatte ich das alles denken können? Ich versuchte, es zu verdrängen, denn plötzlich wurde ich mir auch meines Verhaltens bewusst, und der Konsequenzen dieses Verhaltens, und der Konsequenzen der Konsequenzen, die mich allesamt sofort in Panik versetzten.

Ich blickte mich weiter um, in diesem fremden, nüchternen Zimmer, in dem es fast keine Möbel gab. Hier ein Schrank, da eine Matratze. Dort die paar Kisten mit Zeug drinnen, das schon der unfreundliche Zwischenvermieter Mitte des Jahres verächtlich als «Müll» bezeichnet hatte, jetzt noch weiter dezimiert, randomisiert. Da die Kochecke, hässlich und klein, daneben der kleine, düstere Flurstumpf mit den chaotischen Akten. Wo war ich hier gelandet? Was war noch übrig?

Ich setzte mich auf den großen, abgewetzten Schreibtischstuhl, atmete ein, hielt den Atem an. Das würde ein neuer Tick werden: den Atem anhalten, die Spannung im sich aufblähenden Körper halten, Todesnähe schaffen. Immer wieder den Atem anhalten, erst bewusst, bald unbewusst, automatisch, auch beim Schreiben: bis der Satz zu Ende ist.

Draußen der Hinterhof, noch ein weiterer, verdammter Hinterhof in dieser feindlichen Stadt, einer dieser berühmten Berliner Hinterhöfe, die an mir vorbeiziehen wie sinnlose Suchbilder.

Atemwende, angehalten und perpetuiert. Stille.

59

Die Anker meiner Existenz waren weggerissen und fortgeschwemmt. Ich hatte kein Konto, keine eigene Wohnung, nur Schulden und Prozesse am Hals. Ich wurde betreut, war offiziell obdachlos und «seelisch behindert». So stellte es sich dar bei klarem Blick, ohne wahnhafte Schleier und Schlieren vor dem Auge, und so war es letztendlich ganz objektiv auch.

Jetzt war ich angekommen, wo ich noch nie gewesen war:

in einem Einzimmerloch des «betreuten Wohnens», funktional und unmöbliert, mit Spuren der Vorbewohner, Aufklebern am Kühlschrank, Macken in den Wänden: an den Rand gedrängt. Das Bett bezog ich mit einem löchrigen Laken. Die Fenster, die schlierig waren, verhing ich in Ermangelung eines Vorhangs mit Jacken und Hoodies. Ich setzte mich hin und rauchte.

Wenn ich sage, ich war gedrängt worden, so ist das falsch, denn letztlich lag die Ursache für meine Situation natürlich in mir selbst. Dies hier war das Ergebnis meiner Taten. Und doch fühlte ich mich gegängelt vom System, ausgeschlossen vom Leben, strafversetzt und zwangsvollstreckt von staatlicher Seite. Was im Folgenden als «Hilfe» etikettiert wurde, würde bloß ein automatisches Verwalten sein, ohne wirkliche Aussicht auf die sogenannte Wiedereingliederung. Ich blickte in den Kühlschrank. Das Licht darin funktionierte, Flecken unbekannter Herkunft waren im Boden festgetrocknet. Ich überlegte, was ich überhaupt einkaufen wollte, um ihn zu bestücken. Außer Milch, Käse und Butter fiel mir nichts ein. Ich schloss den Kühlschrank, es gelang erst beim dritten Mal, ausgeleiert alles, und verließ die Wohnung, um mich bei langsamerem Tempo mit der Gegend vertraut zu machen.

Es ist ja fast wie Krieg. Ein anmaßender und fast obszöner Vergleich, und doch muss er sein: Als zwischenzeitlich geheilter Irrer war ich nun eine Art Kriegsopfer, herausgebombt aus meinem Haus, ins Exil vertrieben und ohne Bleibe, beraubt und verlustig all meines Hab und Guts; auch innerlich ohne Besitztümer, da das Meiste, was ich geliebt und gelesen hatte, von der Strahlung des Irrsinns kontaminiert war. Der Wahnsinn ist der zerstörerische Krieg in einem selbst, da gibt es keinen Zweifel, und wem es ganz schlecht ergeht, der erlebt diesen Krieg mehrmals im Leben und kann immer weniger retten.

60

Die Trauer, die mich jetzt überkam, war nüchterner, trockener als bisher. Das war alles in schwächerer Form schon mal dagewesen, ein Déjà-vu des Horrors. Gleichzeitig nistete die Traurigkeit sich so feinnervig ein, dass ich mit ihr verwuchs. Alles, was ich tat, wurde von ihr begleitet. Ich war wie gelähmt die Wochen und Monate, machte aber weiter, irgendwie weiter. Um mich herum atmeten die letzten Übriggebliebenen auf: Endlich war er still. Mich dagegen zog die Depression hinab, dazu die Gewissheit, mein Leben ein für allemal restlos ruiniert zu haben.

Diese Trauer ist bis heute Teil von mir. Sie ist zur Grundschattierung meines Lebens geworden, wenn auch in verschiedenen Nuancen, manchmal als große Dunkelheit, aus der kein Wort und kein Blick herausdringen, manchmal nur als Graufilter über den Dingen, den ich fast ignorieren kann, wenn ich mich nur auf die Farben konzentriere. Vielleicht werde ich diese Trauer irgendwann los. Vielleicht ist die Zeit, hoffentlich, *einmal* auf meiner Seite.

Und gemessen am Ausmaß des Desasters muss ich mich wundern, dass ich es diesmal ohne weiteren Klinikaufenthalt und Selbstmordversuch schaffte.

61

Das lag an Ella. Sie hielt mich in diesen Wochen und Monaten über Wasser, ohne ein Thema draus zu machen. Mal brachte sie mir «Kinderessen» vorbei, Fischstäbchen mit Kartoffeln und Gemüse, die von ihren Töchtern übrig waren, mal gingen wir ins Kino. Dann saßen wir wieder einfach auf ihrem Sofa und redeten oder sahen uns eine Serie an oder lasen uns etwas vor, dann fuhren wir durch die Stadt und frühstückten und gingen am Schlachtensee spazieren. Was sich hier wie langweilige Normalität liest, war eine Art Wunder. Denn das Normale war mir eigentlich so fern, wie man es sich nur vorstellen kann. Die Schwärze und die Schwäche waren allgegenwärtig. Doch Ella stützte mich, hielt mich beiläufig fest. Sie schien da einen Menschen zu sehen, der noch gar nicht da war, oder nicht mehr. Weder im Heißsporn, den sie kennengelernt hatte, noch im demütigen Schwächling, der ich nun werden sollte, war er anwesend. Oder doch, in Schemen, in manchen Gesten vielleicht. Für Ella in jedem Fall.

Es schreibt sich leichter, als es war. Denn es war eine schwere Zeit. Das Hirn verdrängt das, wo es kann. Die Theaterregisseurin Andrea Breth, die ebenfalls an dieser Krankheit in ihrer klassischen und alleszermalmenden Form leidet, meinte in einem Interview, dass man die Erinnerungen (sie meinte hier die Manie, aber für die Depression gilt das im selben Maße) irgendwann objektivieren müsse, da man sonst gar nicht damit zurechtkommen könne. Nach diesem Buch werde auch ich das wieder tun müssen. Mein Bewusstsein muss sich abriegeln und diese Phasen von meiner Gegenwart wegseparieren, wo es geht – wenn es geht.

Meine Stimmung verdüsterte sich in immer tiefere Dunkeltöne hinab. Schwarz ist Schwarz, will man meinen, aber nein, Schwarz kann immer schwärzer werden. Die Kabel kamen wieder ins Spiel. Hätte Ella mich jetzt verlassen, ich weiß nicht, was passiert wäre. Eine Ungeheuerlichkeit ist das, die man sich kaum ausmalen will, eine ungewollte Erpressung, die einfach so passiert, ohne dass es irgendjemandes Willen entspräche, unmenschlich von selbst. Sie versuchte, die Belastung zu bekämpfen, indem sie sich im Netz in die Krankheitsliteratur einlas und Informationen über Lithium zusammentrug. Ein theoretisches Gerüst hilft, kann aber nicht über die Faktizität der bloßen Symptomatik hinweghelfen, über das Häufchen Elend, das da liegt.

Und wie wir einmal in eine seelsorgerische Notstelle fuhren, abends mit dem Auto, um mit jemandem zu sprechen, mit irgendjemandem von außen, der vielleicht einen Rat wüsste, einen kleinen Trost spenden könnte. Die Bereitschaftsseelsorgerin, mit der wir redeten, war natürlich auf fast schon klischierte Weise überfordert. Und war das wirklich eine Dauerwelle, die sie trug, eine Art verdrehter Pudel, der im Rhythmus ihrer Worte zitterte? Mein Blick hatte alles so satt. Ich hatte keine Geduld mehr, nicht mit mir, nicht mit den anderen, und musste doch die Zeit einfach so vergehen lassen. Ich wusste doch weitaus mehr über diese Krankheit als die Leute in den offiziellen Anlaufstellen. Was sollten die mir erzählen? Doch allein diesen Weg zur Notstelle gefahren zu sein, machte ein wenig Hoffnung und war ein Zeichen: zu zweit, im Verbund, für uns beide, zusammen.

Es war der Versuch einer Liebe, die neben den gewöhnlichen Streitereien, die bald an Schärfe zunahmen, auch noch mit dem Hemmnis zu kämpfen hatte, dass einer der Verliebten sich selbst und den anderen eine Last war, ein Gewicht, das alles niederzog, tumb dahing, nicht einmal pendelte, das am liebsten von einer fremden Hand weggerissen und fortgeworfen worden wäre. Ich harrte aus, mit Ella, die mit mir ausharrte, während ich sie aushielt, wenn sie mich schon nicht mehr aushalten konnte. Und dabei entstanden, paradox, die schönsten Augenblicke.

Durch das Lithium bekam ich leider eine ziemlich schrille Akne, im Gesicht und auf dem Rücken breitete sie sich aus und setzte sich fest. Diese mögliche Nebenwirkung des Salzes kommt sehr selten vor, wie man liest, aber sie kommt vor – warum also nicht bei mir? Der Blick in den Spiegel war ungewohnt farbenfroh. Für Monate lief ich mit den Pickeln und Pusteln herum, nahm dabei auch noch zu und verlor mehr und mehr Kopfhaar. Die Konzentration fiel schwer. Als ich einen Preis in Paris entgegennahm, deckte Ella die Akne vor der Verleihung mit Schminke ab. Die Preisverleihung war scheußlich. Ich scheine, wie ich dem Internet entnehme, eine Rede gehalten zu haben, an die ich mich nicht erinnere. Die Kulturminister beider Nationen standen neben mir, und ich performte irgendwas, was ich performen zu müssen meinte. Der Wein kam gerade recht, und ich kippte ihn runter. Nur das Essen mit Ella in einem Restaurant am Odéon entlohnte für die Strapazen, und Paris war wieder, obwohl ich Stunden vorher heulend durch die Straßen gegangen war, die Schönheit von Stadt, die es nun einmal war.

Schließlich musste ich das Medikament wechseln, weil schon erste kleine Narben entstanden, ohne dass die Akne zurückging. Ich schlich das Lithium aus und nahm als Ersatz Valproinsäure, ein Antiepileptikum. Ich nehme es bis heute.

Nach einem besonders katastrophalen Abend, an dem Ella mir auf dem Rückweg von einer Party aus Wut das Hemd am Leib zerriss, bevor sie dennoch drauf bestand, dass ich bei ihr übernachtete, nässte ich, betrunken und noch nicht gut auf das Medikament eingestellt, ihr Bettzeug ein. Das war mir noch nie passiert. Was für eine Demütigung der Natur, der Medikamente. Das Geschrei am nächsten Morgen war groß.

Ella rettete mich auf eine ziemlich hartnäckige Weise. Ich schuldete ihr etwas, aber es war problematisch, diese seelischen Schulden, wenn man sie denn überhaupt als solche ansehen wollte, irgendwie zurückzuerstatten. Gab ich ihr zu viel, warf sie es weg, gab ich ihr zu wenig, forderte sie alles. Im Grunde waren wir abhängig voneinander geworden, auf eine geschwisterlich-inzestuöse Weise. Sie hatte zwei Töchter aus einer anderen Beziehung, die das organische Wachstum unseres Bündnisses auf Zeit immer wieder torpedierten, weil sie mich nicht akzeptieren wollten, da auch ich mich nicht auf sie einließ. Ich war ja selbst noch ein Kind, ein überzüchtetes, lebensüberdrüssiges Kind, dessen Persönlichkeitsentwicklung von einer psychischen Krankheit empfindlich gestört war. Wir waren abhängig voneinander und doch nur auf Abruf zusammen.

Die Zeit lastete auf meiner Seele, die Vergangenheit und die Zukunft vor allem, weniger die Gegenwart. Die Gegenwart konnten wir gerade noch so bezwingen, bespielen, befüllen. War ein Abend nur halbwegs schön gewesen, nahm ich das als Ereignis auf dem Rad mit nach Hause, in meine Kissen hinein, den Schmerz kurz zu dämpfen. Der Moment war immer wieder neu, immer wieder unser, hatte manchmal etwas so Befreiendes. Sogar ein Lachen konnte sich Bahn brechen, ohne sich gleich in Frage stellen zu müssen. Denn Ella hatte Humor, einen spontanen, selbstironischen, wunderbar parodistischen und sprachspielerischen Humor. Sie konnte mich noch im tiefsten Elend zum

Grinsen bringen, wenn sie wollte. Und wenn sie nicht wollte, war es auch okay.

Ich spürte, dass sie öfter als ich weinte, heimlich, ohne es zu sagen. Ich weinte selten, aber wenn, dann war ich wieder der alte Clown ohne Zirkus, dem alle Schminke, die ihm ins Gesicht, ja, unter die Haut gewandert war, zerlief. Später aber lachten wir und gingen ins Kino, dann schliefen wir vielleicht miteinander. Wir liebten uns nämlich.

Ella hatte die Hoffnung, dass ich irgendwann wieder ein ganzer Mensch wäre. Dass dies alles nur temporär sei, eine Aufgabe, die wir meistern würden, ein Übergang. Dass man nur lange genug warten und sich in Geduld üben müsste, bis das neue, gute Leben möglich wäre. Bis wir ein vollständiges Paar würden, bestehend aus zwei vollständigen Menschen, mit einer Zukunft.

Es kann sein, dass ich ihre Hoffnung enttäuscht habe. Ich weiß es nicht. Wir trennten uns später, aus anderen Gründen, oder auch aus diesen, wer kann das so genau benennen. Drei Jahre waren es, immerhin, und wenn man Pathos nicht meiden muss, so kann man sie wohl lebensrettend nennen.

62

Hey! Everything is not okay. Die Spätkäufe, die Wege. Die Tristesse dieser Läden, meine Heimat, die Mimikry in Grau. Die Gänge hin zu Ella und zurück, der einzige Lebenssinn, verborgen, kein Sinn wirklich, einfach ein Instinkt, hier durch den Dreck, die Nässe zu schlurfen, weil es geht. Dort die Leuchtschriften, die ich wieder entziffern kann, ohne zehn Hinweise auf hundert Zusammenhänge zu sehen. Die neue, kinderalte Lust auf Süßigkeiten, täglich, der Griff zum künstlichen, bunten Fruchtgummi, nicht einmal Fruchtgummi, nein, Schlümpfe sind das, zähe, blaue Chemie. Alles, was irgendwie nützt: Haribo zwei Wochen lang, gebrannte Mandeln zwei Tage, im Sommer Eis in Massen, manchmal ein Besäufnis, viel Fett. Die Briefe, die Mahnbescheide, die Gerichtszustellungen, die Schulden. Die wachsende Abneigung gegen die ewige Frage, wie es einem gehe. Die Unlust am Sex, die Unlust am Text. Die Euphorie in den Songs von Animal Collective, die für mich auf immer verschüttgegangen ist. Und doch, wachsende Stabilität und Kontinuität, trotz und angesichts der ganzen Leere. Der Widerstand, den ich immer überwinden muss, um überhaupt mit anderen Menschen in Kontakt zu treten. Dann geht es aber, meistens.

Die Schulden. Es drückte von allen Seiten, jedes bescheuerte Zeitungsabonnement wurde über die Monate zur sich vervielfachenden Bedrohung. Ich schrieb etwas Kleines für die «Zeit», gleichzeitig hetzte mir die «Zeit» Inkassobüros auf den Hals. Die schnell vergebenen und schnell verpulverten Kredite potenzierten das wachsende Minus. Es erinnerte mich alles an einen Ferienjob als Siebzehnjähriger, wo ich bei Haribo an den Maschinen gestanden hatte, welche die Lakritzfäden zu den bekannten Schnecken aufrollten. Meist ein todlangweiliger und trister Job, gab es Momente, wo aus unerfindlichen Gründen plötzlich totales Chaos an allen Fronten herrschte. Vielleicht war eine Aufrollspindel minimal verdreckt, weshalb da plötzlich ein wuselndes Lakritzmonster heranwuchs, durch die Rotation in Aufruhr, mit glänzenden, schwarzen Tentakeln, die albern herumfuchtelten, und kaum hatte man den Faden in den darunterstehenden Eimer gelenkt, um die Spindel zu säubern (die Lakritze floss weiter in den Eimer und füllte ihn an), sah man erschrocken, dass auch an den anderen Maschinen diese Lakritzmonster wuchsen, wie spinnertes Tumbleweed oder aufgeregte Pulihunde tanzten sie, hurra, hurra, so nicht, rief es ausgelassen nach allen Seiten, was war denn los! Musste wohl an einer Konsistenzveränderung der Lakritzmasse liegen, sagte ich mir und hastete hin und her. Nur mit größter Hektik war das Schlamassel zu bändigen. Danach aber, wenn die sechzehn Spulen endlich wieder leidenschaftslos die ekelhaften Lakritzschnecken ausspuckten, konnte man sogar die Tristesse wieder würdigen. Die Langeweile war dann ein Glück, und es war egal, dass der Lakritzgeruch unabwaschbar in die Haut einzog.

Solche Schuldenmonster wuchsen allseits um mich herum an, hurra, hurra, so nicht, riefen sie, wir sind da, wir wachsen und fuchteln. Hatte ich eines vorübergehend stillgestellt, zickten und zackten schon die nächsten an anderen Stellen freudig hervor. Während die Befriedung der Monstermassen bei Haribo allerdings nur etwa eine halbe Stunde dauerte, zog sie sich bei den Schulden über Jahre hinweg. Und eigentlich riefen sie auch gar nicht, die Monster, die Schulden. Es ging vielmehr ein stiller Terror von ihnen aus, es waren tausend Briefe und Gerichtsbescheide, die keinen Ton von sich gaben, die mir aber mehr und mehr die Kehle abschnürten. Doch es ist zu schaffen, weiß ich heute; es geht.

Diese Zeiten spalten sich automatisch von mir ab. Das Bewusstsein kann nicht alles integrieren. Auch die Zeit im Übergangsheim: Dort lebte offensichtlich ein anderer Mensch als ich, auch wenn ich seine Erinnerungen teile. Ich betrachte ihn wie die Hauptfigur einer Fernsehserie, mit der ich mich besonders gut identifizieren kann.

63

Die Diskretion schreckt vor weiteren Privatismen zurück, die andere Menschen, nicht nur mich, betreffen. Und doch noch dies: Aljoscha wurde wieder mein guter Freund. Ein letztes Mal schafften wir es, uns neu anzunähern, jeder auf seine Weise. Er hatte, trotz aller Komplikationen, die unsere Beziehung auch ausmachen, trotz der Ungleichgewichte, der Spannungen und Konflikte, die schon eine jahrzehntelange Freundschaft auch ohne diese Prüfungen mit sich brächte, immer zu mir gehalten, irgendwo tief drinnen, vielleicht manchmal sogar, ohne es zu wissen. Selbst gebeutelt von einem Schicksal in seiner Familie, das anders und doch vergleichbar war, kannte er die Logik solcher Katastrophen. Wir sind nicht mehr dieselben, aber wir sind da.

Darüber bin ich froh.

64

Die Monate zogen vorüber, ich schleppte mich ihnen hinterher. Immer wieder wurde mein Status festgeklopft: krank, krank, unselbständig, krank. Ich übersetzte Romane, diszipliniert und fühllos, leistete mein Pensum ab, ging eine Runde um den Block, ging zurück, fuhr mit dem Rad los, das ich mir auf eBay geholt hatte, ein wahrer Schrotthaufen war das, fuhr vielleicht zu Ella, machte irgendwas, Tag für Tag, alles entkernt. Wöchentlich musste ich mich mit meiner Betreuerin treffen, die mir am Ende jeder Sitzung einen «chinesischen Segen» erteilte. Wie viel falscher konnte ich noch leben? Diese Betreuerinnen und Betreuer verstanden kein Wort von dem, was ich sagte. Sie waren doch selbst ehemalige Drogenfälle, das sah man ihnen an, so redeten sie, in ihrem Achtziger-Kiez-Deutsch. Natürlich waren sie das nicht, wahrscheinlich, aber ich dachte so in meinen kalten Hassanfällen. Sie waren mir keine Hilfe, nur die Wohnung half, aber die war ohne die Termine nicht zu haben. Die Gespräche tröpfelten zäh und sinnlos vor sich hin, jede Woche neu, und brachten nichts, nichts, nichts. Ich musste hier raus.

Dass ich es schaffte, verdanke ich auch Robert. Er stand mir organisatorisch zur Seite, wo es ging. Die Schulden, die sich weiter und inzwischen von selbst aufhäuften, wurden eingedämmt, Ratenzahlungen vereinbart, monatliche Teilhonorare ausgezahlt, Bürgschaften übernommen, Übersetzungsaufträge akquiriert. Nachdem mir durch Beschluss des Amtsgerichts irgendein ungeschlachter, wenig vertrauenswürdiger Anwalt aus Spandau als Betreuer zugewiesen wurde, schafften wir es, ihn wieder abzusetzen und an seiner statt Robert selbst einzusetzen. Wöchentlich trafen wir uns zum Essen, eine kleine Struktur, die er aufrechterhielt. Wenn es brannte, konnte ich mich an ihn wenden.

Manche Termine kriegte ich hin, die «Sickster»-Buchpremiere etwa. Mit der Gelassenheit des Verzweifelten stand ich, wie schon beschrieben, Rede und halbwitzige Antwort, aus der Depression heraus, erfuhr dabei genau, was für einen Humor man entwickelt, wenn man nichts mehr zu verlieren hat. Scheinwerfer, Schweiß, Panik, die dunklen Gesichter des Publikums, egal, egal. Es gab noch ein paar Lesungen, die ich abhielt, kaum aushielt. Ich biss mich durch, machte einfach weiter, fuhr dabei immer niedergeschlagener in den Zügen durch Deutschland. Das war doch alles nichts, dachte ich. Das ist doch alles nichts. Das da sind Landschaften, und ich bin hier. Das da sind die eitlen Menschen, und ich bin hier. Die Bäume, frisch, aber tot, die Menschen, da, aber weg. Was soll denn das sein, alles.

Und ich erst. Was soll ich.

65

Und die Frage, was eigentlich die Gesellschaft zu meiner Erkrankung beigetragen hat, und das Wissen, diese Frage nur immer genauer stellen, nie beantworten zu können. Keine Schuldigen schon wieder, nur die Schuld, und die kann ich immer nur mir selbst anheften. Ausschlussmechanismen, Klassenunterschiede, Demütigungen, Verkrallungen – es bringt nichts, auf andere zu zeigen. Wenn ich wenigstens an irgendwelche Götter glauben würde, dann hätte ich jemanden zum Anklagen und Verfluchen. Habe ich aber nicht. Es ist einfach so, wie es ist, und mein Blick fällt auf einen triefenden Dönerspieß, der Blasen im braungebrannten Fleisch wirft, und der deutsch-türkische Verkäufer ruft den Leuten sein aufdringlich-freundliches «Bittschön?» hinterher, wetzt klangvoll und energisch sein Messer und stiert dabei gedankenlos auf die vorbeifahrenden Autos, die von der Nässe der Straße angezischt werden, während sie die Nässe anzischen. Alles beim Alten, nichts wie zuvor.

66

Das Gerichtsverfahren, das wir anstrengten, um einen Präzedenzfall bei den Schulden zu schaffen, verloren wir, was die Schulden weiter hochtrieb. Später sollte ich das zu «3000 Euro» fiktionalisieren. Ich erlitt einen Bandscheibenvorfall der schwersten Sorte, wahrscheinlich, weil ich im Jahr zuvor so besessen mit Laptop und Büchern in der Umhängetasche durch Stadt und Land gehetzt war. Manche reden auch von psychosomatischen Konsequenzen; ich weiß nicht so recht. Bewegen konnte ich mich jedenfalls nicht mehr, konnte weder liegen, sitzen, stehen noch gehen und musste, nachdem ich es drei Monate lang mit Medikamenten und Spritzen, Physiotherapie und Geduld versucht hatte, schließlich operiert werden. Der Körper hat sein eigenes Warnrufsystem. Leider hatte es viel zu spät Alarm geschlagen.

Im Krankenzimmer konnte ich kaum reden. Die Mitpatienten, die stolz ihre großflächigen OP-Narben am Rücken präsentierten, waren so gut drauf, dass ich mir vorkam wie ein isolierter Autist. Ella besuchte mich täglich; Aljoscha besuchte mich auch, mit seiner galligen und doch herzlichen Aura.

Ich zog erneut um, nach anderthalb Jahren, landete in Neukölln, in meiner ersten eigenen Wohnung seit Langem, weil die Freundin einer Freundin meiner Exfreundin meldete, dass die gegenüberliegende Wohnung freistand. Robert unterschrieb die nötige Bürgschaft und erklärte der Hausverwaltung: «Ja, Thomas hat marodiert – aber jetzt, aber jetzt!»

Mein Körper war trotz Operation vom Bandscheibenvorfall versehrt. Ein leichtes Humpeln blieb. Meine Psyche war so unmöbliert wie die Wohnung, war überschattet, stand sich selbst skeptisch gegenüber, hegte Misstrauen gegen zu fahrige und starke Gedanken einerseits, gegen die Sedierung und Laschheit andererseits. Wenn ich mich freute, hielt ich mich zurück und faltete die Freude schon im Moment ihres Entstehens kleinformatig zusammen. Wenn ich tagträumte, weckte ich mich rigoros wieder auf. Überkam mich die Melancholie, schloss ich einfach die Augen und wartete, bis sie verging. Nur nicht zu glücklich sein! Nur der Trauer nicht verfallen. Es war ein Leben mit angezogener Handbremse. Ich konnte mich zwar wieder konzentrieren, schmiedete neue Pläne, trotzte dem Stillstand ein Buch ab. Aber ein vollständiger Mensch war ich nicht mehr und würde es nie wieder sein.

Ich gesundete, aber ich blieb krank.

2016

1

Entscheidend sei, was später auf der Leinwand zu sehen ist, so heißt es in Werner Herzogs Film «Mein liebster Feind». Ich bin mir da nicht mehr so sicher. Meine Leinwand sind meine Bücher, aber sie helfen mir letztendlich nicht, und das Leben verflüchtigt sich, ich halte es gerade so zusammen. Es mag sein, dass ich nur im Schreiben lebe, weshalb dieser Text nicht nur ein Krankheitsbericht, eine Selbstentäußerung mit blinden Flecken, sondern auch eine Art negativer Mini-Kulturgeschichte ist, der Anti-Bildungsroman, der «Sickster» eigentlich sein sollte: eine bittere Clowneske auch.

Aber sind die Probleme im Text halbwegs gelöst, sind die des Lebens noch gar nicht berührt, selbst wenn sie, wie hier, zusammenfallen.

2

Ich sitze in Neukölln. Ich hasse diesen Stadtteil. Die stumpfen, vom Suff leergeräumten Gesichter auf den Straßen verhageln mir bei jedem Rundgang die Laune. Sie tragen tote Blicke und von der Schwerkraft verzogene Münder zur Schau, darüber nicht selten alkoholische Popcornnasen, sogenannte Rosazea, innerlich aufgeplatzte, rot leuchtende Blumenkohlknollen, und Haare, die völlig schütter und kaputt sind, aber von einem Gummi zum dünnlichen Zopf aufgetrimmt werden, der womöglich eine verschüttgegangene Kreuzberger Alternativität heraufbeschwören soll. Depressiv und lebensgebeugt wanken die solchermaßen Bezopften mit den Nichtbezopften über die Straßen und scheinen Neukölln ebenso zu hassen wie ich. Man sieht es an den versteinerten Gesichtern, den abgewetzten Supermarkttüten, dem Billiggebäck: Hier ist alles nur noch reine, kaputte Gegenwart, und die Zukunft verheißt im besten Fall nichts als deren bloße Wiederholung bis zum Tod. Hier hat niemand seine Seele verkauft, nein, die Seele ist einfach verlorengegangen, oder sie war nie da. Die Migranten leben isolierter vor sich hin als in Kreuzberg und tragen zur frostigen Disparität des Viertels ebenso bei wie die spanischen und amerikanischen Künstlertouristen, die gruppenweise in die neuen Cafés und Bars einfallen und stur unter sich bleiben, um bald wieder in alle Welt auseinanderzugehen. Hier hat keiner wirklich etwas mit dem anderen zu tun, und die Stimmung ist entweder verblödet aufgeputscht oder abgestumpft mies. Internetcafé reiht sich an Internetcafé, dazwischen ein paar Shishabars, in denen angeblich vor allem Geld gewaschen wird, dann noch eine menschenverachtende, futuristisch kalte und mit befremdlichen Shops vollgepackte Mall. Und immer wieder schnell zusammengezimmerte Bars mit affektierten Patchworkmenschen darin, *full of themselves* und trotzdem ach so leer.

3

Das Leben hat seine Spuren hinterlassen. Diese immerwahre Phrase hat in meinem Fall besondere Gültigkeit. Die durchschnittliche, aber immerhin vorhandene Attraktivität, die mir in meinen Zwanzigern noch attestiert wurde, hat sich in einer zunehmenden Einklumpung meines Äußeren verloren. Die Medikamente haben ihren Teil dazu beigetragen. Sie sollen mich retten, aber gleichzeitig arbeiten sie gegen mich. In den letzten Jahren bin ich aufgeschwemmt, wog lange schon über hundert Kilo. Der doch ziemlich agile Körper des ehemals jungen Mannes wurde von den Medikamentierungen und Gelähmtheitsexzessen der Jahre zu einer Unwucht und Schwere verdonnert, die ihm Woche für Woche mehr zu schaffen machen: Tarantino mit einem Schuss Jabba the Hutt war das Ergebnis. Die Teilzeitakne bemächtigte sich dazu noch immer gelegentlich meines Gesichtes. Ich schlief zu lange und beschwerlich, ohne einen einzigen Traum genießen zu können. Aber ich musste schlafen, möglichst viel, um nicht wieder in Gefahr zu kommen. Mein Sexualtrieb ging gegen null. Interesselos betrachtete ich das andere Geschlecht, wie der Bildungsbürger Kunstwerke betrachtet, mit Genuss immerhin, aber ohne Gier. Regte sich der Trieb dennoch, ließ ich es meist einfach bleiben. Und genauso interesselos, ja, mit interesselosem Missfallen lebte ich mein ambitionsloses Leben ab wie eine endlose Pflichtveranstaltung, vor deren Sitzungen ich mich meistens drückte. All das hätte wohl auch ohne Medikamente und Therapie eintreten können, aber der Verdacht, dass diese Chemiebomben meinen Körper und Geist stetig beschädigen und in Geiselhaft halten, geht nicht mehr weg. Und das täglich in kleiner Münze ausgezahlte Lösegeld heißt Normalität.

Die Krankheit lässt einen Jahrzehnte vor der eigentlichen Zeit altern, körperlich wie geistig: Der Verschleiß ist beschleunigt. Gleichzeitig glimmt innen ein Kern der Unreife, ein Teil, der sich gegen alle Entwicklung wehrt und im Stillstand verharrt. Das ist das Relikt aus den Zeiten, bevor der Wahnsinn und die Medikamente übernahmen, ein versiegelter Ichrest, der nicht wegzukriegen ist. Er sehnt sich nach dem alten Leben und hält, unabhängig vom Willen, beharrlich an ihm und an sich fest. So wird man zwar alt, aber nicht erwachsen.

4

Meine Krankheit hat mir meine Heimat genommen. Jetzt ist meine Krankheit meine Heimat. Aber es geht besser, immer besser. Ich atme durch, seit zwei Jahren. Nicht alles ist Krankheit, nein. Man kann auch ganz normal mit mir reden. Bald werde ich die letzten Schulden abbezahlt haben. Irgendwann muss ich die Akten ordnen und alles abschließen. Dann kommt eine neue Wohnung, die hoffentlich letzte für eine lange Zeit, und endlich, wer weiß, der Roman, der das ganze Spektrum abdeckt. Das war bisher nicht möglich, da sich mein verfluchtes Leben immer in die Literatur gedrängt, die Krankheit sich dazwischen geschoben hat. Ich habe mir dieses Lebensthema nicht ausgesucht.

Anderthalb, zwei, zweieinhalb Jahre: zusammen sechs. Sechs Jahre hat die Bipolarität mir gestohlen. Ich bin also eigentlich fünfunddreißig, körperlich aber dreiundfünfzig und im Inneren alternierend mal sieben, mal siebzig Jahre alt.

5

Der Schatten ist so schnell nicht mehr wegzukriegen. Wo man bei anderen eine depressive Verstimmung diagnostizieren würde, kann bei mir, unter diesen Umständen und Verformungen, schon von einem stabilen Gemütszustand gesprochen werden. Andere würden da ins Krankenhaus gehen, ich gehe ins Kino. Ich bin mit wenig zufrieden und will nur weitermachen können. Und denke sogar wieder an die Möglichkeit von Sport.

Denn Selbstzerfleischung ist auch nur auf links gedrehte Eitelkeit. Und die Paranoia eine besonders morbide Form des Narzissmus. Damit soll Schluss sein.

Doch ich habe Angst, dass ich schwer erarbeitete Manieren und Kulturtechniken innerhalb eines jahrzehntelangen Vereinsamungsprozesses verlieren und mein Leben als ausgestoßener Kauz mit tausend Ticks vom Haareausreißen bis zum Luftanhalten fristen werde. Ich habe Angst, mein Inneres weiter zu verlieren, so wie ich meine Bücher verloren habe. Es überkommt mich eine unverhältnismäßige Traurigkeit, wenn mir meine alten Telefonnummern einfallen, aber die neue partout nicht in den Kopf hinein will. Wenn ich mich an die neue erinnern möchte, fallen mir nur Reste von den alten ein. Das macht mich fertig und zeigt, wo mein Kopf lebt.

Und er träumt ja noch von ihnen, der Kopf, träumt von meinen Büchern, in langen, futuristischen Träumen, in Versöhnungsfantasmen mit endlosen Sonder-U-Bahnen, die mich zu Buchmessen bringen, an denen ich aber nicht aktiv, sondern nur als Gast teilnehme, der seine Riesentaschen vollgepackt hat, bis nichts mehr hineinpasst, mit diesen Büchern, kostbare, wunderschöne und druckfrische Exemplare, zuhause genauestens ausgewählt. Und dort, auf der Messe, begegne ich allen, und alle haben mir längst verziehen, und ich zeige ihnen diese Bücher, über die wir uns gemeinsam freuen.

6

Dann dieser Beckett-Moment beim Aufwachen, dieses Aufschrecken aus dem Dösen ins völlige Nichts, nackte Panik ist die Folge, aufgescheuchtes Hochrappeln, sinnlose Hektik, die sich in irgendwelchen fahrigen Aktionen verliert und von Zigaretten beschwichtigt wird. Aber das ist sie, die Existenz. Mehr ist da nicht. Das ist alles. Das bist du, nackt, im Sein, nur Muskeln und zittrige Schrift. Die Perspektive eines Aliens oder eines Tieres oder eben der *Welt*, die man kurz einnehmen und aus lauter Horror sofort wieder verlassen muss: das menschenbefreite Betrachten der Menschen. Zwei Augen, Nerven, Signale in Schall.

Diese Perspektive ereilte mich auch auf den letzten Lesungen. Dort bekam ich eine Panik, die alle Panikmomente davor noch einmal in den Schatten stellte. Plötzlich konnte ich nicht mehr reden. Ich bekam kein Wort mehr heraus und hyperventilierte. Die Zuschauer saßen hilflos da und glotzten. Eine Dame legte mir Traubenzucker hin. Ein Journalist schrieb später, meine «verbalen Handlungsmöglichkeiten» seien offensichtlich auf «den absoluten Nullpunkt» gesunken. Es mag mit der Verwischung von Fiktion und Autobiografie zusammenhängen, damit, dass ich nicht ganz ehrlich sein konnte, wenn es um die bisherigen Texte ging, die Verwandtschaft zwischen Protagonisten und Autor immer wieder verschleierte. Vielleicht wird die hier versuchte Identität helfen. Vielleicht kann ich es aber auch einfach nicht.

Wie soll denn das auch klappen: Ein Arbeiterkind aus schwierigen Verhältnissen wird von den Jesuiten intellektuell aufgepimpt, von Nabokov ins Schöngeistige verschickt und vom Studium ins Nichtmehrvorhandensein theoretifiziert, und das soll dann, die Genetik noch im Nacken, ein Dichter werden, oder wie, ein glücklicher Mensch? Hört mir auf!

Mein größter Trost: Die Erfahrung der Mediziner lehrt, dass bei dieser Krankheit zwischenzeitlich immer die vollkommene Genesung möglich, ja, sogar die Regel ist – nur weiß man nicht, ob für Monate, Jahre oder für immer. Die psychotischen und paranoiden Elemente chronifizieren nicht. Der Wahnsinn besteht fast immer nur vorübergehend und endet höchst selten in ewiger Umnachtung oder Demenz. Die Krankheit ist nur chronisch im Sinne von rezidivierend. Sie droht halt. Und droht und droht und droht.

Wenn ich die Medizinbücher und ihre Prognosen lese, kommt mir manchmal der Impuls, lieber gleich abzutreten. Die Rückfallquote ist nämlich trotz Medikation derart hoch, dass ich mich vor Furcht einfach für immer schlafen legen will. Mein Herz rast bei dieser Lektüre, dann stockt es traurig.

Es gibt ein Versprechen in der Popmusik, der Dichtung, den Filmen, dem das Leben gar nicht genügen kann. Deshalb verharre ich in diesem Versprechen und schaue mir das Leben nur von außen an. Arno Schmidt: «Die Welt der Kunst & Fantasie ist die wahre, the rest is a nightmare.»

Lieber zurück in die Fiktion, bald. Es wird schon, es wird. Die Bilder schieben sich wieder ineinander und werden langsam zu einem.

7

Hamburg, Schulterblatt: Ich muss die Orte, die ich manisch verbrannt habe, wieder aufsuchen, um sie zu bannen, zu neutralisieren. Der *Saal II* etwa, dort ein Kellner namens Hagen. Aber auch andere Kneipen, Bars und Restaurants, an denen ich vorbeigehe, vor denen ich stehen bleibe. Mit einem Blick sind sie entflucht, jedenfalls für ein paar Tage. Bei Menschen ist das nicht so einfach.

8

Zurück in Neukölln, wohne ich dem Showdown der Endbosse bei. Es gibt einen Revierkampf zwischen zwei verrückten Kiezpennerinnen, und er kulminiert vor meinen Augen in einem schrillen Gezeter. Die eine, sie hat die Züge eines toten Jungen im Altfrauengesicht, streunt schon lange um den hiesigen Block, seit anderthalb, zwei Jahren. Manchmal knurrt sie einen an, redet dann mit sich selbst und beschimpft den Passanten trotzdem unverständlich weiter; es ist nicht auseinanderzuhalten. Meist sitzt sie in dem Kellerfenster, wo sie nachts auch schläft, und löst Kreuzworträtsel. Die andere, etwas jünger, sehniger, energischer, aber akut verrückter und tatsächlich spürbar gefährlicher, ist erst seit zwei Wochen in der Gegend. Sie hat mich auch schon angegangen, hasst sich spürbar, hasst die Menschen und das Viertel. Ich bin vor Ort, als die beiden aufeinandertreffen, einander als Konkurrentinnen erkennen und niederschreien. Die ortsansässige Pennerin trollt sich bald, gibt sich vordergründig geschlagen und geht ihrer Wege, während die Neue sie, mit einem Stock bewaffnet, eine Weile verfolgt und weiter anbrüllt. Dann verliert sie die Spur. Einen Tag später sehe ich die Neue noch, der Stock ist ihr zum Begleiter geworden, sie schreit die Kreuzung zusammen. Dann verschwindet sie für immer, und die Pennerin mit dem älteren Anrecht hat gewonnen und kann ihr Kellerfenster wieder beziehen, als wäre nichts gewesen. Zwischen Empathie und Abscheu verharrend, stumpfe ich ab wie die anderen, die dieses Elend betrachten. Ich bin einer von ihnen. Und ich bin einer von den anderen.

9

Dann, zuhause, sprangen die Maschinen wieder an, wie jeden Morgen, alte, unzeitgemäße Apparate, die sich knatternd und zischend in Gang setzten, um Kaffee und Gas durch die Leitungen und Löcher zu schicken, an deren Ende immer wieder nur ich saß und alleine konsumierte, was die Geräte so hergaben, die Therme, der Durchlauferhitzer, die Kaffeemaschine, verkrustet und überholt und dazu auch noch, unterm Strich, sündhaft teuer. Reglos stand ich in der Wohnung, es war noch immer Morgen, und lauschte den ächzenden und flüsternden Geräuschen aus Heizung und Thermostat. Es roch nach Nikotin, Schlaf und Abschied.

10

Oh I do believe
In all the things you see
What comes is better than what came
Before

11

Die Bibliothek ist verloren auf immer, aber in meinem Rücken wächst derzeit langsam, ganz langsam eine neue heran. Andere verkaufen freiwillig sämtliche Bücher und sehen das als Fortschritt an, die Kindles in der Hand, die Flatrates vorsorglich kostenoptimiert. Ich war ein altmodisches Exemplar, auf gewisse Weise, trotz aller Internetaffinität ein Typ, der einen anderen, älteren Begriff von Literatur hatte, mit einer Bibliothek im Rücken und Alkohol im Atem. Ich bin gescheitert als einer, der überkommen war. Dieses Fossil gibt es nicht mehr. Jetzt kann alles neu beginnen. Eine Freiheit erwächst daher.

Die Welt im Rücken, werde ich nicht aufgeben. Die Hoffnung heißt: nie wieder manisch werden. Aber es mag mich noch einmal umhauen und hinaustragen, dann als quallig knochenloses Etwas heranspülen. Ich werde mir die Knochen schon wieder erarbeiten. Sollte ich eine weitere Manie haben, möge mir jemand dieses Buch in die Hand drücken. Sollte ich wieder dem Wahn verfallen, werde ich es als Schicksal hinnehmen. Ich meinte schon nach der zweiten Manie, eine dritte würde ich nicht überleben. Habe ich aber. Würde ich wieder. Ich mag mich wieder umbringen wollen, irgendwann. Dann werde ich dennoch weiterleben.

Dann werden diese Zeilen wie ein Gebet sein.

Thomas Melle
bei Rowohlt · Berlin und rororo

Sickster. Roman

3000 Euro. Roman

Die Welt im Rücken

Das für dieses Buch verwendete Papier ist FSC®-zertifiziert.